CATALOGUE

D'UNE PARTIE

DES LIVRES

DE LA BIBLIOTHÈQUE

DU CARDINAL DE LOMÉNIE

DE BRIENNE,

Dont la Vente se fera Maison de Brienne, rue Saint - Dominique, près la rue de Bourgogne.

Se trouve

A PARIS,

Chez { MAUGER, Libraire, rue Croix-des-Petits-Champs, N°. 59.
LEJEUNE, Huissier-Priseur, rue Guénégaud, N°. 42.

AN V, (1797, v. st.)

AVERTISSEMENT.

Le Catalogue que j'offre dans ce moment au public, ne contient que les débris d'une collection infiniment plus nombreuse. Si elle exiſtoit entière, ou s'il étoit poſſible d'en préſenter l'enſemble, on ſeroit étonné que la vie d'un ſeul homme ait ſuffi pour la raſſembler. Je ne crois pas, en effet, que perſonne ait jamais porté le goût des livres auſſi loin que le cardinal de Loménie. Je me ſouviens de l'avoir vu dans une grande ville de province, lorſqu'il commençoit ſa carrière eccléſiaſtique & que jeune encore il n'avoit, pour ainſi dire, que l'expectative de la fortune; déjà ſa paſſion dominante étoit pour les livres; il cultivoit ceux qui les recherchoient; il devenoit leur ami. Si le hazard leur procuroit quelqu'objet précieux, il n'avoit de repos qu'après l'avoir obtenu ; les sacrifices ne l'effrayoient pas ; il étoit né généreux, mais ce qu'on lui accordoit, il le devoit sur-tout à ses manières insinuantes. Ses sollicitations étoient toujours assaisonnées d'un ton d'amabilité auquel on résistoit difficilement.

Lorsque le tems & les grâces de la cour eurent aggrandi ses moyens, ses vues s'étendirent à proportion. Insensiblement il embrassa tous les genres, & sa bibliothèque devint un dépôt universel. Dans ses fréquens voyages, s'il s'arrêtoit quelques instans dans une ville, on le voyoit visiter lui-même les libraires, s'introduire dans les maisons religieuses, s'insinuer dans les cabinets d'amateurs, chercher par-tout à acquérir ; c'étoit un besoin pour lui d'acheter sans cesse, d'entasser les volumes. Cette passion a peut-être ses excès ; mais du moins, elle ne fut pour pas le cardinal de Loménie une manie ſtérile. Non ſeulement il aimoit, il connoiſſoit les livres, mais il ſavoit s'en ſervir ; ſans contredit il fut un des hommes les plus éclairés du Clergé de France.

Si ſon miniſtère ſembla rallentir pendant quelque tems ſes recherches bibliographiques, il ſut s'en dédommager pendant ſon voyage en Italie. Alors dégagé des affaires qui avoient occupés l'activité de ſon génie, il revint tout entier à ſes premiers goûts ; & il les ſuivit avec une ardeur dont lui ſeul étoit capable. Devancé par ſa réputation, ſouvent aidé par la faveur des gouvernemens, non ſeulement les littérateurs & les ſavans s'empreſſèrent de lui faire hommage des fruits de leurs veilles; mais les cabinets particuliers, les dépôts des maiſons religieuſes lui furent ouverts ; & c'eſt dans ces derniers ſur-tout qu'il recueillit la plus grande partie de cette riche collection d'éditions du quinzieme ſiècle, dont nous devons le catalogue & la deſcription aux ſoins éclairés du P. Laire. Cette partie précieuſe n'exiſte plus, il eſt vrai, & l'immenſe bibliothèque du cardinal de Loménie, démembrée, ſoit par les dons qu'il a faits de ſon vivant, ſoit par les ventes partielles que le changement des circonſtances a néceſſitées, n'offre plus en quelque ſorte que des fragmens ; mais ces reſtes ont encore de quoi piquer la curioſité des amateurs ; & ce catalogue, s'il n'eſt pas recommandable par l'importance des grands articles, l'eſt du moins par le nombre des livres rares & ſinguliers, qu'on y trouvera dans toutes les claſſes. L'hiſtoire littéraire ſur-tout, & particulièrement celle d'Italie, fournit des articles qu'on cher-

cheroit inutilement à Paris, même dans nos grandes bibliothèques publiques.

Je regrette de n'avoir pas détaillé d'avantage la partie des livres Italiens ; une nomenclature plus ample eut pu intéresser les amateurs de cette langue ; mais j'ai craint qu'on ne me reprochât d'avoir trop groſſi ce catalogue, qui paroîtra peut-être déjà ſurchargé. Forcé d'abréger, j'ai cru devoir indiquer de préférence les objets qui peuvent intéreſſer un plus grand nombre d'acquéreurs. Le ſurplus ſera expoſé à la tête des vacations, pendant le courant de la vente; & ce ſurplus qui contient certainement plus que la moitié des livres à vendre, en renferme encore beaucoup qui auroient mérité place dans ce catalogue. Parmi ceux qui feront ainſi vendus, je dois diſtinguer une collection de plus de douze cent pièces de théâtre en Italien, dont un grand nombre font rares. Je préviens les amateurs de ce genre de littérature, qu'elles feront détaillées par lots, au commencement des deux premières féances.

La vente fera annoncée par des Affiches particulières, & la feuille des vacations fe diftribuera quelques jours d'avance.

CATALOGUE
DES LIVRES
DE LA BIBLIOTHÈQUE
DU CARDINAL DE LOMÉNIE
DE BRIENNE.

THÉOLOGIE.

Bibles.

Textes originaux, Versions orientales de la Bible, & de ses différentes parties.

1. Biblia Hebraica, cum punctis. *Parisiis, Robertus Stephanus*, 1544. 7 *vol. in-12. m. r.*
2. Sacra Biblia, hebraicè & latinè, cum annotationibus Francisci Vatabli. *Ex officinâ Commelinianâ*, 1616, 2 *vol. in-fol. v. f. d. s. t.*
3. Biblia Hebraica, cum notis criticis & versione latinâ, Auth. Car. Franc. Houbigant. *Lutetiæ*, 1752, 4 *vol. in-fol. br.*
4. Quincuplex Psalterium, gallicum, romanum, hebraicum vetus, conciliatum. *Parisiis, Henr. Stephanus*, 1508, *in-fol. rel. en bois.*
5. *Idem* Quincuplex Psalterium, gallicum, romanum, &c. *Parisiis, Henr. Stephanus*, 1513, *in-fol. m. r.*

A

6. Psalterium hebræum, græcum, arabicum & chaldæum, cum tribus latinis interpretationibus & glossis. *Genuæ, 1516, in-fol. vél.*
7. Liber psalmorum hebraicè, cum versione latinâ Santis Pagnini. *Basileæ, 1575, in-12, v. b.*
8. Psalterium hebraicum. *Antuerpiæ, ex officinâ Plantinianâ, 1592, in-18, m. r.*
9. Psalterium hebraicum, cum versione Johannis Cocceii. *Franekeræ, 1646, in-24, m. r.*
10. Liber psalmorum hebraicè, cum annotationibus Antonii Hulsii. *Lugd. Bat. 1650, in-12, m. r.*
11. Liber psalmorum hebraicè cum punctis vocalibus & accentualibus, curâ Guill. Robertson. *Cantabrigiæ, 1685, in-12, m. n.*
12. Liber psalmorum Davidis regis ex idiomate syro in latinum translatus à Gabriele Sionita. *Parisiis, 1625, in-4°, m. r.*
13. Novum Jesu Christi Testamentum, syriacè. *Antuerpiæ, Plantin, 1575, in-24, m. bl.*

Versions Grecques.

14. Vetus Testamentum græcè juxtà septuaginta. *Romæ, Zanneti, 1587, in-fol. v. m.*
15. Vetus Testamentum græcum ex versione septuaginta interpretum. *Cantabrigiæ, 1665, 2 vol. in-12, v. b.*
16. Vetus Testamentum ex versione septuaginta interpretum, curâ Lamberti Bos. *Franequeræ, 1709, in-4°, v. b.*
17. Vetus Testamentum græcum ex versione septuaginta interpretum, curâ Davidis Millii. *Trajecti ad Rhenum, 2 vol. in-8°, 1714. m. n.*
18. Psalterium græcè. *Parisiis, apud Franciscum Stephanum, 1543, in-18, m. r.*

19. Pfalterium græco latinum. *Antuerpiæ, Plant.* 1584, *in-*18, *m. bl.*
20. Novum Teftamentum, græcè. *Hagen.* 1521, *in-*4°, *m. r.*
21. Novum Teftamentum græcum cum præfatione O mirificam. *Parifiis, Henr. Steph.* 1546, *in-*12, *v. f. d. f. t. dent.*
22. Novum Teftamentum græcum cum præfat. O mirificam. *Parifiis, Rob. Stephanus,* 1549, *in-*12, *v. f. d. f. t. L. R.*
23. Novum Teftamentum græcum. *Parifiis, Rob. Stephanus,* 1569, 2 *vol. in-*8°, *m. r.*
24. Novum Teftamentum græcum. *Lugd. Batav. Elzevir.* 1624, *in-*18. *m. r.*
25. Novum Teftamentum græcum. *Lugd. Batav. Elzevir.* 1624, 2 *vol. in-*18, *m. r.*
26. Novum Jefu Chrifti Teftamentum, græcè. *Sedani, Jannon.* 1628, *in-*12, *rel. en chag. avec fermoirs d'argent.*
27. Novum Teftamentum græcum. *Lugd. Batav. Elzevir.* 1633, 2 *vol. in-*12, *m. r.*
28. Novum Teftamentum græcum. *Lugd. Batav. Elzevir.* 1641, 2 *vol. in-*12. *m. r.*
29. Novum Teftamentum græcum. *Amftel. Elz.* 1656, *in-*24, *m. r.*
30. Novum Teftamentum græcè cum variantibus, ftudio Stephani Curcellæi. *Amftel. Elzev.* 1658, 2 *vol. in-*12, *m. verd.*
31. Novum Teftamentum græcum, ftudio Steph. Curcellæi. *Amftelod. Elzev.* 1675, *in-*12, *m. r.*

Verfions Latines.

32. Biblia facra latina. *Parifiis, Colines,* 1540, 8 *vol. in-*18, *m. verd.*

33. Biblia sacra vulgatæ editionis. *Antuerpiæ, ex officinâ Plantinianâ*, 1629, 11 *vol. in*-24, *m. n.*
34. Biblia sacra vulgatæ editionis. *Romæ, Brugiotti*, 9 *vol. in*-18, *m. r.*
35. Biblia sacra vulgatæ editionis. *Coloniæ Agrippinæ, Gualterus*, 1647, *in*-8°, *m. r.*
36. Biblia sacra vulgatæ editionis. *Parisiis, Mart.* 1656, *in*-12, *cart. mag. m. r. dent.*
37. Evangelium sancti Joannis & actus Apostolorum, Liber psalmorum, & libri quatuor de imatione Christi. *Parisiis, Martin*, 1657, *in*-12, *m. r.*
38. Biblia sacra vulgatæ editionis, notis chronologicis & historicis illustrata, à Claud. Lancellot. *Parisiis, Vitré*, 1662, *in-fol. v. b.*
39. Biblia sacra vulgatæ editionis. *Coloniæ Agrippinæ*, 1670, 6 *vol. in*-24. *m. r.*
40. Biblia sacra ex linguis orientalibus in linguam latinam translata à Sebast. Schmidt. *Argentor.* 1696, *in*-4°, *v. b.*
41. Novum Testamentum latinum cum notis Joan. Benedicti. *Parisiis*, 1551, 2 *vol. in*-12, *m. r.*
42. Novum Jesu Christi Testamentum vulgatæ editionis. *Parisiis, è Typographiâ Regiâ*, 1649, *in*-12, *m. r. L. R.*
43. Apostolorum & Apostolicorum virorum epistolæ. *Parisiis, Badius*, 1521, *in*-8°, *m. r.*

Versions en Langues vulgaires.

44. La sainte Bible traduite en françois sur la vulgate. *Paris*, 1643, 8 *vol. in*-8°, *v. b.*
45. La sainte Bible traduite en françois sur la vulgate par le Maître de Sacy. *Mons*, 1703, 8 *vol. in*-12, *v. b.*

46. La Bible qui eſt toute la ſainte Ecriture trad. par les Miniſtres de Geneve. *Geneve*, 1570, 3 *vol. in-*24, *m. bl.*
47. La ſainte Bible traduite en françois par les Miniſtres de Geneve. *Amſterdam*, *Weſtein*, 1710, 2 *vol. in-*12, *m. r.*
48. Pſeaumes de David, en latin & en françois. *Paris*, 1595, *in-*18, *m. r.*
49. Le nouveau Teſtament auquel eſt démontré Jeſus-Chriſt notre Sauveur, avec la déclaration des œuvres & miracles qu'il a faits. *Anvers*, 1544, *in-*18, *m. r. goth. fig.*
50. Le nouveau Teſtament de la traduction des Docteurs de Louvain. *Paris*, 1647, 2 *vol. in-*24, *m. r.*
51. Le nouveau Teſtament traduit en françois ſelon la vulgate. *Mons*, *Migeot*, 1668, 2 *vol. in-*18. *m. r.*
52. Le nouveau Teſtament traduit en françois ſelon la vulgate. *Mons*, *Migeot*, 2 *vol. in-*18, *m. n.*
53. Le nouveau Teſtament traduit par les Miniſtres de Geneve. *Geneve*, *Eſtienne*, 1568, *in-*32, *m. r.*
54. Le nouveau Teſtament en françois & les Pſeaumes en vers notés. *La Rochelle*, 1623, *in-*24, *m. r.*
55. Il nuovo Teſtamento tradotto di greco in volgare italiano per Ant. Brucioli. *In Lyone*, 1550, *in-*18, *m. r.*
56. Il nuovo Teſtamento tradotto in lingua italiana. *In Lyone*, 1556, 2 *vol. in-*18, *m. cit. fig.*
57. The holy Bible translated out of the original tongues. *Cambridge*, 1648, *in-*12, *v. m. à comp.*

58. The holy Bible containing the old Testament and the New. *London*, 1658, *in*-12, *v. b. d. f. t.*
59. The new Testament translated out of the original Greek. *Oxfort*, 1712, *in*-18, *m. bl.*

Commentaires, Paraphrases, Dissertations critiques sur les livres de la Bible, & les choses qui y sont contenues.

60. Dionysii Petavii Paraphrasis psalmorum versibus græcis. *Parisiis*, 1637, *in*-8°, *m. bl.*
61. Psalterium latino carmine redditum per Eobanum Hessum. *Parisiis*, 1547, *in*-18, *m. verd.*
62. I sette salmi della Penitentia di David, ed altre opuscole di Pietro Aretino. *In Venetia*, 1545. *in*-8°, *m. r.*
63. Parafrasi sopra i sette salmi della Penitenza di Partenio Etiro (Pietro Aretino). *In Venetia*, 1629, *in*-24, *m. r.*
64. I sacri salmi messi in rime italiane da Giovan. Diodati. *In Geneva*, 1631, *in*-24, *m. r.*
65. I sette salmi Penitentiali in rime per Agostino Agostini, & i sette salmi della misericordia latini, raccolti da Girolamo Fagiolo. *In Cologna*, 1695, *in*-32, *m. verd. fig.*
66. The whole book of Psalms into english metre by Thomas Sternhold and others. *London*, 1719, *in*-18, *m. bl.*
67. Mare Rabbinicum infidum, num sit fidendum Rabbinis in referendo textu sacro, auct. Claudio Cappellano. *Parif.* 1667, *in*-12, *m. bl.*
68. Richardus à sancto Victore de duodecim Patriarchis & de arcâ mysticâ. *Parisiis*, 1494, *in*-8°, *m. r.*

69. Joan. Cloppenburgii sacrificiorum Patriarchalium schola sacra. *Lugd. Bat. Elzevir*, 1637, *in*-18, *m. r.*
70. Wolfgangi Franzii animalium historia sacra. *Amstel.* 1654, *in*-12, *m. verd.*
71. Animadversiones sive commentarius in quatuor Evangelia, auct. Lud. de Dieu. *Lugd. Bat. Elzevier*, 1631, *in*-4°, *m. r.*
72. Manuale græcum vocum novi Testamenti, auct. Georg. Pasore. *Lugd. Bat. Elzevier*, 1640, *in*-12, *m. r.*
73. Græco-barbara novi Testamenti quæ orienti originem debent, cum notis Mart. Pet. Cheitomæi. *Amstel. Elzevier*, 1649, *in*-12. *m. r.*
74. Dechiaratione sopra il nome di Giesu secondo gli Hebrei, Cabalisti, Greci, Caldei, Persi & Latini, dal frate Archangelo da Borgo novo. *In Ferrara*, 1557, *in*-8°. *m. r.*

Extraits, Histoires, Figures, Concordances & Dictionnaires de la Bible.

75. Petri Comestoris historia scholastica. *Parisiis*, 1526, *in*-4°. *v. f. d. s. t.*
76. Flores Bibliæ, sive loci communes ex utroque Testamento ordine alphabetico digesti. *Lugduni*, 1576, 2 *vol. in*-18, *m. r.*
77. Abrégé de la Bible en langue Bohémienne. 1656, 4 *vol. in*-12, *m. bl.*
78. Les excellentes, magnifiques & triomphantes chroniques de Judas Machabeus, & aussi de ses quatre freres, translatées du latin de la Bible. *Paris, Antoine Bonnemere*, 1506, *in-fol. goth. v. f.*
79. Figures de la Bible, par Chrest. Magdeleine

Kuflin, avec des explications en allemand. *in-*64, *m. r.*

80. Histoire de la Bible, par J. J. Scheuchzer, ornée de figures, par J. And. Pfeffel, & de vers par G. Tyfens, en allemand. *Amsterdam,* 1729, *in-fol. br.*

81. Novum Testamentum illustratum insignium rerum simulachris. *Lugduni, Gryphius, in-*18, *m. r.*

82. Lux evangelica sub velum sacrorum emblematum recondita in anni dominicas & festa, historiâ & morali doctrinâ adumbrata per Henr. Engelgrave. *Coloniæ,* 1655, 4 *vol. in-*8°. *m. r. fig.*

83. La Passione di Giesu Christo d'Alberto Durero sposta in ottava rima, da Mauritio Moro. *In Venetia,* 1612, *in-*4°. *vél.*

84. Jacobi Lydii florum sparsio ad historiam Passionis Jesu-Christi, cum figuris æneis. *Dordrechti,* 1672, *in-*12, *m. r.*

85. Thomæ Badensis cognomento Anshelmi figuræ Evangelistarum, cum versibus technicis. 1504, *in-*4°. *v. f. d. s. t.*

86. Sacrorum bibliorum vulgatæ editionis concordantiæ. *Coloniæ Agrippinæ,* 1684, *in-*8°. *m. r.*

87. Dictionnaire de la Bible, par Dom Aug. Calmet. *Paris,* 1722 & 1728, 4 *vol. in-fol. v. b. fig.*

Liturgie.

88. Sanctorum Joannis Chrisostomi & Basilii-Magni Liturgiæ, grecè, edente Demetrio Duca Cretensi. *Romæ,* 1526, *in-*8°. *v. b.*

89. Liturgiæ sive Missæ sanctorum patrum Jacobi Apostoli,

Apostoli, Basilii Magni & Joannis Chrisostomi. *Parisiis, Morel,* 1560, *in-fol. v. b.*

90. Liturgia seu Missa sancti Basilii Magni, græcè. *Venetiis,* 1645, *in-8°. vél.*

91. Divinæ Missæ sancti Joannis Chrisostomi exemplaria duo, græcè & latinè. *Venetiis,* 1644, *in-8°. m. r.*

92. Officium Græcorum græcè. *Florentiæ, per Hæredes Philippi Juntæ,* 1520, *in-8°. m. r.*

93. Horologium sive Liber precationum, græcè. *Venetiis,* 1646, *in-18, m. r. dent.*

94. Kalendarium Ecclesiæ Constantinopolitanæ, cum Commentariis, curâ Steph. Ant. Marcelli. *Romæ,* 1788, 2 *vol. in-*4°. *br.*

95. Pontificale romanum Clementis VIII jussu editum. *Antuerpiæ,* 1627, *in-fol. m. r.*

96. Breviarium romanum Cardinalis Quignones. *Lugduni,* 1544, *in-*4°. *m. n.*

97. *Idem* Breviarium romanum Cardinalis Quignones. *Antuerpiæ, Plantin,* 1561, *in-18, m. r.*

98. Breviarium secundum usum Tullensem. *Parisiis,* 1510, *in-8°. v. b. exemplar impressum in membranis.*

99. Breviarium insignis Ecclesiæ Turonensis. *Parisiis,* 1522, 2 *vol. in-8°. v. f. exempl. impress. in membranis.*

100. Breviarium Colbertinum, à Joanne Galloys dispositum. *Parisiis, Muguet,* 1679, *in-8°. m. r.*

101. Heures latines, manuscrites sur vélin avec quelques petites miniatures, *in-18, cuir de Russ.*

102. Heures latines, avec quelques ornemens & des lettres initiales en or & en couleur, manuscrites sur vélin dans le dernier siecle, par Renoult, écrivain & secrétaire de la chambre du Roi, *in-32, m. cit. d. s. t.*

103. Heures latines de la Vierge, manuscrites sur vélin du 15ᵉ siecle, avec lettres initiales en or & en couleur, *in-18, m. r.*
104. Horæ in laudem beatissimæ Virginis Mariæ ad usum Romanum. *Parisiis, Colines,* 1543, *in-4°, m. r. fig. & cadres.*
105. Horæ beatæ Virginis secundùm usum romanum. *Parisiis,* 1584, 2 vol. *in-64, m. r. Exemplar impressum in membranis cum figuris & litteris initialibus auro & coloribus depictis.*
106. Officium græco-latinum beatæ Mariæ Virginis. *Parisiis, Morel,* 1609, *in-18, m. bl.*
107. L'office de la Vierge en latin & en hébreu. *Paris,* 1633, *in-32, m. r.*
108. Les hymnes communs de l'année, translatés de latin en françois en rithme, par Nicolas Mauroy le jeune de Troyes. *Troyes,* 1527, *in-8°, m. r. fig. L. R.*
109. The book of common prayers. *Oxfort,* 1715, *in-18. m. bl.*

Conciles.

110. Le promptuaire des Conciles de l'Eglise catholique, fait par Jehan-le-Maire de Belges. *Paris,* 1533, *in-8°, m. bl.*
111. Acta scitu dignissima Constantiensis concilii. *Paris, Jehan Petit, in-8°, m. bl. Edit. goth.*
112. Fasciculus rerum expetendarum & fugiendarum in quo continetur concilium Basileense & alia opuscula, 1535, *in-fol. v. f. d. s. t.*
113. Concilii Tridentini canones & decreta. *Antuerpiæ,* 1640, *in-8°, m. bl.*
114. Concilii Tridentini canones & decreta. *Coloniæ Agrippinæ,* 1644, *in-12, m. bl.* — Ca-

techifmus concilii Tridentini. *Coloniæ*, 1689, *in-*12, *m. bl.*

Peres de l'Eglife.

115. Athenagoræ apologia pro Chriftianis, & tractatus de refurrectione mortuorum, græcè & latinè. *Parif. Henr. Stephanus*, 1557. — La même apologie d'Athenagoras, traduite en françois par Guy Gauffart Flamignon. *Paris*, 1574, *in-*8°, *m. r.*

116. Hermiæ philofophi Gentilium philofophorum irrifio, græcè & latinè, cum notis variorum curante Jo. Chrift. Dommerich. *Halæ*, 1764, *in-*8°, *cart.*

117. Sancti Irenæi fcripta anecdota, græcè & latinè, cum notis Jo. Ern. Grab. curante Chrifto. Matth. Pfaffio. *Lugd. Batav.* 1743, *in-*8°, *v. f.*

118. Marci Minucii Felicis Octavius ex recenfione Joh. Davifii. *Cantabrigiæ*, 1712, *in-*8°, *v. f.*

119. *Idem.* Marci Minucii Felicis Octavius edente Jo. Aug. Ernefti. *Longofaliffæ*, 1760, *in-*8°, *cart.*

120. Lucii Cæcilii Firmiani Lactantii opera omnia, cum notis variorum curante Joan. Ludolp. Bünemann. *Lipfiæ*, 1738, *in-*8°, *cart.*

121. Lucii Cæcilii Lactantii Firmiani opera, curante Edvardo à fancto Xaverio. *Romæ*, 1755 *& fequ.* 14 *vol. in-*8°, *baz.*

122. Theophili Antiocheni libri tres ad Autolycum, græcè & latinè, cum notis Joan. Chriftop. Wolfii. *Hamburgi*, 1724, *in-*8°, *v. f.*

123. Speculum fapientiæ beati Cyrilli epifcopi, alias quadripartitus apologeticus vocatus. *Edit. vetus caracteribus gothicis, abfque loco & anno, fed circa* 1500, *in-*4°, *m. r.*

124. Hexaplorum Origenis quæ superfunt cum notis Caroli Friderici Bahrdt. *Lipsiæ*, 1769, 2 vol. in-8°, v. f.
125. Theodoreti episcopi Cyri opera omnia, græcè & latinè, ex editione Jac. Sirmondi, curante Joan. Ludov. Schulze. *Halæ*, 1769 & seq. 10 vol. in-8, v. f.
126. Divi Hieronymi Stridoniensis epistolæ selectæ. *Parif.* 1588, in-18, m. r.
127. Synesii episcopi Cyrenes opera, græcè. *Parisiis, Turnebus*, 1553, in-fol. parch.
128. Acta Marii Mercatoris, cum notis Rigberii. *Bruxellis*, 1673, in-12, m. r.
129. Marii Mercatoris opera ex editione Steph. Baluzii. *Parisiis*, 1684, in-8°, v. b.
130. Divi Aurelii Augustini meditationes & soliloquia. *Amstel.* 1628, in-32, m. r.
131. Divi Aurelii Augustini confessiones. *Colon. Agrippinæ*, 1629, in-32. v. f.
132. Sancti Augustini confessiones. *Coloniæ*, 1646, in-12. m. n.
133. Divi Aurelii Augustini confessiones. *Lugd. Batav. Elzev.* 1675, in-12, m. r.
134. Divi Aurelii Augustini confessionum libri tredecim. *Parisiis, Pierres*, 1776, in-18. m. r.
135. Li soliloquii di sancto Agostino tradotti in volgare. *In Milano*, 1492, in-8°, m. r.
136. Anastasii Sinaitæ viæ Dux, græcè & latinè, studio Jacobi Gretseri, item Theodori Abucaræ opuscula. *Ingolstadii*, 1606, in-4°, baz.
137. Salviani Massiliensis & Vincentii Lirinensis opera edente Baluzio. *Parif.* 1663, in-8°, v. b.
138. Histoire de Barlaam & de Josaphat, roi des Indes, trad. du grec de saint Jean Damascene, par Jean de Billy. *Lyon*, 1592, in-18, m. r.

139. Sancti Agobardi opera ex editione Stephani Baluzii. *Parisiis*, 1666, 2 *vol. in-*8°, *v. b.*
140. Beati Servati Lupi opera edente Baluzio. *Parisiis*, 1664, *in-*8°, *v. b.*
141. Sancti Bernardi abbatis Clarevallensis opera, studio D. Jo. Mabillon. *Parisiis*, 1667, 9 *vol. in-*8°. *v. f.*
142. Angeli Mariæ Bandinii ecclesiæ græcæ monumenta vetera, græcè & latinè. *Florentiæ*, 1761, 2 *vol. in-*8°, *br.*
143. Sentences tirées des Peres de l'église, par le S. de Laval. *Paris*, 1680, 2 *vol. in-*12, *m. r.*

Théologie Scolastique, & Polémique.

144. Summa totius theologiæ sancti Thomæ Aquinatis. *Coloniæ Agrippinæ*, 1639, 10 *vol. in-*12, *m. r.*
145. Ratio seu Methodus compendio perveniendi ad veram theologiam, per Des. Erasmum. *Coloniæ*, 1555, *in-*18, *m. bl.*
146. I quattro libri de la humanita di Christo di Pietro Aretino, 1539, *in-*8°, *m. r.*
147. Exactissima infantium in limbo clausorum querela adversùs divinum judicium apud æquum judicem proposita, apologia divini judicii, infantium responsio & judicis sententia, aut. Anton. Cornellio. *Lutetiæ*, 1531, *in-*4°, *m. r. Liber eximiæ raritatis.*
148. Dello Specchio delle opere di Dio nello stato di natura libri tre di Partenio Etiro (Pietro Aretino.) *In Venetia*, 1629, *in-*24, *m. bl.*
149. Théologie naturelle contenant plusieurs argumens contre les Epicuriens & Athéistes, par George Pacard. *La Rochelle*, 1579, *in-*18, *m. bl.*

150. Hugo Grotius de veritate Religionis chriſtianæ. *Lugd. Bat.* 1633, *in-*18, *m. r.*
151. Hugo Grotius de veritate religionis chriſtianæ. *Amſtel. Elzevirios*, 1669, *in-*12, *m. bl.*
152. Jo Alb. Fabricii delectus argumentorum & ſyllabus ſcriptorum qui veritatem religionis chriſtianæ aſſeruerunt. *Hamb.* 1725, *in-*4°. *v. b.*
153. Radulphi Cudworthi ſyſtema intellectuale, latinè verſum à Jo. Laur. Moshemio. *Yenæ*, 1733, 2 *vol. in-fol. v. f.*
154. Diſcours de la ſuperſtition, par Durondel. *Amſterd.* 1686, *in-*12, *m. r.*
155. Traité catholique des images, par René Benoît. *Paris*, 1558, *in-*18. *m. r.*
156. Le baſton de la foi chreſtienne, propre à rembarrer les ennemis de l'évangile. *Paris*, 1562, *in-*18, *m. bl.*
157. Le bouclier de la foi, avec une briéve apologie contre un Clabault luthérique qui a voulu ronger le bouclier de la foi. *Paris*, 1573, *in-*18. *m. bl.*
158. Le manuel de l'admirable victoire du corps de Dieu, ſur l'eſprit malin Béelzebub, obtenue à Laon en 1566, par Jehan Boulæſe. *Paris*, 1575. *in-*18, *m. r.*
159. Les actes du ſynode de la réformation tenu à Montpellier en 1598, Satyre ménippée. *Montpellier*, *Le Libertin*, 1600, *in-*12, *m. r.*
160. Dialogues ruſtiques d'un Prêtre de village, le Berger, le Cenſier & ſa femme, 1657, *in-*12, *m. bl.*
161. Les imaginaires ou lettres ſur l'héréſie imaginaire, par le S. de Damvilliers (P. Nicole). *Liége*, *Beyers* (*Elzevier*), 1667, 2 *vol. in-*12, *m. r.*

Théologie Morale.

162. Les lettres provinciales, par Louis de Montalte (Blaise Pascal). *Cologne, Elzevier*, 1657. *in*-12, *m. r.*
163. Essais de morale & autres traités de Nicole. *La Haye*, 1709 *& suiv.* 24 *vol. in*-12, *m. r.*
164. Confessional de S. Thomas d'Aquin, de la tranquillité & mundicité de conscience. *Paris, édit. goth. sans date, in*-18, *m. bl.*
165. Chantepleure d'eau vive redundant, avec le fosil de Pénitence. *Paris*, 1537, *in*-8°, *v. b.*
166. Dialogue très-élégant intitulé, le Pérégrin, traitant de l'honnête & pudique amour, par François d'Assi. *Paris, Galiot Dupré*, 1528, *in*-8°, *v. f. exemp. du comte d'Hoym.*
167. Livre de la vanité du monde, composé par frere Jacques de Lestoille, religieux de l'Observance. *Lyon*, 1596, *in*-18, *m. b.*
168. Le fouet des jureurs & blasphémateurs du nom de Dieu. *Lyon*, 1615, *in*-18, *v. f.*
169. Le réveille matin des dames, par le sieur de la Serre. *Anvers*, 1656, *in*-12, *m. bl.*
170. Discours ecclésiastiques contre le Paganisme des Roys de la féve & du Roy boit, par Jean Deslyons. *Paris*, 1664, *in*-12, *m. r.*
171. Apologie du banquet sanctifié de la veille des rois, par Nic. Barthelemy. *Paris*, 1665, *in*-12, *m. r.*

Théologie Catéchétique & Parénétique ou Catéchismes & Sermons.

172. Institutiones christianæ seu parvus cate-

chifmus Catholicorum à P. Jo. Bapt. Romano, cum imaginibus. *Antuerpiæ, Plantin*, 1589, *in-8°, v. f.*

173. Jacobi de Voragine fermones aurei. *Parif.* 1528. *in-8°. v. f.*

174. Sermones Stephani Brulefer ordinis Minorum. *Parifiis,* 1500. *in-8°, m. r.*

175. Dictionarius pauperum five materia fermonum. *Parifiis,* 1506, *in-8°. m. r.*

176. Sermones quadragefimales fratris Johannis Friftch ordinis Minorum. *Lugduni, abfque anno, in-4°. v. f. d. f. t.*

177. Opus admodum infigne, fermones quadragefimales & de adventu, patris Bonifacii ex ordine Minorum. *Parifiis, Regnault & Chaudieres, in-4°, v. m. d. f. t.*

178. Sermones quadragefimales fratris Joannis Aquilani ordinis Prædicatorum. *Venetiis*, 1509, *in-8°. m. r.*

179. Oliverii Maillardi ordinis Minorum fermones de fanctis. *Parifiis,* 1509, *in-8°. m. r.*

180. Oliverii Maillardi ordinis Minorum fermones. *Parifiis*, 1512, 3 *vol. in-8°. v. m. d. f. t.*

181. La confeffion générala de fraire Olivier Maillard en languatge de Tholofa. *Edit. goth. fans date ni nom de lieu, in-8°, m. r.*

182. Aureum opus fermonum adventualium fratris de fancto Geminiano ordinis Prædicatorum. *Parifiis*, 1512, *in-4°, v. m. d. f. t.*

183. Opus aureum fermonum quadragefimalium fratris de fancto Geminiano ordinis Prædicatorum. *Parifiis, Jehan Petit, in-4°, v. m. d. f. t.*

184. Fratris Gililiberti Tornacenfis ordinis Minorum fermones. *Lugduni*, 1511, *in-8°, v. m. d. f. t.*

185. Sermones præftantiffimi viri Roberti de Litio

Litio ordinis Minorum. *Lugduni*, 1513, *in-4°*. v. b.

186. Opus fermonum quadragefimalium Johan. Raulin ordinis Cluniacenfis. *Parifiis, Jehan Petit*, 1511, 2 vol. *in-8°*, v. b.

187. Itinerarium paradifi five fermones de pœnitentia Johannis Raulin ordinis Cluniacenfis. *Parifiis*, 1514, *in-4°*, v. m. d. f. t.

188. Opus fermonum de adventu Johan. Raulin. *Parifiis*, 1518, *in-4°*, v. m. d. f. t.

189. Ejufdem Johannis Raulin fermones dominicales. *Parifiis*, 1541, *in-8°*, v. m. d. f. t.

190. Nicolai Denyfe ordinis Minorum fermones. *Parifiis*, 1517, 2 *vol. in-4°*, v. m. d. f. t.

191. Fratris Guillelmi Pepin fermones & tractatus quidam. *Parifiis*, 1520, 5 *vol. in-8°*, v. m. d. f. t.

192. Michaëlis Menoti ordinis Minorum fermones quadragefimales. *Parifiis, Gaudoul, in-8°*, v. m. d. f. t.

193. Michaelis Menoti fermones quadragefimales tum Parifiis tum Turonis declamati. *Parifiis*, 1525 & 1530, 2 *vol. in-8°*, v. m. d. f. t.

194. Armandi de Bellovifu ordinis Prædicatorum fermones planè divini. *Parifiis*, 1525, *in-8°*, v. m. d. f. t.

195. Sermones fratris Gabrielis Barelette ordinis Prædicatorum. *Lugduni*, 1524, 2 *vol. in-8°*, v. m.

196. Sermon prefché à Grenoble, par Aimé Meigret, le jour de St. Marc. 1524, *in-18*, m. bl.

197. Sermones dominicales à magiftro Johanne Quintini vifi & ordinati. *Parifiis, Petit*, 1527, *in-8°*, m. r.

198. Sermones aurei funebres. *Lugduni*, 1537, *in-12*, m. n.

199. Sermones dominicales editi à fratre Hugone

de Prato Florido ordinis Prædicatorum. *Pariſiis,* 1542, *in-8°, v. m. d. ſ. t.*

200. Sermons de l'évêque de Valence (Jean de Montluc) ſur certains poinčts de la Religion. 1561, 2 *vol. in-*18, *m. r.*

201. Sermons de piété pour réveiller l'ame à ſon ſalut, par Fabrice de la Baſſecour. *Amſt. Elzev.* 1645, *in-*12, *m. r.*

Théologie Myſtique.

202. Thomæ à Kempis de imitatione Chriſti, libri quatuor. *Lugd. Batav. apud Elzevirios, abſque anno, in-*12, *m. r.*

203. De imitatione Chriſti, libri quatuor elegiacè redditi à Thomâ Meſlero. *Bruxellæ,* 1649, *in-*18, *m. verd.*

204. Thomæ à Kempis de imitatione Chriſti, libri quatuor. *Lug. Batav. Elzevier,* 1658, *in-*12, *m. verd. dent.*

205. Thomæ à Kempis de imitatione Chriſti, libri quatuor. *Amſt. Elzevier,* 1679, *in-*12. *m. r.*

206. De imitatione Chriſti, libri quatuor. *Coloniæ,* 1684, *in-*18. *m. r.*

207. L'imitation de Jeſus-Chriſt, traduite en vers françois, par P. Corneille. *Paris,* 1656, 3 *vol. in-*12, *m. r. fig.*

208. De l'imitation de Jeſus-Chriſt, traduction nouvelle. *Paris,* 1673, *in-*18, *m. r. fig.*

209. Los libros de la imitacion de Chriſto por Th. a Kempis, traduzidos en Eſpanol por el P. J. Euſebio Nieremberg. *En Amberes,* 1656, *in-*24, *v. f. d. ſ. t.*

210. Contemplationes Idiotæ. *Pariſiis, Galiot Dupré,* 1538, *in-*18, *m. r.*

211. Hieronymi Savonarolæ dialogus cui titulus folatium itineris mei & alia opufcula. *Venetiis, 1537, in-24, m. bl.*
212. Johannis Gerfon lib. de vitâ fpirituali animæ. *Parifiis, Marnef. 1493, in-8°, m. r.*
213. Petite inftruction & maniere de vivre pour une femme féculiere. *Paris, édit. goth. fans date, du commencement du 16ᵉ fiecle, in-8°, m. bl.*
214. Le manuel des Dames, compofé par un jeune Céleftin. *Paris, Ant. Verard, fans date, in-8°. m. r.*
215. La foreft de confcience, contenant la chaffe des Princes fpirituelle. *Paris, Le Noir, 1520, in-8°. m. r. fig.*
216. Cura clericalis, ftella clericorum, &c. *Parif. 1529, in-8°. m. r. edit. goth.*
217. Le tréfor de dévotion traduict de langue caftillaine en vulgaire francoys. *Paris, 1541, in-18, m. r. edit. goth.*
218. Le directoire des Contemplatifs, compofé par Henry Herp. *Paris, 1549, 2 vol. in-18. m. r. edit. goth.*
219. Epiftre ou devis de Jefus-Chrift à l'ame dévote. *Paris, 1556, in-8°, m. r. goth.*
220. Le tréfor de l'ame chreftienne, par H. Belon. *Paris, 1595, in-18, m. r.*
221. Tractatus de arte bene vivendi, beneque moriendi, *editio vetus goth. abfque loco & anno, in-8°, m. r.*
222. Les images de la mort, auxquelles font adjouftées dix-fept figures, davantage la médecine de l'ame, &c. *Lyon, 1562, in-8°. m. r.*
223. De la vie & de la mort, par Philippe de Mornay, avec les méditations de Savonarole

fur les pfeaumes, traduites par le même. *Paris*, 1584, *in-18, m. cit.*

224. Alphabetum divini amoris, Johan. Gerfon. *Parifiis*, 1493, *in-8°. m. r.*

225. Le livre de la difcipline d'amour divine. *Paris*, 1514, *in-8°, goth. m. r.*

226. Les allumettes du feu divin, par Pierre Doré. *Lyon*, 1586, *in-12, m. r.*

227. La conferve de grace, avec un doux chant confolatif de l'ame fidele, par Pierre Doré. *Paris*, 1548, *in-18, m. r.*

228. Remédes fouverains contre les fept péchés mortels, contre le blafphême & le jeu, par Gafpart Loart. *Paris*, 1577, *in-18, m. r.*

229. Le dialogue de confolation entre l'ame & la raifon, par un religieux de la réforme de Fontevrault. *Paris, Simon Voftre*, 1499, *in-8°, m. r.*

230. Le livre intitulé : Internelle confolation. *Paris, Kerver*, 1554, *in-8°, v. b. L. R.*

231. Le reconfort des affligez, traduit de l'italien de Gafpart Loart. *Paris*, 1579, *in-18, m. bl.*

232. Paradifus fponfi & fponfæ, auct. Joanne David. *Antuerpiæ*, 1607, *in-8°, m. r. fig.* de Theod. Galle.

233. Authores varii qui de cruce Chrifti fcripferunt. *Amftelod.* 1670, *& aliis annis*, 4 *vol. in-12, m. r.*

234. Horologium devotionis circa vitam Chrifti, *editio vetus, goth. abfque loco & anno, fed circà* 1500, *in-8°, m. r. fig.*

235. La quenouille fpirituelle, dialogue fpirituel de la paffion, *Stabat Mater*, tranflaté en françois, falutation faicte fur les fept feftes de Noftre Dame, par Jehan Tiffarant; oraifon

très-dévote à Noftre-Dame, procès formal d'un povre humain, la vie madame fainᶜte Marguerite, & autres pieces en vers françois. *Paris, édition goth. fans date, in-18, m. r.*

236. Bellarmini libri duo de feptem verbis à Chrifto in cruce prolatis : item libri duo de arte benè moriendi. *Coloniæ Agrippinæ,* 1626, *in-24, m. r.*

237. Préparations du faint Sacrement de l'autel, l'horloge de la paffion, les quinze effufions,&c. *Paris,* 1585, *in-18, m. r. goth.*

238. Les plaifirs fpirituels contre-quarrez aux fenfuels du quarefme-prenant, par Ant. de Balinghem. *Douay,* 1627, *in-12, v. f. d. f. t.*

239. Exercitia fpiritualia fanᶜti Ignatii Loyolæ. *Viennæ Auftriæ,* 1563, *in-18, m. bl.*

240. Exercitium pietatis quotidianum, ftudio Joan. Gerhardi. *Lugd. Bat. Elzevier.* 1630, *in-32. m. r.*

241. Sainᶜtes prieres recueillies des pfeaumes de David, par Pierre Martyr Vermile, traduiᶜtes en françois. *La Rochelle,* 1581, *in-18, m. bl.*

242. Precationum piarum Enchiridion à Simone Verrepæo concinnatum. *Antuerpiæ, Bellerus, in-18, v. f. d. f. t. fig.*

243. Parva chriftianæ pietatis officia per regem Ludovicum XIII ordinata. *Parifiis,* 1640, *2 vol. in-18, m. verd. dent.*

244. Les fainᶜtes prieres de l'ame chreft. écrites & gravées d'après la Plume, par Pierre Moreau. *Paris,* 1689, *in-8°, m. r.*

THÉOLOGIE HÉTÉRODOXE.

Traités des Auteurs séparés de l'Eglise Romaine, contre la Religion Catholique & ses Ministres.

245. Résolution de tous les poincts de la Religion chrestienne, par Hanri Bullingere, ministre de Zurich. *Geneve, 1562, in-18. m. bl.*
246. Epistola magistri Benedicti Passavantii responsiva ad commissionem sibi datam à Petro Lyseto aut. Theodori Beza. 1568, *in-18, m. bl.*
247. Le tombeau de la messe, par David Derodon. *Amst. 1682, in-12, m. r.*
248. Anatomie de la messe, par Pierre du Moulin. *Leyde, Elzevier.* 1638, *in-12, m. r.*
249. Relation de l'estat de la religion, par le chevalier Edwin Sandis. *Amst. Elzevier.* 1641, *in-12, m. r.*
250. Satyres chrestiennes de la cuisine papale. *Geneve, Conrad Badius,* 1560, *in-8°, m. r.*
251. Antithesis Christi & Antichristi videlicet Papæ versibus & figuris illustrata. *Genevæ,* 1578, *in-12, m. r.*
252. Discours des dissensions & confusions de la Papauté. *Ambrun,* 1587, *in-18, v. m.*
253. Laurentii Banck de tyrannide papæ in reges & principes christianos diascepsis. *Franequeræ,* 1647, *in-12, m. bl.*
254. Flagellum pontificis & episcoporum latialium. Aut. Joan. Bastwick, *Londini,* 1641, *in-12, m. r.*

Traités des Athées & Déistes. Traités contenant des Erreurs singulieres.

255. Religio Medici Auth. Thomà Brown. *Lugd. Bat.* 1650, *in*-18, *m. r.*
256. Nuovo progetto d'una riforma d'Italia. *Lond.* 1786, 3 *vol. in*-8°, *br.*
257. De orbis terræ concordia libri quatuor, Guill. Postello auth. *Basileæ, Oporinus,* 1544, *in-fol. m. r.*
258. Præadamitæ, sive exercitatio quâ inducuntur primi homines ante Adamum auct. Isaaco La Peyreire. 1655, *in*-12, *m. verd.*
259. Joannis Hilperti disquisitio de Præadamitis. *Ultrajecti,* 1656, *in*-12. *m. verd.*
260. Etat de l'homme dans le péché originel, traduit du latin de Beverland, 1740, *in*-12, *m. r.*

Traités sur la Religion des Juifs.

261. Kabbala denudata seu doctrina Hebræorum transcendentalis, & Metaphysica atque Theologica. *Sulzbaci,* 1677, *& Francofurti,* 1684, 2 *vol. in*-4°, *vél. & br.*
262. Porta Mosis sive dissertationes aliquot à R. Mose Maimonide suis in textum Talmudicum commentariis præmissæ, arabicè & latinè, studio Eduardi Pocockii. *Oxoniæ,* 1655, *in*-4°, *v. b.*
263. Le mystere & secret des Juifs, faisant le commencement du premier livre du recueil de Suidas, trad. en françois, par Franç. Le Fevre de Bourges. *Paris,* 1557, *in*-18, *m. bl.*
264. Historia festorum Judaicorum, hebraicè, *in*-32, *m. r.*

Traités sur la Religion & les Dieux des Payens.

265. Joannis Seldeni de diis Syris syntagmata duo. *Lugd. Bat.* 1629, *in*-12, *m. bl.*
266. Eliæ Schedii de diis Germanis syntagmata quatuor. *Amstel.* 1648, *in*-8°. *v. b.*

Religion Mahométane.

267. Machumetis ejusque successorum vitæ ac doctrinæ, ipseque Alchoran cum confutationibus, studio Theodori Bibliandri. *Basileæ,* 1543, *in-fol. m. cit.*
268. L'Alcoran de Mahomet, translaté d'arabe en françois, par Duryer. *Amsterdam,* 1649, *in*-12, *m. r.*
269. L'Alcoran de Mahomet, traduit par Duryer. *La Haye,* 1683, *in*-12, *m. r.*

JURISPRUDENCE.

Droit de la Nature & des Gens, Droit Public.

270. De legibus naturæ disquisitio philosophica, aut. Ricardo Cumberland. *Londini,* 1672, *in*-4°, *v. b.*
271. Le droit de la Nature & des Gens, traduit du latin de Puffendorf, par Jean Barbeyrac. *Amst.* 1734, 2 *vol. in*-4°, *v. m.*
272. Hugonis Grotii de jure belli & pacis libri tres, cum notis Gronovii & Barbeyracii. *Amst.* 1720, 2 *vol. in*-8°, *v. f.*
273. Joan. Mariæ Lampredi juris publici universalis theoremata. *Pisis,* 1782, 3 *vol. in*-8°, *br.*

274.

274. Joannis Seldeni mare clausum seu de Dominio maris libri duo. *Amstel.* 1636, *in*-18, *m. r.*
275. Hugo Grótius de mari libero, & Paulus Merula de maribus. *Lugd. Bat. Elzevier*, 1633, *in*-24, *m. r.*
276. Fœdera, conventiones, litteræ & acta publica inter reges Angliæ & alios principes, curantibus Th. Rymer, & Rob. Sanderson. *Hagæ*, 1745, 10 *vol. in-fol. c. m. v. m.*

Droit Ecclésiastique.

277. Taxæ cancellariæ apostolicæ. *Parisiis*, 1520, *in*-4°, *goth. m. r.*
278. Numerus & tituli cardinalium, archiepiscoporum & episcoporum christianorum cum taxis cancellariæ apostolicæ. *Parisiis*, 1545. *in*-18, *m. bl.*
279. L'origine des cardinaux du saint-siége, & particulierement des François. *Cologne*, 1670, *in*-12, *m. r.*
280. Tractatus de repudiis & divortiis, auth. Theod. Beza. *Lugd. Bat.* 1651, *in*-12, *m. r.*
281. Discursus politicus de polygamia, auct. Theophilo Alethæo (Jo. Lysero). *Friburgi*, 1674, *in*-12, *m. r.*
282.* Statuta ordinis Cartusiensis à Guigone Priore edita. *Friburgi*, 1510, *in-fol. vél. liber rarissimus.*
283. Institutum societatis Jesu. *Pragæ*, 1757, 2 *vol. in-fol. br.*
284. Le catéchisme des Jésuites ou le mystere d'iniquité, par Estienne Pasquier. *Villefranche*, 1677, *in*-12, *m. r.*
285. La chasse du Renard Pasquin, découvert & pris en sa tanniere du libelle diffamatoire faux

marqué le catéchisme des Jésuites, par Fœlix de la Grace. *Villefranche, 1602, in-12, m. r.*

Droit Civil, Grec, Romain, François, &c.

286. Joannis Seldeni liber de successionibus ad leges Hebræorum. *Lugd. Bat. Elzevier, 1638, in-12, m. r.*
287. Tractatus de decretis Atheniensium, auct. Clemente Biagi. *Romæ, 1785, in-4°, br.*
288. Commentaire sur la loi des douze Tables, par Bouchaud. *Paris, 1787, in-4°, pap. d'Holl. m. r.*
289. De usu & authoritate juris civilis Romanorum in dominiis christianorum principum, aut. Arth. Duck. *Lugd. Bat. Elzevier, 1654, in-12, m. r.*
290. De justitia Romanarum legum libri duo, auct. Jac. Mæstertio. *Lugd. Bat. 1634, in-12, m. r.*
291. Codex juris Justinianei, authenticæ seu Novellæ, digestum seu pandectæ. *Lugd. 1571, 15 vol. in-18, m. r.*
292. Imperatorum Justiniani, Justini, Leonis Novellæ constitutiones, græcè. *Parisiis, Henr. Stephanus, 1558, in-fol. m. r.*
293. Institutiones juris civilis in Græcam linguam per Theophilum olim traductæ, nunc verò recognitæ, curâ Viglii Zuichemi. *Basileæ, Froben, 2 vol. in-fol. m. r.*
294. Institutiones juris civilis, per Theophilum antecessorem, græcè & latinè, curâ Viglii Zuichemi. *Lugd. 1580, 2 vol. in-18, m. bl.*
295. Imperatoris Justiniani institutionum libri quatuor. *Amstel. Elzevier, 1676, in-18, m. r.*

296. Antonii Perezii institutiones imperiales Erotematibus distinctæ. *Amst. Elzev.* 1657, *in-*12, *m. r.*

297. Joh. Arnoldi Corvini Enchiridion seu institutiones imperiales explicatæ per Erotemata. *Amst. Elzev.* 1649, *in-*12, *m. r.*

298. Joh. Arn. Corvini Enchiridion seu institutiones imperiales explicatæ per Erotemata. *Amst. Elzevier,* 1657, *in-*12. *m. r.*

299. Arnoldi Corvini digesta per aphorismos explicata. *Amst. Elzevier,* 1642, *in-*12, *m. r.*

300. Arnoldi Corvini digesta per aphorismos explicata. *Amst. Elzevier,* 1649, *in-*12, *m. r.*

301. Justiniani institutiones cum notis Arnoldi Vinnii. *Amst. Elzevier,* 1658, *in-*12, *m. r.*

302. Justiniani imperatoris institutionum libri quatuor, cum notis Arnoldi Vinnii. *Amst. Elzevier,* 1663, *in-*12, *m. r.*

303. Richardi Zouchei elementa jurisprudentiæ. *Lugd. Batav. Elzevier,* 1652, *in-*12, *m. r.*

304. Andreæ Benedicti Ganassoni opuscula quædam juris civilis. *Venetiis,* 1768, *in-*4°, *m. r. Exempl. impressum in pergameno.*

305. Rab. Herm. Schelii de jure imperii liber posthumus. *Lugd. Bat. Elzevier,* 1671, *in-*12, *m. r.*

306. Eleytheria sive de manumissione servorum apud Romanos libri quatuor, auct. Wilhelmo à Loon. *Ultrajecti,* 1685, *in-*12, *m. bl.*

307. Henrici Kornmanni Sibylla Trig-Andriana sive de virginitate, virginum statu & jure tractatus. *Coloniæ,* 1765, *in-*12, *v. m.*

308. Discursus duo philosophico-juridici de cornutis & hermaphroditis eorumque jure, auct. Jacobo Mollero. *Berolini,* 1699, *in-*4°, *baz.*

309. Pauli Zacchiæ, quæstiones medico-legales. *Amst.* 1651, *in-fol. v. b.*
310. Capitularia regum francorum ex editione Baluzii, curante Petro de Chiniac. *Parisiis*, 1780, 2 *vol. in-fol. c. m. v. f. d. s. t.*
311. Abregé du procès fait aux Juifs de Metz. *Paris*, 1670, *in-12, m. r.*

SCIENCES ET ARTS.

Introduction, ou Traités Généraux, Dictionnaires des Sciences.

312. Polydori Vergilii de rerum inventoribus libri octo. *Amstel. Elzevier,* 1671, *in-12, m. r.*
313. Pollidore Vergile traduict en françoys, déclarant les inventeurs des choses qui ont estre. *Paris, in-18, v. f. d. s. t.*
314. Les livres de Polydore Vergile, des inventeurs des choses, traduicts en francois. *Lyon,* 1576, *in-18, m. r.*
315. Henrici Cornelii Agrippæ de incertitudine & vanitate scientiarum & artium liber. *Hagæ Comitum,* 1682, *in-18, m. r.*
316. Paradoxe sur l'incertitude, abus & vanité des sciences, trad. du latin d'Henry, Corn. Agrippa. 1582, 2 *vol. in-18, v. f.*
317. Traité de l'incertitude des sciences. *Amst.* 1715, *in-12, m. r.*
318. Francisci Baconis de Verulamio novum organum scientiarum. *Lugd. Bat.* 1650, *in-12. m. r.*
319. Francisci Baconis de Verulamio de augmen-

tis scientiarum libri novem. *Amstel.* 1662, *in*-12, *m. r.*

320. J. A. Comenii Pansophiæ prodromus, aliaque ejusd. *Lugd. Bat.* 1644, *in*-12, *m. r.*
321. Cours de Sciences, par le P. Buffier. *Paris,* 1732, *in-fol. v. m.*
322. Encyclopédie, ou dictionnaire raisonné des sciences, des arts & des métiers, par Diderot, & d'Alembert. *Paris,* 1751, 35 *vol. in-fol. v. m. premiere édition.*
323. Encyclopédie méthodique. *Paris, Pankoucke,* 200 *vol. in*-4°, *dont* 167 *reliés en carton dos de veau,* & 33 *brochés.*

PHILOSOPHIE.

Introduction ou Traités généraux, Histoire de la Philosophie.

324. Joann. Franc. Pici Mirandulæ de studio divinæ & humanæ Philosophiæ libri duo. *Halæ,* 1702, *in*-12, *m. bl.*
325. Georgii Hornii historiæ philosophicæ libri septem. *Lugd. Bat.* 1655, *in*-4°, *v. f.*
326. Francisci Baconi de sapientiâ veterum liber. *Lugd. Bat.* 1633. *in*-18, *m. r.*

Philosophes Anciens.

327. Philosophia moysaica cum responso ad hoplocrismæ-spongum M. Fosteri, auct. Rob. Flud. *Goudæ,* 1638, *in-fol. v. b.*
328. Confucius sinarum philosophus, sive scientia sinensis latinè exposita à Philippo Couplet & aliis. *Parisiis,* 1687, *in-fol. v. b.*

329. Mercurii Trifmegifti Pœmander, græcè. *Parif. Turnebus*, 1554, *in-4°, dem. rel.*
330. Mercurii Trifmegifti Pimandras, græcè & latinè, curâ Franc. Fluffatis Candallæ. *Bendigalæ*, 1574, *in-4°, vél. d. f. t.*
331. Omnia divini Platonis opera ex tranflatione Marfilii Ficini. *Lugduni*, 1548, *in-fol. v. f.*
332. Divini Platonis opera à Marfilio Ficino tranflata cum gnomologiâ Platonianâ. *Lugd.* 1550, 6 *vol. in-*18, *m. bl.*
333. Platonis dialogi quatuor græcè, Eutyphro, apologia Socratis, Crito, Phœdo, curante Jo. Frid. Fifchero. *Lipfiæ*, 1770, *in-8°. cart.*
334. Tutte l'opere di Platone tradotte in lingua volgare da Dardi Bembo. *In Venetia*, 1601, 5 *vol. in-*18, *vél.*
335. La republica de Platone, tradotta da Pamphilo Fiorimbene da Foffembrone. *In Vinegia*, 1554, *in-8°, vél.*
336. Apologie de Socrate & Criton, dialogues de Platon traduits en françois. *Paris*, 1643, *in-12, m. verd.*
337. Ariftotelis opera omnia latinè. *Lugduni, apud hæredes Jacobi Juntæ*, 1561, 12 *vol. in-*18, *v. ec.*
338. Ariftotelis aliorumque problemata. *Amft.* 1643, *in-12, m. verd.*
339. Joannis Grammatici Philoponi commentaria in libros Ariftotelis de animâ & de naturali aufcultatione, græcè. *Venetiis*, 1535, 3 *vol. in-fol. v. b.*
340. Syriani antiquiffimi interpretis commentarius in libros 11, 12 & 13 metaphyfices Ariftotelis, latinitate donatus ab Hieron. Bagolino. *Venetiis*, 1558, *in-4°, m. r.*

(31)

341. Andronici Rhodii Ethicorum Nicomacheorum, græcè & latinè, curâ Danielis Heinsii. *Lugd. Bat.* 1617, *in-8°. vel.*

342. L'Ethica d'Aristotile tradotta per Bernardo Segni. *In Firenze*, 1550, *in-4°, parch.*

343. Aristotelis Politicorum libri octo, græcè & latinè, cum paraphrasi Danielis Heinsii. *Lugd. Bat. Elzevier,* 1621, *in-8°, parch.*

344. Trattato dei governi di Aristotile, tradotto da Bernardo Segni. *In Firenze*, 1549, *in-4°, parch.*

345. Æschinis Socratici dialogi tres, græcè, edente Joh. Frid. Fischero. *Lipsiæ*, 1766, *in-8°, baz.*

346. Joannes Grammaticus Philoponus Alexandrinus contra Proclum de mundi æternitate græcè. *Venetiis,* 1535, *in-fol. br.*

347. Sexti Empyrici opera quæ exstant, græcè & latinè. *Genevæ,* 1621, *in-fol. v. f.*

348. Jamblichus de mysteriis Ægyptiorum, Chaldæorum & Assyriorum, latinè cum aliis tractatibus. *Lugduni,* 1570, *in-18, m. bl.*

349. Maximi Tyrii sermones latinè, interprete Cosmo Paccio. *Parisiis,* 1554, *in-18, m. r.*

350. Maximi Tyrii dissertationes, græcè & latinè, cum notis Danielis Heinsii. *Lugd. Bat.* 1607, *in-8°, peau de mouton.*

351. Maximi Tyrii dissertationes, græcè & latinè, *Oxoniæ,* 1677, *in-12, m. bl.*

352. Maximi Tyrii dissertationes, græcè & latinè, ex recensione Joannis Davisii, cum notis Jer. Marklandi & Jo. Jac. Reiske. *Lipsiæ,* 1774, 2 vol. *in-8°, dem. rel.*

353. Anitii Manlii Severini Boethii opera omnia. *Basileæ,* 1570, *in-fol. v. b.*

354. Harmonia definitiva entium, græcè & latinè,

auctore Gerafimo Vlacho, abbate Cretenfi. *Venetiis*, 1661, *in-8°, couvert de fatin.*

355. Lucii Annæi Senecæ opera omnia. *Amft. Blaew*, 1634, *in-*12, *v. b.*

356. Lucii Annæi Senecæ philofophi opera. *Parif. Vitray*, 1637, 3 *vol. in-*12, *v. m.*

357. L. & M. Annæi Senecæ opera omnia. *Lugd. Bat. Elzevier*, 1639, 3 *vol. in-*12, *m. r.* — Ejufdem Lucii Annæi Senecæ epiftolæ. *Lugd. Bat. Elzevier*, 1649, *in-*12, *m. r.* — Joan, Frid. Gronovii ad Senecas notæ. *Ibid*, 1649, *in-*12, *m. r.*

358. Lucii Annæi Senecæ philofophi opera omnia. *Lipfiæ*, 1770, *in-8°, cart.*

359. Lucii Annæi Senecæ opufcula philofophica minora. *Lugd. Batav. in-*32, *v. ec.*

360. Seneca de quatuor virtutibus Cardinalibus, cum commentario. *Parif. Marnef.* 1505, *in-8°, m. r.*

361. Lucii Annæi Senecæ flores excerpti per Def. Erafmum. *Amft. Elzevier*, 1648, *in-*12, *m. r.*

362. Seneca de Benefizii tradotto da Benedetto Varchi. *In Firenze*, 1554, *in-8°, maj. vél.*

363. Epiftres de Seneque, traduites en françois par le Seigneur de Preffac. *Tours*, 1614, *in-*12, *m. verd.*

Philofophes modernes dont les Ouvrages ont été recueillis en corps. Mélanges de Philofophie.

364. Petri Pomponatii Mantuani opera. *Mantuæ*, 1519, *in-fol. m. r. goth.*

365. Hieronymi Cardani opera omnia, curâ Caroli Sponii. *Lugduni*, 1663, 10 *vol. in-fol. vél.*

366. Franc. Baconi de Verulamio, fcripta in naturali

rali & universali philosophiâ. *Amstel. Elzevier,* 1653, *in*-12, *v. b.*

367. Franc. Baconi de Verulamio scripta in naturali & universali philosophiâ. *Amstel.* 1685, *in*-12, *m. r.*

368. Petri Gassendi opera omnia, curante Nicol. Averanio. *Florentiæ,* 1727, 6 *vol. in-fol. vél.*

369. Renati Descartes opera omnia. *Amstelod.* 1713, 9 *vol. in*-$4°$, *v. m.*

370. Gothofredi Guillelmi Leibnitzii opera omnia, curante Ludovico Dutens. *Genevæ,* 1768, 6 *vol. in*-$4°$, *v. m.*

371. Got. Gul. Leibnitzii & Joh. Bernoulli commercium philosophicum & mathematicum. *Lausannæ,* 1745, 2 *vol. in*-$4°$, *v. m.*

372. Flores omnium penè doctorum, tam in theologiâ quàm in philosophiâ, collecti per Th. Hibernicum. *Lugd.* 1555, 2 *vol. in*-18, *m. r.*

373. Dissertations philosophiques sur plusieurs sortes de sujets, par le marquis de Boutteville, 1777, 2 *vol. in*-$4°$, *v. m.*

MÉTAPHYSIQUE.

Traités de l'Ame & de son Immortalité, de l'Esprit de l'Homme & de ses Facultés.

374. Elemens de métaphysique sacrée & profane, par l'abbé Para du Phanjas. *Paris,* 1780, *in*-$8°$, *v. m.*

375. Hieronymi Cardani de subtilitate libri viginti & alia opera. *Norimbergæ,* 1550, & *Basileæ,* 1557, 2 *vol. in-fol. baz.*

376. Les livres de Hierome Cardanus de la subtilité, traduits en françois par Richard le Blanc. *Paris*, 1556, *in-*4°, *v. b.*
377. Julii Cæsaris Scaligeri liber de subtilitate ad Hieron. Cardanum. *Parisiis, Vascosan,* 1557, *in-*4°, *m. r.*
378. Petri Pomponatii Mantuani de immortalitate animæ tractatus. 1534, *in-*12, *m. r.*
379. Traité de l'ame & de la connoissance des bêtes, par An. D. *Amst.* 1691, *in-*18, *m. r.*
380. Traité de l'esprit de l'homme & de ses facultés, par Louis de la Forge. *Amst. in-*12, *m. bl.*
381. De viribus imaginationis tractatus, auth. Thoma Fieno. *Lugduni - Bat. Elzevier,* 1635, *in-*24, *m. r.*
382. Anacrise ou parfait jugement & examen des esprits propres & naiz aux sciences, trad. de l'Espagnol de Jean Huart, par Gabriel Chappuis. *Lyon*, 1580, *in-*18. *v. éc. d. s. t.*
383. Hieronymi Rorarii quod animalia bruta ratione utantur melius homine. *Parisiis*, 1648, *in-*8°, *v. f.*
384. Hieronymi Rorarii quod animalia bruta ratione utantur melius homine libri duo. *Amst.* 1654, *in-*12, *m. r.*

Traités des Esprits, des Revenans, des Démons, de la Cabbale, de la Magie & de ses Opérations, des Sorciers, Enchanteurs, &c.

385. Loca infesta, hoc est de infestis ob molestantes dæmoniorum & defunctorum hominum spiritus locis, liber unus, auth. Pet. Thyræo. *Lug.* 1599, *in-*8°, *vél.*

386. Traité de l'apparition des esprits, par Noel Taillepied. *Rouen*, 1600, *in-*12, *v. m.*
387. Magica de spectris & apparitionibus spirituum, de vaticiniis, &c. *Lugd. Bat.* 1656, *in-*12, *m. bl.*
388. Ludovici Lavateri de spectris, lemuribus, variisque præsagitionibus tractatus. *Gorinchemiæ*, 1683, *in-*12, *m. r. fig.*
389. Le Monde enchanté, par Balthasar Bekker, avec le Traité historique des Dieux du Paganisme. *Amsterd.* 1694, 5 vol. *in-*12, *v. b.*
390. Traicté des Anges & Démons du P. Maldonat, traduit en françois par François de La Borie. *Paris*, 1605, *in-*12, *v. f.*
391. De monolatreiæ libri tres Nicolai Remigii. *Francof.* 1596, *in-*12, *m. r.*
392. Henrici Cornelii Agrippæ de occultâ philosophiâ libri tres. 1533, *in-fol v. f.*
393. Joan. Reuchlin de arte cabalistica libri tres. *Hagenoæ*, 1517, *in-fol. cart.*
394. Heptameron ou les Elémens magiques de Pierre Aban. *Liége*, 1547, *édit. renouvellée*, *in-*18, *v. m. d. f. t.*
395. Disquisitionum magicarum libri sex auctore Mart. Ant. Delrio. *Lugduni*, 1608, *in-folio*, *v. b.*
396. Joannis Wieri de Lamiis liber, ejusdem de iræ morbo tractatus & observationes medicæ. *Amstel.* 1660, *in-*4°, *vél.*
397. De effectibus magicis libri sex, ac de nuce magâ Beneventanâ liber, auctore Petro Piperno. *Neapoli*, 1647, *in-*4°. *parch.*
398. De fascino libri tres aut. Leonardo Vairo. *Parisiis*, 1583, *in-*4°, *parch.*
399. Tractatus de fascinatione autore Joh. Chris-

tiano Frommann. *Norimbergæ*, 1575, *in-*4°, *v. b.*

400. Malleus maleficarum ex plurimis auctoribus coacervatus. *Lugd.* 1596, 3 *vol. in-*8°, *v. b.*

401 Histoire prodigieuse et lamentable de Jean Fauste, grand magicien, avec son testament. *Cologne*, 1712, *in-*12, *m. v.*

MORALE.

Moralistes Anciens.

402. Hieroclis commentarius in aurea carmina Pythagoræ, græcè & latinè, Joan. Curterio interprete. *Parisiis*, 1583, *in-*12, *m. verd.*

403. Hieroclis commentarius in aurea carmina Pythagoræ, græcè & latinè, Joanne Curterio interprete. *Londini*, 1654, 2 *vol. in-*12, *m. r.*

404. Theophrasti characteres ethici, græcè & latinè. *Glasguæ, Foulis,* 1748, *in-*12, *m. r.*

405. Theophrasti characteres, græcè curante Joan. Frid. Fischero. *Coburgi*, 1763, *in-*8°, *cart.*

406. Epicteti Enchiridion & Cebetis tabula, græcè & latinè. *Antuerp. Plantin*, 1585, *in-*18, *v. f. d. s. t.*

407. Epicteti Enchiridion & Cebetis tabula, græcè & latinè. *Lugd. Bat.* 1627, *in-*32, *m. r.*

408. Epicteti Enchiridion & Cebetis tabula, græcè & latinè. *Amstel.* 1670, *in-*32, *m. r.*

409. Epicteti Enchiridion, Cebetis tabula, Demophili similitudines, & Democratis aureæ sententiæ. *Amst. Westein.*, 1750, *in-*18, *m. r.*

410. Epicteti Enchiridion græcè, curante J. B. Lefebvre-de-Villebrune. *Parisiis, Pierres,* 1782, *in-*18, *m. r.*

411. Cebetis Thebani tabula, græcè & latinè, cum notis Jacobi Gronovii. *Amstel.* 1689, *in-*8°, *m. r.*

412. La Saincte Philosophie, la Philosophie morale des Stoiques, & le Manuel d'Epictete, par G. du Vair. *Rouen*, 1605, *in-*18, *m. r.*

413. Les caracteres d'Epictete, avec l'explication du tableau de Cebès, par l'abbé de Bellegarde. *La Haye*, 1741, *in-*12, *m. r.*

414. Manuel d'Epictete, traduit par Dacier. *Paris, Didot,* 1775, *in-*18, *m. r.*

415. Plutarchi de virtute morali libellus græcus cum translatione & commento. And. Math. Aquivivi. *Neapoli*, 1526, *in-fol. v. b.*

416. Anicii Manlii Severini Boethii de consolatione philosophiæ libri quinque edente Joh. Eremita. *Parisiis, Lamy,* 1783, *in-*18, *m. r. cart. dens.*

417. Boezio Severino della consolazione della filosophia tradotto da Benedetto Varchi. *In Firenze,* 1551, *in-*8°, *vél.*

418. Severino Boetio de conforti filosofici, trad. per Lodovico Domenichi. *In Vinegia, Giolito,* 1563, *in-*12, *m. r.*

419. Trois Dialogues de l'Amitié; le Lysis de Platon; le Lælius de Cicéron; & le Toxaris de Lucian, traduits par Blaise de Vigenere. *Paris*, 1600, *in-*18, *m. bl.*

420. Marci-Antonini imperatoris libri duodecim eorum quæ ad se ipsum scripsit, græcè & latinè, curante Christophoro Wolle. *Lipsiæ*, 1729, *in-*8°, *cart.*

421. Le livre doré de Marc-Aurele, Empereur, trad. du castillan en françois, par R. B. de La Case. *Lyon*, 1577, *m. bl.*

422. Les Pensées morales de l'empereur Marc-Antonin, traduites en françois. *Amst.* 1659, *in-12, m bl.*

423. Vita, gesti, costumi, discorsi & lettere di M. Aurelio, Imperatore. *In Vinegia, Valgrisi,* 1548, *in-8°, v. f. à comp. l. r.*

424. Libro aureo de la vida y cartas de Marco-Aurelio, Emperador. *En Anvers,* 1594, *in-8°, m. bl.*

Moralistes modernes, Mélanges de Morale, Caractères, Ouvrages de critique sur les Mœurs, Traités des Passions, des Vertus, des Vices, du Bonheur, &c.

425. Hieronymi Cardani de sapientia libri quinque. *Norimbergæ,* 1544, *in-4°, v. f d. f. t.*

426. De la Sagesse, par Béroalde de Verville. *Tours,* 1593, *in-12, m. bl.*

427. De la Sagesse, livres trois, par Pierre Charron. *Bordeaux, Millanges,* 1601, *in-8°, vélin.*

428. De la Sagesse, par Pierre Charron. *Leyde, Elzevier, sans date, in-12, m. r.*

429. Réflexions & Sentences morales, politiques, traduites de l'espagnol, par le P. d'Obeilh, jésuite. *Amst. Elzevier,* 1671, 2 *parties,* 1 *vol. in-12, m. r.*

430. La civile conversation d'Etienne Guazzo, tournée d'italien en françois, par F. Belleforest. *Genève,* 1598, *in-18, m. bl.*

431. Joan. Barclaii icon animorum. *Londini,* 1614, *in-12, m. r.*

432. Lud. Molinæi morum exemplar seu characteres. *Lugd. Bat. Elzevier,* 1654, *in-12, m. r.*

433. Edonis Neuhufii theatrum ingenii humani, five de cognoscenda hominum indole & secretis animi moribus. *Amstel.* 1664, *in-*12, *m. verd.*

434. Il Cortigiano del conte Baldessar Castiglione. *In Vinegia, Giolito,* 1549, *in-*12, *m. r.*

535. L'Homme de Cour de Balthasar Gracian, traduit par Amelot de La Houssaye. *La Haye,* 1692, *in-*12, *m. bl.*

436. Mépris de la Cour, & Louange de la Vie rustique, traduits de l'espagnol d'Antoine de Guevarre. *Genève,* 1614, *in-*18, *m. bl.*

437. Aulicus inculpatus ex gallico in latinum traductus a Joach. Pastorio. *Amstel. Elzevier,* 1644, *in-*24, *m. r.*

438. Passiones Animæ, per Renatum Descartes. *Amst. Elzevier,* 1650, *in-*12, *m. r.*

439. De l'Usage des Passions, par le P. Senault. *Leyde, Elzevier,* 1658, *in-*12, *m. r.*

440. Le Réveil-matin des Dames, par La Serre. *Anvers* 1656, *in-*12, *vél.*

441. Marsilii Ficini de vita libri tres. *Lugduni,* 1616, *in-*18, *m. r.*

442. Le Théâtre du Monde, où il est fait un ample discours des miseres humaines, par P. Boaystuau. *Anvers, Plantin,* 1573, *in-*18, *m. r.*

443. Francisci Petrarchæ de remediis utriusque fortunæ libri duo. *Roterodami,* 1649, *in-*12, *m. r.*

444. Remedium ferendarum injuriarum sive de compescenda ira auct. Hieron. Donzellino. *Lugd. Bat.* 1635, *in-*18, *m. bl.*

445. Guill. Budæi de contemptu rerum fortuitarum libri tres. *Parisiis, Badius, in-*4°, *m. r.*

POLITIQUE.

Traités généraux & particuliers de Politique & de Gouvernement.

446. Xenophontis opuscula politica, equestria & venatica recensente Jo. Car. Zeunio. *Lipsiæ*, 1778, *in-8°, cart.*

447. Elementa philosophica de cive auct. Thomâ Hobbes. *Amstel. Elzevier*, 1647, *in* 12, *m. r.*

448. Elementa philosophica de cive auct. Thomâ Hobbes. *Amstelod. Elzevier*, 1669, *in-12, v. b.*

449. Le Corps politique, ou Elémens de la loi civile, traduits de l'anglois de Thomas Hobbes, par Sorbière, 1652, *in-12, m. r.*

450. In Thomæ Hobbes philosophiam exercitatio epistolica aut. Selho Wardo. *Oxoniæ*, 1656, *in-8°, v. b.*

451. Epistolica dissertatio de principiis justi & decori continens apologiam tractatus Thomæ Hobbes de cive. *Amstel. Elzevier*, 1651, *in-12, m. r.*

452. Jo. Frid. Hornii politicorum pars architectonica de civitate. *Trajecti*, 1664, *in-12, m. bl.*

453. Politiques ou civiles institutions pour bien régir la chose publique, translatées du grec de Plutarque en françois, par Geoffroy Tory. *Lyon* 1534, *in-18, m. bl.*

454. Politiques extraits de plusieurs histoires, tant grecques que latines, italiennes que françoises. *Paris*, 1598, *in-12, m. r.*

455. L'Utopie de Thomas Morus, traduite par Samuel Sorbiere. *Amsterd.* 1643, *in-12, m. bl.*

456. Nova Atlantis, per Franç. Baconum de Verulamio. *Ultrajecti*, 1643, *in-*12, *m. r.*
457. Inftitutions politiques, par le baron de Bielfeld. *La Haye*, 1760, 2 *vol. in-*4°, *v. m.*
458. Le opere di Nicolo Macchiavelli. 1550, 3 *vol. in-*4°, *vél.*
459. Le medefime opere di Nic. Macchiavelli. *Londra*, 1747, 2 *tom.* 1 *vol in-*4°, *maj. mout.*
460 Les Œuvres de Machiavel, traduites en françois. *Rouen*, 1664, 2 *vol. in-*12, *m. bl.*
461. Les Discours de Nicolas Macchiavelli fur la première décade de Tite-Live, & fon difcours intitulé, le *Prince*, traduicts en françois. *Paris*, 1571, *in-*18, *m. r.*
462. Nicolai Macchiavelli Princeps cum aliis ejufdem argumenti opufculis. *Lugd. Bat.* 1643, *in-*12, *m. verd.*
463. Le Prince de Nicolas Machiavel, traduit en françoys par Guill. Cappel. *Paris, Etienne,* 1553, *in-*4°, *v. f.*
464. Difcours fur les moyens de bien gouverner & maintenir en paix un royaume, contre Nic. Machiavel. 1579, *in-*18, *m. bl.*
465. Franç. Petrarchæ de republicâ optimè adminiftrandâ liber. *Bernæ*, 1602, *in-*18, *m. bl.*
466. Hieronymi Cardani proxeneta feu de prudentiâ civili liber. *Lugd. Bat. Elzevier*, 1627, *in-*18, *m. r.*
467. Hieronymi Cardani arcana politica. *Lugd. Bat. Elzevier*, 1635, *in-*24, *m. r.*
468. Georgii Schonborneri politicorum libri feptem. *Amftelod. Elzevier*, 1650, *in-*12, *m. r.*
469. Lud. Danæi Aphorifmi politici & militares. *Lugd. Bat.* 1639, *in-*12, *m. bl.*
470. Arn. Clapmarii de arcanis rerum publi-

F

carum libri sex. *Amst. Elzevier,* 1641, *in-*12, *m. bl.*

471. Henningi Arnisæi doctrina politica. *Amst. Elzevier,* 1643, *in-*18, *m. r.*

472. Artes reconditæ regendi respublicas & dominandi auct. Desid. Crescentio. *Trajecti ad Rhenum,* 1657, *in-*18, *m. r.*

473. Francisci Baconi de Verulamio opuscula historico - politica latinitate donata à Simone-Joanne Arnoldo. *Amstel.* 1695, *in-*12, *m. r.*

474. Fr. Baconi de Verulamio sermones fideles, ethici, politici, œconomici. *Lugd. Bat.* 1644, *in-*18, *m. r.*

475. Discours politiques & militaires du sieur de La Noue. *Lyon,* 1595, 2 *vol. in-*18, *v. f.*

476. Dissertationum politicarum Syntagma aut. Joh. Loccenio. *Amstel.* 1644, *in-*18, *m. bl.*

477. Le Politique très-chrétien, ou Discours politiques sur les actions principales du cardinal de Richelieu. *Paris (Hollande),* 1647, *in-*18, *m. r.*

478. Considérations politiques sur les coups d'état, par Gabriel Naudé. *Hollande,* 1667, *in-*12, *v. f. d. f. t.*

479. Mémoires pour rendre la paix perpétuelle en Europe. *Cologne,* 1712, *in-*12, *m. r.*

Traités de l'Institution & de la Conduite des Princes, de leurs Droits, de ceux de leurs Sujets, &c.

480. Cent préceptes royaux de l'empereur Manuel Paléologue, à son fils, traduits en françois. *Paris,* 1582, *in-*18, *m. bl.*

481. Virgilii Malvezzi princeps, ejusque arcana in vitâ Romuli representata. *Lugd. Bat. Elzevier,* 1636, *in-*12, *m. r.*

482. Princeps ex Tacito curata opera deformatus ab Ahrahamo Golnitz. *Lugd. Bat. Elzevier*, 1636, *in*-12, *m. r.*

483. De origine & converſatione bonorum regum & laude civitatis Hieroſolymæ, per Sebaſtianum Brandt. *Baſileæ*, 1495, *in*-4°, *m. r.*

484. Principis Chriſtiani inſtitutio, auct. Deſ. Eraſmo. *Lugd. Bat.* 1641, *in*-18, *m. r.*

485. Lorloge des Princes, trad. de l'Eſpagnol d'Antoine de Guevarre. *Paris, Galliot du Pré*, 1540, *in-fol. goth. v. f.*

486. L'horloge des Princes avec l'hiſtoire de Marc-Aurele, trad. du caſtillan d'Antoine de Guevarre, par R. B. de Griſe. *Paris*, 1577, *in*-18, *v. f.*

487. L'hiſtoire de Chelidonius-Tigurinus, ſur l'inſtitution des princes chrétiens, trad. de latin en françois, par P. Bouaiſtuau. *Paris*, 1578, *in*-18, *m. bl.*

488. Maximes importantes pour l'inſtitution du roi, contre la pernicieuſe politique du cardinal Mazarin. *Paris*, 1653, *in*-12, *m. r.*

489. Recueil de Maximes pour l'inſtitution du roi, contre la fauſſe politique du cardinal Mazarin. *Paris*, 1663, *in*-12, *m. cit.*

490. Breviarium Politicorum juxtà Rubricas Mazarinicas. *Francofurti*, 1696, *in*-12, *vel.*

491. Breviarium Politicorum ſecundùm Rubricas Mazarinicas. *Veſaliæ*, 1700, *in*-18, *m. bl.*

492. Franc. Baconi de Verulamio hiſtoria regni Henrici ſeptimi, Angliæ regis, opus verè politicum. *Lugd. Bat.* 1647, *in*-12, *m. r.*

493. Fr. Baconi de Verulamio hiſtoria regni Henrici ſeptimi, Angliæ regis, opus politicum. *Amſt. Elzevier*, 1662, *in*-12, *m. r.*

494. De regis officio opuſculum. *Pariſiis*, 1519.

— De vera nobilitate opusculum. *ibid.* — De mystica numerorum significatione opusculum. *ibid.* 1513, *in-4°*, *v. f.*

495. Regimen Principum & regimen Rusticorum, auct. Jodoco Kalcovio. *Coloniæ*, 1643, *in-18*, *m. r.*

496. Cyriaci Lentuli Augustus, sive de convertendâ in monarchiam Republicâ, juxtà mentem Taciti. *Amst. Elzevier*, 1645, *in-12*, *m. r.*

497. Question royale & sa décision, par l'abbé de St.-Cyran. *Paris*, 1609, *in-12*, *m. r. édition originale.*

498. Question royale & sa décision, par Jean du Verger, de Hauranne, abbé de St.-Cyran. *Paris*, 1609, *in-12*, *v. m. d. s. t. Edition renouvellée.*

499. Le Politique du tems traitant de la puissance, authorité & du devoir des princes, jusques où l'on doit suporter la tyrannie. *La Haye*, 1650, *in-12. m. r. Edit. originale.*

500. Dissertatio an summo imperanti quibusdam in casibus resistere, eumque imperio exuere & debellare civibus liceat. *Trajecti ad Rhenum*, 1689, *in-12*, *m. r.*

Traités des Charges & Fonctions publiques, & de la maniere de les remplir.

501. Le ministre d'estat, avec le véritable usage de la politique moderne, par Silhon. *Leyde, Elzevier*, 1661, 3 *vol. in-12*, *m. r.*

502. Le conseiller d'estat, ou considérations servant au maniement des affaires publiques. *Leyde, Elzevier*, 1645, *in-12*, *m. r.*

503. Caroli Pascalii legatus. *Amstelodami, Elz.* 1645, *in-12*, *m. r.*

504. Chriſtophori Varſevicii de legato & legatione tractatus cum aliis ejuſdem argumenti opuſculis. *Dantiſci*, 1646, *in*-12, *m. bl.*

505. Mémoires touchant les ambaſſadeurs & les miniſtres publics, par le Maiſtre. *Cologne*, 1676, *in*-12, *m. r.*

ŒCONOMIE.

Traités d'Œconomie publique & particuliere ſur la maniere d'acquérir & de conſerver, ſur l'Education des enfans, &c.

506. Xenophontis œconomicus, apologia Socratis, Hiero, Ageſilaus, græcè & latinè, cum notis Jo. Aug. Erneſti. *Lipſiæ*, 1749, *in*-8°, *v. m.*

507. Dictionnaire œconom. par Noel Chomel. *Paris*, 1732, 2 *vol. in-fol. v. b.*

508. Le livre de police humaine, extrait de Patrice de Senes, par Gilles d'Aurigny. *Paris*, 1549, *in*-18, *m. bl.*

509. Andr. Rutcovii Cteticæ, ſivè de modis acquirendi, libri duo. *Amſt. Elzevier*, 1650, *in*-12, *m. r.*

510. Hieronymi Gaſtaldi de avertenda & profliganda peſte, tractatus politico-legalis. *Bononiæ*, 1684, *in-fol. v. b. fig.*

511. Plutarchi de educatione liberorum libellus, græcè & latinè, cum notis Heumanni, curante Heuſingero. *Lipſiæ*, 1748, *in*-8°, *cart.*

512. De l'éducation chreſtienne des enfans. *Bruxelles*, 1669, *in*-12, *m. bl.*

513. De l'éducation des enfans, & particuliérement des princes. *Amſt. Elzevier*, 1679, *in*-8°, *m. r.*

Traités sur les Finances, les Monnoyes, les Rentes, les Intérêts, le Commerce, &c.

514. Ragionamenti sopra la moneta, le finanze, e il commercio, tradotti dal' inglese di Giov. Locke. *In Firenze*, 1751, 2 vol. *in*-4°, *v. f.*
515. Della moneta, libri cinque. *In Napoli*. 1750, *in*-4°, *v. f.*
516. Delle monete e dell' instituzione delle zecche d'Italia dell' antico e presente sistema dal' conte Giov. Rinaldo Carli-Rubbi. *In Mantova*, 1754, 2 vol. *in*-4°, *v. f.*
517. Osservazioni sopra un libro intitolato del origine e del commercio della moneta e d'ell' instituzione delle Zecche d'Italia. *In Roma*, 1752, *in*-4°, *v. f.*
518. Summaire du livre analytique des contracts, usures, rentes constituées, intérêts & monnoyes, composé par Charles du Molin. *Paris*, 1554, *in*-18, *m. bl.*
519. Essai sur les probabilités de la durée de la vie humaine, par Deparcieux. *Paris*, 1746, *in*-4°, *br.*
520. Traité de la marchandise & du parfait marchand, traduit de l'Italien de Benoît Cotrugli, par Jean Boyron. *Lyon*, 1582, *in*-18, *m. bl.*
521. Dictionnaire universel de commerce, par Savary. *Paris*, 1723, 2 vol. *in-fol. v. b.*

PHYSIQUE.

Traités généraux & particuliers.

522. Franconis Burgersdici idea philosophiæ naturalis. *Trajecti ad Rhenum*, 1652. — Mart.

Schoockii tractatus de Ciconiis. *Amstel.* 1661, *in*-12, *m. r.*

523. Traité de physique, par Jacques Rohault. *Amsterd.* 1672, 2 *vol. in*-12, *m. bl.*

524. Physices elementa mathematica sive introductio ad philosophiam Newtonianam, auct. Guill. Jacobo s'Gravesande. *Leidæ*, 1742, 2 *vol. in*-4^v, *v. m.*

525. Roberti Boyle opera omnia. *Venetiis*, 1696, 3 *vol. in*-$4°$, *v. m.*

526. Opere di Francesco Redi. *In Firenze*, 1686 & 1688, 2 *vol. in*-$4°$, *vel. fig.* — Lettere di Francesco Redi. *In Firenze*, 1724, *in*-$4°$, *vel.*

527. Francisci Redi opuscula sive experimenta varia. *Lugd. Bat.* 1729, 3 *vol. in*-12, *v. m.*

528. Cours de Physique expérimentale, trad. de l'anglois de Desaguliers, par le P. Pezenas. *Paris*, 1751, 2 *vol. in*-$4°$, *v. m.*

529. Jo. Alphonsi Borelli tractatus de motu animalium & de vi percussionis. *Lugd. Bat.* 1686 & 1743, 2 *vol. in*-$4°$, *v. b.*

530. Historia fluiditatis & firmitatis, auct. Rob. Boyle. *Amstel.* 1667, *in*-12, *m. r.*

531. Martini Schoockii de fermento & fermentatione liber. *Groningæ*, 1663, *in*-12, *m. v.*

532. Francisci Baconis de Verulamio, historia vitæ & mortis. *Amstel.* 1663, *in*-12, *m. r.*

533. Nova experimenta de vi aeris elasticâ, auth. Rob. Boyle. *Roterodami*, 1669, *in*-12, *m. r.*

534. Jo. Alberti Euleri disquisitio de causâ Physicâ electricitatis. *Petropoli*, 1755, *in*-$4°$, *v. m.*

535. De coloribus libellus à Simone Portio Neapolitano latinitate donatus. *Florentiæ*, 1548, *in*-$8°$, *vel.*

536. Experimenta & considerationes de coloribus

à Rob. Boyle. *Roterodami*, 1671, *in*-12, *m. bl.*

537. Athanaſii Kircheri Magneticum naturæ regnum. *Amſt.* 1667, *in*-12, *m. r.*

HISTOIRE NATURELLE.

Traités généraux d'Hiſtoire naturelle.

538. Caii Plinii ſecundi hiſtoriæ naturalis, tomi tres. *Lugd. Bat. Elzevier*, 1635, 3 *vol. in*-12, *m. r.*

539. Hiſtoria naturale di C. Plinio, tradotta da Chriſtophoro Landino. *In Venetiâ*, 1534, *in*-4°, *cart.*

540. Hiſtoria naturale di Plinio ſecondo tradotta, per Antonio Brucioli. *In Venetiâ*, 1548, *in*-4°, *cart.*

541. Joh. Jonſtoni Thaumatographia naturalis. *Amſt.* 1632, *in*-18, *m. bl.*

542. Franciſci Baconis de Verulamio ſylva ſylvarum, ſive hiſtoria naturalis & novus Atlas. *Amſt. Elzevier*, 1648, *in*-12, *m. r.*

543. Fr. Baconis de Verulamio ſylva ſylvarum, ſive hiſtoria naturalis & nova Atlantis. *Amſtel. Elzevier*, 1661, *in*-12, *m. r.*

Hiſtoire naturelle des Elémens.

544. Iſtoria de fenomeni del tremoto avvenuto nelle Calabrie e nel Valdemone nell' anno, 1783. *In Napoli*, 1784, *in*-4°, *br.*

545. Iſtoria de' tremuoti avvenuti nella Calabria e nella citta di Meſſina nell' anno 1783, da Giovanni Vivenzio. *Napoli*, 1788, 2 *vol. in*-4°, *br.*

546. Francisci Baconi de Verulamio historia naturalis de ventis. *Lugd. Bat.* 1638, *in-24, m. r.*
547. Franc. Baconi de Verulamio historia naturalis de ventis. *Amstel. Elzevier,* 1662, *in-12, m. r.*
548. Les Ephémérides perpétuelles de l'air, autrement l'Astrologie des Rustiques. *Paris,* 1554, *in-18, m. r.*

Histoire naturelle des Métaux, Minéraux, Fossiles, Pierres & Pierreries.

549. Géométrie souterraine, élémentaire, théorique & pratique, par Duhamel. *Paris,* 1787, *Tome premier, in-4°, m. r.*
550. Joan.-Franc. Pici Mirandulani de auro libri tres. *Ferrariæ,* 1587, *in-8°, vél.*
551. Anselmi Boetii de Boodt gemmarum & lapidum historia. *Hanoviæ,* 1609, *in-4°, m. r.*
552. Exercitatio de origine & viribus gemmarum, auth. Rob. Boyle. *Londini,* 1673, *in-18, m. r.*

Histoire Naturelle des Fleuves, Rivières & Fontaines, des Bains, Eaux-minérales, &c.

553. Joannis Guintherii commentarius de Balneis & aquis medicatis. *Argentorati,* 1565, *in-8°, v. f.*
554. De Thermis Andreæ Baccii, libri septem. *Venetiis, Valgrisius,* 1588, *in-fol. cart.*
555. Francisci Blondel descriptio Thermarum Aquisgranensium. *Trajecti ad Mosam,* 1685, *in-12, m. r. fig.*
556. Del Tevere di Andrea Bacci libri tre, ne quali si tratta della natura & bontà dell' acque del' Tevere, &c. *In Venetia,* 1576, *in-4°, vél.*

Botanique ou Histoire naturelle des Plantes, des Fleurs, &c.

557. Pedacii Dioscoridæ de medica materia libri sex, interprete Marcello Virgilio. *Florentiæ, apud hæredes Philippi Juntæ,* 1518, *in-fol. parch.*

558. Pedacii Dioscoridis de medicâ materiâ libri sex, latinè, interprete Joanne Ruellio. *Lugduni,* 1547, *in-*18, *m. r.*

559. Dioscoridis libri octo, græcè & latinè. *Parif.* 1549, *in-*8°, *v. m.*

560. Pedacii Dioscoridis de materiâ medicâ libri sex, ab Andr. Matthiolo emendati. *Lugduni,* 1554, *in-*18, *m. r.*

561. Historia Plantarum & vires ex Dioscoride & aliis per Conradum Gesnerum. *Parisiis,* 1541, *in-*12, *m. r.*

562. Les proprietez des simples contenuz ès six libres de Dioscoride rapportées aux accidens qui peuvent advenir à chaque partie du corps. *Paris,* 1569, *in-*18, *m. r.*

563. Macri Floridi Poema de viribus herbarum cum commentariis Guillermi Gueroaldi. *Editio vetus absque loco & anno,* in-8°, *m. r. fig.*

564. Arnoldi de Villanova herbolarium de virtutibus herbarum. *Venetiis,* 1520, *in-*4°, *parch. fig.*

565. Euricii Cordi Botanologicon, & Valerii Cordi adnotationes in Dioscoridem. *Parisiis,* 1551, *in-*18, *m. r.*

566. De historia Plantarum commentarii insignes Leonharto Fuchsio auth. *Parisiis,* 1547, *in-*18, *m. verd.*

567. Historia Plantarum, earum imagines, nomenclaturæ, qualitates & natale solum, per Gabrielem Coterium. *Lugduni*, 1567, *in*-18, *m. verd. fig.*

568. L'histoire des Plantes, traduicte du latin en françois, par Geoffroy Linocier. *Paris*, 1584, *in*-18, *m. verd. fig.*

569. Adriani Spigelii isagoges in rem herbariam libri duo. *Lugd. Bat. Elzevier*, 1633, *in*-24, *m. cit.*

570. Dictionnaire botanique & pharmaceutique. *Paris*, 1751, *in*-8°, *m. r.*

571. Tabacologia, hoc est Tabaci seu Nicotianæ descriptio per Johannem Neandrum. *Lugd. Bat.* 1622, *in*-4°, *m. r.*

572. Ægidii Everarti commentariolus de herbâ Panaceâ seu Tabaco, cum aliis de eâdem materiâ tractatulis. *Ultrajecti*, 1644, *in*-12, *m. r.*

573. De Tabaco exercitationes quatuordecim à Jo. Chrysostomo Magneno. *Hagæ-Comitis*, 1658, *in*-12, *m. cit.*

574. Radicis Chynæ usus Andrea Vesalio auth. *Lugduni*, 1547. *in*-12, *m. r.*

575. Chocolata Inda, auth. Antonio Colmenero de Ledesma ex hispanico in latinum versa à Marco-Aurelio Severino. *Norimbergæ*, 1644. — Opobalsami orientalis examen à Joh. Georg. Volcamero. *ibid. in*-18, *m. cit.*

576. Traités nouveaux du Caffé, du Thé & du Chocolate, par Phil.-Sylvestre Dufour. *La Haye*, 1693, *in*-12, *m. r.*

Histoire naturelle des Arbres & Arbustes.

577. Catalogue latin & françois des Arbres &

Arbustes qu'on peut cultiver en France, par Buc'hoz. *Londres*, 1785, *in-18*, *m. r. papier fin.*

578. Rudolphi Eyssonii silvæ virgilianæ prodromus, sive specimina philologico-Botanica de arboribus Glandiferis. *Groningæ*, 1695, *in-12*, *m. bl.*

579. Tractatus de arboribus coniferis & Pice conficiendâ, auth. Joh. Conrado Axtio. *Jenæ*, 1679, *in-12*, *v. f.*

Traités sur l'Agriculture, & les choses qui y ont rapport.

580. De agrorum conditionibus & constitutionibus limitum opera & scriptores varii. *Paris. Turnebus*, 1554, *in-4°*, *v. f.*

581. Scriptores de re rusticâ, Varro, Palladius, Columella, cum quibusdam aliis tractatulis ejusdem argumenti. *Parisiis, Rob. Stephanus*, 1540, 4 vol. *in-8°*, *m. r.*

582. M. Porcii Catonis de agriculturâ, sive de re rusticâ liber. *Antuerpiæ, Plantin*, 1598, *in-12*, *v. f. d. s. t.*

583. Les treize livres des choses rustiques de Palladius, traduits en françois par Jean Darces. *Paris, Vascosan*, 1554, *in-8°*, *m. r.*

584. Trattato dell' agricoltura di Piero de Crescenzi. *In Firenze*, 1605, *in-4°*, *vél.*

585. Oblectatio vitæ rusticæ Egidii Vander Myle, *Stetini*, 1633, *in-18*, *m. verd.*

586. Prædium rusticum. *Parisiis, Carol. Stephanus*, 1554, *in-8°*, *v. f. d. s. t.*

587. L'agriculture & maison rustique de Charles Estienne, plus un bref Recueil de la chasse & de la fauconnerie. *Lyon*, 1565, *in-12*, *m. r.*

588. Trattato di Pier Vettori delle lodi e della coltivazione de gli ulivi. — Coltivazione Toscana delle viti e d'alcuni Alberi del medesimo. *In Firenze*, 1621, *in-4°, v. f.*

589. Trattato di Piero Vettori della coltivazione degli ulivi. *In Firenze,* 1718, *in-4°, vél.*

590. Trattato della coltivazione delle viti e del frutto che se ne puo cavare di Giovan-Vettorio Soderini. *In Firenze*, 1734, *in-4°, vél.*

591. Théorie & pratique du Jardinage, par Alex. Le Blond. *Paris*, 1722, *in-4°, v. m.*

Histoire naturelle des Animaux, des Oiseaux, des Serpens, des Insectes, &c.

592. Exercitationes de generatione animalium, auct. Guil. Harveo. *Amst.* 1651, *in-18, m. cit.*

593. Antonii Deusingii exercitatio de nutritione animalium, *item*, examen pulveris sympathetici. *Groningæ*, 1660, *in-12, m. r.*

594. De hyæna odorifera dissertatio Petri Castelli. *Francofurti*, 1668, *in-12, m. bl. fig.*

595. Thomæ Bartholini de unicornu observationes novæ. *Amstel.* 1678, *in-12, m. r.*

596. Agri romani historia naturalis à Philippo-Aloysio Gilii, pars prima, tomus primus, Ornithologia. *Romæ*, 1787, *in.8°, br.*

597. Ammaestramenti per allevare, pascere & curare gli uccelli, per Cesare Manzini. *In Milano*, 1645, *in-12, m. r.*

598. Baldi Angeli Abbatii, de admirabili viperæ naturâ & mirificis ejusdem facultatibus. *Hagæcomitis*, 1660, *in-12, m. r.*

599. Traité des mouches à miel. *Paris*, 1697, *in-12, v. b.*

Histoire des choses extraordinaires, des Prodiges, des Monstres; Mélanges, & Cabinets d'Histoire naturelle.

600. Scriptores rerum mirabilium, Antigonus Caryftius, Apollonius Dyfcolus, & Phlegon Trallianus, græcè & latinè, cum notis Joan. Meurfii. *Lugd. Bat.* 1619, *3 vol. in*-4°, *m. r.*
601. Philo Byzantius de feptem orbis fpectaculis, græcè & latinè, cum notis Leonis Allatii. *Romæ*, 1640, *in*-8°, *v. m.*
602. Julius Obfequens de prodigiis cum notis variorum curante Joan. Kappio. *Curiæ Regnitianæ*, 1772, *in*-8°, *dem. rel.*
603. Arnaldi Sorbini tractatus de monftris. *Parifiis*, 1570, *in*-18, *m. cit.*
604. Traité des Vénins de Pierre d'Abano, traduit en françois, par Lazare Boet. *Lyon*, 1593, *in*-18, *v. b.*
605. Antonii Deufingii fafciculus differtationum felectarum. *Groningæ*, 1660, *in*-12, *v. f.*
606. Obfervations d'hiftoire naturelle faites avec le microfcope, par Joblot. *Paris*, 1754, *in*-4°, *v. m. fig.*
607. Mufeum Wormianum, feu hiftoria rerum rariorum quæ Hafniæ in ædibus authoris affervantur, adornata ab Olao Worm. *Lugd. Bat. Elzevier*, 1655, *in-fol. v. b.*

MÉDECINE.

Introduction, Histoire, Dictionnaires de Médecine.

608. Ortus Medicinæ, id eft initia Phyficæ inaudita auth. Joan. Bapt. Van-Helmont. *Lugd. Bat.* 1652, *in*-4°, *m. r.*

609. Jacobi Bontii de medicina Indorum libri quatuor. *Lugd. Bat.* 1642, *in*-18, *m. r.*
610. Fl. Schuyl pro veteri medecinâ apologia. *Lugd. Bat.* 1670, *in*-18, *m. cit.*
611. Caroli Drelincurtii Apologia medica quâ depellitur illa calumnia medicos sexcentis annis Româ exulasse, cum aliis ejusdem opusculis. *Lugd. Batav.* 1672, *in*-12, *m. cit.*
612. Alberti Kyperi medicinam ritè discendi & exercendi methodus. *Lugd. Bat.* 1643, *in*-12, *m. r.*
613. Dictionarium medicum vel expositiones vocum medicinalium *Parisiis,* 1564, *Henr. Stephanus, in*8°, *m. r.*

Médecins anciens avec leurs Commentateurs.

614. Hippocratis Aphorismi, græcè & latinè interprete Joan. Heurnio. *Lugd. Bat.* 1627, *in*-18, *m. cit.*
614 *bis.* Hippocratis aphorismi, græcè & latinè. *Lugd. Bat. Elzevier,* 1628, *in*-32, *m. r.*
615. Hippocratis aphorismi & prænotionum liber, græcè & latinè, ex recensione & cum notis Ed. Fr. Mar. Bosquillon. *Parisiis,* 1784, 2 *vol. in*-18, *m. r. cartâ puriore.*
616. Les aphorismes d'Hippocrates, avec le commentaire de Galien, traduictz du grec, par Jehan Bresche. *Paris,* 1552, *in*-18, *m. r.*
617. Les aphorismes d'Hippocrate, traduittes en françois avec des notes, par Jean Vigier. *Lyon,* 1620, *in*-18, *m. r.*
618. Magni Hippocratis coacæ prænotiones, græcè & latinè, cum notis Joh. Jonstoni. *Amst. Elzevier,* 1660, *in*-12, *v. b.*
619. Galeni omnia quæ extant opera, latinè. *Venetiis,* 1550, *in-fol. vél.*

620. Hieremiæ Thriverii Brachelii commentarii in libros Galeni de temperamentis, &c. *Lugd.* 1547, 2 *vol. in*-18, *m. r.*
621. Cl. Galeni de ratione curandi libri duo, latinè, Martino Acakia interprete. *Lugduni*, 1551, *in*-18, *m. cit.*
622. Le second livre de Galien à Glaucon, contenant les remédes & l'art de curer toutes apostemes ou tumeurs contre nature, commenté par Martin Acakia, & traduit par Guill. Chrestian. *Lyon*, 1558, *in*-18, *m. bl.*
623. Cl. Galeni de simplicium medicamentorum facultatibus libri undecim, Theodorico Gerardo interprete. *Parisiis*, 1547, *in*-18, *m. r.*
624. Alexandri Tralliani medici libri duodecim, latinè, Joan. Guinterio interprete. *Lugduni*, 1560, 2 *vol. in*-18, *m. cit.*
625. Oribasii Sardiani synopseos medicæ libri novem, Jo. Bapt. Rasario interprete. *Parisiis*, 1554, *in*-18, *m. r.*
626. Actuarii Joannis filii Zachariæ opera omnia, latinè. *Lugduni*, 1556, 2 *vol. in*-18, *m. cit.*
627. Aretæi Cappadocis de morborum causis, signis & curatione libri, græcè. *Parisiis, Turnebus*, 1554, *in*-8°, *vél.*
628. Aurelii Cornelii Celsi de re medicâ libri octo : Q. Sereni Samonici de medicina liber : Q. Rhemnii Fannii Palæmonis liber de ponderibus & mensuris. *Lugd.* 1549, *in*-18. *m. cit.*
629. Aurelii Cornelii Celsi de medicinâ libri octo. *Lugd. Bat. Elzevier*, 1657, *in*-12, *m. r.*
630. Quinti Sereni Samonici de medicina præcepta saluberrima. Rob. Keuchenius emendavit. *Amst.* 1662, *in*-12, *v. f.*

Médecins

Médecins modernes, Traités généraux.

631. Opuscules de divers autheurs Médecins, redigez ensemble pour le proufit & utilité des Chirurgiens. *Lyon*, 1552. — Les fleurs du Grand Guidon, par Jean Raoul, chirurgien. *Lyon*, 1569, *in*-18, *m. bl.*
632. De curandi ratione libri octo, auct. Leonhardo Fuschio. *Parisiis*, 1548, *in*-18, *m. r.*
633. Jacobi Primerosii Enchiridion medicum, practicum. *Amstel.* 1654, *in*-18, *m. cit.*
634. Carolus Piso enucleatus sive observationes medicæ Pisonis, studio Bernh. Langwedelii. *Lugd. Bat. Elzevier,* 1639, *in*-24, *m. r.*
635. Danielis Sennerti Epitome institutionum medicinæ. *Amst.* 1644, *in*-12, *m. r.*
636. Idea universæ medicinæ, auct. Joanne Jonstono. *Amst. Elzevier,* 1644, *in*-18, *m. r.*
637. De recta curandorum vulnerum ratione, auctore Francisco Arcæo. *Amst.* 1658, *in*-12, *m. r.*
638. Georgii Figuli novum medicinæ universalis speculum Cabalistico - Chymicum. *Bruxellæ,* 1660, *in*-12, *m. r.*
639. Gerardi Blasii medicina generalis. *Amst.* 1661, *in*-12, *m. cit.*
640. Francisci De le Boe Sylvii praxis medica. *Amstel.* 1674, *in*-12. *m. r.*
641. Promptuarium praxeos medicæ seu methodus medendi à Joan. Pechey. *Amst.* 1694, *in*-12, *m. cit.*
642. Principia Physico-medica à J. C. Adr. Helvetius. *Parisiis,* 1752, 2 *vol. in*-8° *maj. v. m.*
643. Synopsis universæ Praxeos medicæ, auct. Joseph. Lieutaud. *Parisiis,* 1770, 2 *vol. in*-4°, *v. f.*

H

Traités de Physiologie, ou des divers Tempéramens, Parties & Facultés du Corps humain, de leurs Usages, &c.

644. Pathologiæ cerebri & nervosi generis specimen, studio Th. Willis. *Amst. Elzevier,* 1668, *in-*12, *m. r.*
645. Pancreas Pancrene sive Pancreatis & succi ex eo profluentis commentum, auth. Bernhardo Swalve. *Amst.* 1667, *in-*12, *m. r.*
646. Spermatologia historico-medica, auct. Mart. Schurigio. *Francofurti ad Mœnum,* 1720, *in-*4°, *v. b.*
647. F. Plazzonus de partibus generationis. *Lugd. Bat.* 1664. — Julii Cæsaris Arantii de humano fœtu libellus, *ibid. in-*12, *m. r.*
648. Secreta mulierum, translaté de latin en françois, *Edition goth. sans date & nom de lieu, in-*12, *m. r.*
649. Albertus Magnus de secretis mulierum, item de virtutibus herbarum, lapidum & animalium. *Amstel.* 1655, *in-*18, *m. verd.*
650. Albertus Magnus de secretis mulierum, de virtutibus herbarum, lapidum & animalium. *Amstel.* 1702, *in-*12, *m. r.*
651. Severinus Pinæus de virginitatis notis, graviditate & partu, & alia ejusdem argumenti opuscula. *Lugd. Bat.* 1650, *in-*12, *m. verd.*
652. Henrici Martinii anatomia urinæ Galeno-Spagyrica cum arte pronuntiandi ex urinis, & Cæsaris Odoni de urinis liber. *Francofurti,* 1659, *in-*12, *m. r.*

Traités diætétiques & hygiaſtiques du Régime de vie, des Alimens & de leur Préparation, de la Santé, de ſa Conſervation, &c.

653. Querelæ ventriculi naturalia ſua ſibi vindicantis, contra Diæteticos & Pharmaceuticos, auth. Bern. Swalve. *Amſtel.* 1675, *in*-12, *m. cit.*
654. Balthaſaris Piſanelli de alimentorum facultatibus liber aureus. *Bruxellis,* 1662, *in*-12, *m. cit.*
655. Enchiridion ou Manipul des Miropoles, trad. & commenté du latin, par Michel Duſſeau. *Lyon*, 1581, *in*-18, *m. r.*
656. Le patiſſier François. *Amſterdam, Elzevier,* 1655, *in*-12, *m. r.*
657. Petri Andr. Canonherii de admirandis vini virtutibus libri tres. *Antuerpiæ,* 1627, *in*-8°, *v. m.*
658. Martini Schookii liber de cerviſia. *Groningæ,* 1661, *in*-12, *m. r.*
659. De conſervanda bonâ valetudine opuſculum ſcholæ Salernitanæ, cum Arnoldi Novicomenſis enarrationibus. *Pariſiis,* 1545, *in*-18, *m. cit.*
660. Scola Salernitana auct. Joan. de Mediolano, ex recenſione Zachariæ Sylvii. *Roterodami,* 1649, *in*-18, *m. r.*
661. Scola Salernitana de conſervandâ bonâ valetudine. *Hagæ-Comitum,* 1683, *in*-12, *v. b.*

Traités de Pathologie ou des Affections & Maladies du Corps humain, de leurs Cauſes, Signes, Remèdes, &c.

662. Lampas vitæ & mortis. *Lugduni-Batav.* 1678, *in*-12, *m. r.*
663. Thomæ Willis diatribæ duæ de fermenta-

tione & de febribus. *Amft.* 1663, *in-*12, *m. r.*
664. Febrifugi Peruviani vindiciæ, auct. Rolando Sturmio. *Delphis*, 1659, *in-*12, *m. r.*
664. Discours de la conservation de la vue, des maladies-mélancholiques, des catarrhes & de la vieillesse, par André du Laurens. *Paris*, 1598, *in-*18, *m. r.*
666. Hypocondriacæ melancholiæ curatio & medela auctore Thomà à Murillo. *Lugduni*, 1672, *in-*12, *m. r.*
667. Francisci Glissonii tractatus de Rachitide sive morbo puerili. *Hagæ-Comitis*, 1682, *in-*12, *m. r.*
668. Johannis Loselii tractatus de Podagra. *Lugd. Batav.* 1639, *in-*12, *m. r.*
669. Solatium Podagricorum, auth. Jacobo Baldo. *Monachii*, 1661, *in-*12, *v. f.*
670. Joannis Fieni commentarius de Flatibus humanum corpus molestantibus. *Amft.* 1643, *in-*24, *m. r.*
671. Traité des maladies des yeux & des oreilles, par l'abbé Desmonceaux. *Paris*, 1786, 2 vol. *in-*8°, *v. m.*

Mélanges & Secrets de Médecine, Traités pour & contre les Medecins.

672. Antonii Deusingii fasciculus dissertationum Medicarum & Physicarum. *Groningæ*, 1660, *in-*12, *vél.*
673. Les promenades printanieres de A. L. T. M. C. *Paris*, 1586, *in-*18, *m. verd.*
674. Jacobi Primerosii de vulgi erroribus in medicinâ libri quatuor. *Roterodami*, 1658, *in-*12, *m. cit.*

675. Erreurs populaires au fait de la Médecine & Régime de santé, par Laurent Joubert. *Avignon*, 1578, *in*-18, *m. r.*

676. Benefice commun de tout le monde, où est contenu plusieurs souverainetez pour la conservation de santé, par Léonard Fusch. *Paris, Bonfons, in*-18, *v. éc.*

677. Le Trésor des pauvres, composé par Arnoul de Villenove, auquel sont contenuz remedes, breuvages, &c. *Paris*, 1581, *in*-18, *v. m.*

678. La vertu & propriété de la Quintessence de toutes choses, faicte en latin, par Joannes de Rupe Scissa, & mise en françois, par Ant. du Moulin Masconnois. *Lyon*, 1581, *in*-18, *m. r.*

679. Thesaurus Evonymi Philiatri de remediis secretis. *Lugduni*, 1559, *in*-18, *m. cit.*

680. Secreti di Alesio Piemontese. *In Lyone*, 1558, *in*-18, *m. bl.*

681. La magie naturelle traduite du latin de J. B. Porta, en françois. *Rouen, sans date, in*-18, *v. f. d. s. t.*

682. Levini Lemnii de miraculis occultis naturæ libri quatuor. *Lug. Bat.* 1666, *in*-12, *m. bl.*

683. Les occultes merveilles & secrets de nature, par Levin Lemne, trad. en françois, par J. Gruget. *Orléans*, 1568, *in*-18, *m. bl.*

684. Antonii Mizaldi de arcanis naturæ libelli quatuor. *Parisiis*, 1558, *in*-18, *m. verd.*

685. Thesaurus sanitatis paratu facilis, per Joann. Liebault. *Parisiis*, 1557, *in*-18, *m. cit.*

686. Trois livres de l'ornement & embellissement du corps humain, trad. du latin de Jean Liebaut. *Lyon*, 1595, *in*-18, *m. r.*

687. Opuscule de receptes montrant la façon de faire divers fardemens & senteurs pour illustrer la face, pour faire confitures, &c. par Michel de Nostredame. *Lyon*, 1572, *in*-18, *m. r.*
688. Alfonsi Ferri de ligni sancti multiplici medicinâ & vini exhibitione libri quatuor. *Paris.* 1539, *in*-18, *m. bl.*
689. Julii Cæs. Baricelli hortus genialis, ubi arcana naturæ referantur. *Genevæ*, 1620, *in*-18, *parch.*
690. Trattato della Medicina curativa universale dall' arcanizato spirito aureo detto *Rosa solis*, per Joan. Franciscum Aggravii Senensem. *In Venetiâ*, 1682, *in*-12, *m. r.*

Chirurgie et Anatomie.

691. Essais d'anatomie, par Lieutaud. *Paris*, 1766, *in*-8°, *v. m.*
692. Exercitationes Physico-Anatomicæ de œconomiâ animali aut. Gualtero Charleton. *Amstelodami*, 1659, *in*-12, *m. cit.*
693. Adenographia sive glandularum totius corporis descriptio, auth. Thomâ Wharton. *Noviomagi*, 1664, *in*-12, *m. r.*
694. Francisci Glissonii anatomia Hepatis. *Hagæ-Comitum*, 1681, *in*-12, *m. r.*
695. Tractatus de ventriculo & intestinis, auct. Franc. Glissonio. *Amstel.* 1677, *in*-12, *m. cit.*
696. Joh. Beverovicii de calculo renum & vesicæ liber singularis. *Lugd. Batav. Elzevier*, 1638, *in*-18, *m. r.*
697. Novus ductus salivalis Blasianus in lucem protractus à Nic. Hoboken. *Ultrajecti*, 1662, — Ant. Nuck de ductu salivali novo, de Saliva, ductibus aquosis, & humore aqueo. *Lugd. Bat.* 1686, *in*-12, *m. r.*

698. Laurentii Bellini guſtus organum. *Bononiæ*, *1665*, *in-12, m. r.*

PHARMACIE.

699. La Pharmacopée qui eſt la maniere de bien choiſir & préparer les ſimples, traduite du latin de Sylvius, par André Caille. *Lyon*, *1580, in-18, m. r.*

700. Valerii Cordi diſpenſatorium cum ſcholiis Petri Coudebergi & Matthiæ Lobelii, *item* Rondeleti de Theriaca tractatus. *Lugd. Batav.* *1618, in-12, m. r.*

701. Joannis Du Boys methodus miſcendi & conficiendi medicamenta. *Hagæ-Comitis*, *1640*, *in-12, m. r.*

702. Joannis Prevotii ars componendi medicamenta, edente Adolpho Storck. *Amſt. Elzev.* *1665, in-12, m. r.*

703. Pharmacopæa generalis edita à Jacobo Reinboldo Spielmann. *Argentorati*, *1783, in-4°, br.*

704. Antonii Muſæ Braſavoli examen omnium ſimplicium quorum uſus eſt in publicis officinis. *Lugduni*, *1546, in-18, m. verd.*

705. Antonii Muſæ Braſavoli examen omnium ſyruporum; quorum publicus uſus eſt. *Lugd.* *1546, in-18, m. r.*

706. Joannis Dolæi Theatrum Theriacæ cœleſtis Hoffſtadianæ. *Hanoviæ*, *1680, in-12, baz.*

707. Dictionnaire univerſel des Drogues, par Lemery. *Paris*, *1760, in-4°, v. m.*

CHYMIE.

708. Rogeri Baconis de arte Chymiæ ſcripta, *Francofurti*, *1603, in-12, m. r.*

709. Joannis Rudolphi Glauberi opera omnia. *Amstel.* 1656, 2 *vol. in*-8°, *v. b.*
710. Traité de la Chymie, par le Febvre, apoticaire. *Leyde*, 1669, 2 *vol. in*-12, *m. r. fig.*
711. Joan. Bapt. Porræ de Distillatione libri novem. *Romæ*, 1608, *in*-8°, *parch.*
712. Elementa Chemiæ quæ in scholis docuit Hermannus Boerhaave. *Lugd. Batav.* 1732, 2 *vol. in*-4°, *c. m. v. b.*
713. Elémens de Chymie, par Herman Boerhaave, traduits du latin, par Allamand. *Amst.* 1752, 2 *vol. in*-8°, *v. m.*

ALCHIMIE.

714. Chymista scepticus vel dubia & paradoxa circa Spagyricorum principia, auth. Rob. Boyle. *Roterodami.* 1668, *in*-12, *m. cit.*
715. Apologie du Grand Œuvre ou Elixir des philosophes, vulgairement dit, Pierre Philosophale; les Talismans justifiés, & la poudre de Sympathie justifiée par l'abbé D. B. *Paris,* 1659, *in*-12, *m. r.*
716. Tombeau de la folie, dans lequel on fait connoître la réalité & la possibilité de la Pierre Philosophale, par la Martiniere. *Paris, in*-12, *v. f.*
717. Gebri Arabis Chimia sive traditio summæ perfectionis & investigatio Magisterii. *Lugd. Bat.* 1668, *in*-12, *m. r.*
718. Trois traités de la Philosophie naturelle, savoir, le Secret livre d'Artephius; les figures hiéroglyphiques de Nicolas Flamel, ensemble le vrai livre du docte Synesius. *Paris,* 1612, *in*-4°, *v. f.*

719. Trois traités de la Philosophie naturelle, le Secret livre d'Artephius, &c. *Paris*, 1659, *in-4°, v. b.*
720. Ars brevis illuminati doctoris Raymundi Lullii, cum aliis ejusdem argumenti tractatibus. *Parisiis*, 1578, *in-18, m. cit. dent.*
721. Cœlum Philosophorum seu de Secretis naturæ liber, Philippo Ulstadio authore. *Argentorati*, 1528, *in-fol. v. f.*
722. Philippi Ulstadii cœlum Philosophorum sive Secreta naturæ, id est, quomodo è vino, metallis, fructibus, &c. quinta essentia seu aqua vitæ debeat educi. *Parisiis*, 1544, *in-8°, v. b.*
723. Cœlum Philosophorum seu liber de Secretis naturæ per Philippum Ulstadium. *Lugduni*, 1553, *in-18, m. r.*
724. Clavis totius Philosophiæ Chymisticæ, per Gerardum Dorneum. *Francof.* 1583, *in-18, m. r.*
725. Trinum Magicum sive Secretorum Magicorum opus editum a Cesare Longino. *Francof.* 1630, *in-12, m. r.*
726. Miracula chymica & Mysteria medica, studio Philippi Mulleri. *Roth.*, 1651, *in-12, m. bl.*
727. Michaelis Maieri Viatorium, hoc est de montibus Planetarum septem seu Metallorum. *Rothomagi*, 1651, *in-8°, v. b.*
728. Bref discours des admirables vertus de l'or potable, par le sieur de la Tourrette. *Paris*, 1575, *in-18, m. bl.*
729. Aurum superius & inferius hermeticum, Christ. Adolphi Balduini. *Amst.* 1675, *in-12, v. b.*
730. Le Tombeau de la pauvreté, dans lequel est traité de la transmutation des métaux, par un Philosophe inconnu. *Lyon*, 1684, *in-12, v. b.*

731. Magni Philosophorum arcani Revelator. *Genevæ*, 1688, *in*-12, *v. b.*

732. Icon Philosophiæ occultæ, sive vera Methodus componendi Magnum Philosophorum lapidem, auct. Claudio Germain. *Roterodami*, 1678. — Cato Chimicus. *Hamburgi*, 1690, *in*-12. *m. r.*

SCIENCES MATHÉMATIQUES.

Traités généraux & Cours de Mathématiques ; Recueils d'ouvrages des Mathématiciens anciens & modernes.

733. Michaelis Pselli compendium Mathematicum aliique tractatus. *Lugd. Bat. Elzevier*, 1647, *in*-12. *m. r.*

734. Arithmetica universalis auct. Isaaco Newtono, cum commentario Joh. Castillionei. *Amst.* 1761, 2 *vol. in*-4°, *v. m.* — Ejusd. Philosophiæ naturalis principia Mathematica, cum commentariis Patrum Th. le Seur & Franc. Jacquier. *Coloniæ Allobrogum*, 1760, 3 *vol. in*-4°, *v. m.* — Ejusd. opuscula curante Joh. Castillioneo. *Lausannæ*, 1744, *in*-4°, *v. m.* — Excerpta quædam è Newtoni principiis Philosophiæ naturalis. *Cantabrigiæ*, 1765, *in*-4°, *v. m.* — Isaaci Newtoni lectiones opticæ. *Londini*, 1729, *in*-4°, *v. m.*

735. Johannis Bernoulli opera omnia. *Lausannæ*, 1742, 4 *vol. in*-4°, *v. f.*

736. Jacobi Bernoulli Basileensis opera. *Genevæ*, 1744, 2 *vol. in*-4°, *v. m.*

737. Jacobi Bernoulli ars conjectandi. *Basileæ*, 1713, *in*-4°, *v. m.*

738. Leonhardi Euleri opera, nimirùm, metho-

dus inveniendi lineas curvas. *Lausannæ*, 1747, *in*-4°, *v. m.* — Introductio in analysin infinitorum. *Lausannæ*, 1748, 2 *vol. in*-4°, *v. m.* — Institutiones Calculi differentialis. *Petropoli*, 1755, *in*-4°, *v. m.* — Institutiones calculi integralis. *Petropoli*, 1768, 3 *vol. in*-4°, *v. m.* — Theorica motuum lunæ. *Petropoli*, 1772, *in*-4°, *v. m.* — Dioptrica. *Petropoli*, 1769, 3 *vol. in*-4°, *v. m.* — Tentamen novæ theoriæ musicæ. *Petropoli*, 1736, 2 *vol. in*-4°, *v. m.* — Scientia navalis. *Petropoli*, 1749, 2 *vol. in*-4°, *v. m.* — Theoria motûs corporum solidorum. *Rostochii*, 1765, *in*-4°, *m. r.* — Theoria motuum planetarum & cometarum *Berolini*, 1744, *in*-4°, *v. m.* — Novæ tabulæ lunares. *Petropoli*, 1772, *in*-8°, *v. m.*

739. Cours de mathématiques, à l'usage du corps de l'artillerie, par Bezout. *Paris*, 1770, 4 *vol. in*-8°, *v. f. d. s. t.*

740. Institutions mathématiques, par l'abbé Sauri. *Paris*, 1772, *in*-8°, *m. r.*

741. Cours complet de mathématiques, par l'abbé Sauri. *Paris*, 1774, 4 *vol. in*-8°, *v. m. manque le tome premier.*

Traités particuliers d'Arithmétique, d'Algèbre & de Géométrie, Calculs, Logarithmes, Instrumens de Mathématiques, &c.

742. Jamblicus Chalcidensis in Nicomachi Geraseni arithmeticam introductionem & de fato, græcè & latinè, cum notis Samuelis Tennulii. *Arnhemiæ*, 1668, *in*-4°, *parch.*

743. Severini Boetii arithmetica. *Parisiis, Colines*, 1521. — Jacobi Nemorarii arithmetica, cum

demonstrationibus Jacobi Fabri, Rithmimachiæ ludus qui & pugna numerorum appellatur, & alia opuscula. *Parisiis*, 1514, *in-fol*, *v. f. d. s. t.*

744. Michaelis Pselli arithmetica, musica & geometria, item Procli sphera latinè Elio Vineto, interprete. *Turnoni*, 1592, *in·*12, *m. r.*

745. Orontii Finœi arithmetica practica. *Parisiis, Colines*, 1535, *in-fol. v. f. d. s. t.*

746. Trigonometria artificialis sive magnus canon logarithmicus ab Adriano Vlacco constructus. *Goudæ*, 1633, *in-fol. peau de mouton.*

747. Nouveaux traités de trigonometrie rectiligne & sphérique, par Deparcieux. *Paris*, 1741, *in-*4°, *v. m.*

748. Essais d'analyse, par Condorcet. *Paris*, 1768, *in-*4°, *br.*

749. Thomæ Gatakeri dissertatio de forte. *Lugd. Bat.* 1659, *in-*12, *m. r.*

750. Euclidis elementorum libri sex priores latinè opera Christiani Mulder. *Lugd. Bat.* 1673, *in* 12, *m. bl.*

751. Elementorum Euclidis libri quindecim ad Græci contextus fidem recensii. *Lipsiæ*, 1769, *in-*8°, *v. m.*

752. Guillelmi Whiston elementa Euclidea geometriæ planæ ac solidæ. *Amstel.* 1725, *in-*8°, *v. b.*

753. Archimedis opera quæ extant, græcè & latinè, cum commentariis Davidis Rivalti à Fleurantia. *Parisiis*, 1615, *in-fol*, *v. f. d. s. t.*

754. Leçons de geométrie théorique & pratique, à l'usage des élèves de l'académie d'architecture, par Mauduit. *Paris*, 1773, *in-*8°, *v. m.*

755. Description des moyens employés pour

mesurer la base de Hounslow-Heath en Midlesex, publiés par William Roy, & trad. par Prony. *Paris*, 1787, *in-4°, v. m.*

756. Théâtre des instrumens mathématiques & méchaniques de Jacques Besson, Dauphinois. *Lyon*, 1578, *in-fol. vél. fig.*

757. Traité de la construction des instrumens de mathématique, par Bion. *Paris*, 1725, *in-4°, v. b.*

Traités généraux & particuliers d'Astronomie.

758. Procli Diadochi Paraphrasis in Ptolemæi libros quatuor de siderum effectionibus, græcè & latinè, interprete Leone Allatio. *Lugd. Bat. Elzevier*, 1635, *in-8°, v. f.*

759. In Claudii Ptolemæi quadripartitum enarrator ignoti nominis; — Porphyrii introductio in Ptolemæi opus de effectibus astrorum, prætereà Hermetis de revolutionibus nativitatum libri duo; græcè & latinè. *Basileæ*, 1559, *in-fol. v. f.*

760. Guillelmi Postelli de universitate libri duo in quibus astronomiæ compendium. *Lugd. Bat.* 1635, *in-32, m. cit.*

761. Tychonis Brahei astronomiæ instauratæ, & historiæ coelestis libri viginti. *Noribergæ*, 1602, *in-fol, v. b.*

762. Opere di Galileo Galilei, eiusdem sidereus Nuncius, lettere, dialoghi. *Bononiæ*, 1655, 2 *vol. in-4°, br.*

763. Guidi Ubaldi problematum astronomicorum libri septem. *Venetiis*, 1609, *in-fol. v. b.*

764. Rogerii Josephi Boscovich opera pertinentia ad opticam & astronomiam. *Bassani*, 1785, 5 *vol. in-4°, v. m.*

765. Astrologia gallica principiis & rationibus stabilita studio. Jo. Bapt. Morini. *Hagæ*, 1661, *in-fol. v. b.*

766. Astronomie physique, par Gamaches. *Paris, 1740, in-4°, v. éc.*

767. Astronomiæ fundamenta novissimis solis & stellarum observationibus stabilita à Nicol. Lud. La Caille. *Parisiis*, 1757, *in-4°, v. m.*

768. Observationes astronomicæ ab anno 1717 ad 1752, à patribus societatis Jesu Pekini Sinarum factæ, à Patre Augustino Hallerstein collectæ, editæ curante Maximiliano Hell. *Vindobonæ*, 1768, *in-4°, v. m.*

769. Cahiers des observations astronomiques faites à l'observatoire de Vilna, en 1773, par l'abbé Poczobut. *Vilna*, 1777, *in-fol. br.*

770. La figure de la terre déterminée par les observations de MM. Bouguer et de la Condamine, dans un voyage à l'équateur. *Paris*, 1749, *in-4°, v. m.*

771. Voyage astronomique & géographique dans l'état de l'église, pour mesurer deux dégrés du méridien, &c., trad. du latin des PP. Maire & Boscovich. *Paris*, 1770, *in4°, v. m.*

772. Dimensio graduum meridiani Viennensis & Hungarici peracta à Josepho Liesganig. *Vindobonæ*, 1770, *in-4°, br.*

773. Cométographie ou traité historique & théorique des cométes, par Pingré. *Paris*, 1783, 2 *vol. in-4°, v. éc.*

774. Joh. Alberti Euleri de perturbatione motûs cometarum ab attractione planetarum ortâ dissertatio. *Petropoli*, 1762, *in-4°, v. m.*

775. Hieronimi Cardani libelli duo, unus de supplemento almanach, alter de restitutione

temporum, item liber de genituris. *Norimbergæ*, 1543, *in-4°, v. f.*
776. Romani calendarii explicatio auct. Chrift. Clavio. *Romæ*, 1603, *in-fol. v. b.*

ASTROLOGIE.

Traités généraux d'Aſtrologie Judiciaire.

777. Aſtrologia aphoriſtica Ptolomæi, Hermetis, Almanſoris & aliorum. *Ulmæ*, 1641, *in-12, m. bl.*
778. Alkabitius aſtronomiæ judiciariæ principia tractans cum Joannis Saxonii commentario. *Editio vetus caracteribus gothicis abſque loco & anno, in-4°, v. f. d. ſ. t.*
779. Præclarum ſummi in aſtrorum ſcientia principis Alchabitii opus ad ſcrutanda ſtellarum magiſteria Iſagogicum. *Venetiis*, 1521, *in-4°, v. d. ſ. t.*
780. Albohazen Haly filii Aben-Ragel ſcriptoris arabici de judiciis aſtrorum libri octo per Ant. Stupam. *Baſileæ*, 1571, *in-fol v. b.*
781. Albumazar flores aſtrologiæ. *Venetiis, Seſſa abſque anno, in-4°, v. f. d. ſ. t.*
782. Arcandam ſeu Aleandrinus de veritatibus & prædictionibus aſtrologiæ præcipuè nativitatum, operâ Richardi Rouffat canonici Lingonenſis in lucem editus. *Pariſiis*, 1553, *in-18, m. r.*
783. De mirabilibus mundi & cœlorum influentiis F. Claudii Cœleſtini opuſculum; de mirabili poteſtate artis & naturæ Rogerii Bachonis libellus. *Pariſiis, Colinæus*, 1542, *in-4°, v. f. d. ſ. t.*

784. Joan. Bapt. Portæ physiognomoniæ cœlestis libri sex. *Lugd. Bat.* 1645, *in-*12, *v. b.*
785. Astrologiæ nova methodus Francisci Allæi, arabis Christiani (Yvonis capucini). 1658, *in-fol. v. b.*
786. Catalogus imperatorum, regum & principum qui artem astrologicam amarunt, quibus additæ sunt astrologicæ quædam prædictiones, ab Henrico Rantzovio. *Lipsiæ*, 1581, *in-*8°, *v. b.*
787. Artis divinatricis quam astrologiam seu judiciariam vocant variorum authorum encomia. *Parisiis*, 1549, *in-*4°, *peau de mouton.*

Traités des Nativités, des Songes, de l'Art Divinatoire, &c.

788. Christophori Pezelii præcepta genethliaca sive de prognosticandis hominum nativitatibus commentarius. *Francofurti*, 1607, *in-*4°, *parch.*
789. Jugemens astrologiques sur les nativités, par Auger Ferrier. *Lyon*, 1572, *in-*18, *m. citron.*
790. Augerii Ferrerii liber de diebus decretorii, item liber de somniis. *Lugduni*, 1549, *in-*18, *m. r.*
791. L'épitome des trois premiers livres d'Artemidorus Daldianus, traictant des songes, traduits par Charles Fontaine, avec le livre d'Augustin Hiphe des divinations & des augures, par Antoine Du Moulin. *Paris*, 1547, *in-*18, *m. r.*
792. Adamantii sophistæ physiognomonica græcè. *Parisiis*, 1540, *in-*12 *v. f.*
793. Ex divinâ philosophorum academiâ collecta chyromantica scientia naturalis. *Augustæ*, 1519, *in-*4°, *v. f.*

794. Chiromance & physiognomonie de Jean de Indagine, traduite par Antoine Du Moulin. *Paris*, 1567, *in*-18, *m. r.*

Oracles, Prophéties, Prédictions.

795. Histoire des oracles, par Fontenelle. *Amsterd.* 1687, *in*-12, *m. r.*
796. Réponse à l'histoire des oracles de Fontenelle, par le P. Baltus. *Strasbourg*, 1707, 2 *vol. in*-8°, *v. b.*
797. Vaticinia sive prophetiæ abbatis Joachimi & Anselmi episcopi Marsicani, latinè & italicè. *Venetiis*, 1589, *in*-4°, *vél. fig.*
798. Vaticinia sive prophetiæ abbatis Joachimi, latinè & italicè. *Venetiis*, 1600, *in*-4°, *v. b. fig.*
799. Livre merveilleux contenant en bref la fleur de plusieurs traictés, tant des anciennes prophéties qu'anciennes chroniques, par frere Telsfore, hermite. *Paris, Anthoine Houic, sans date, in*-12, *m. r. Livre rare & singulier.*
800. Prognosticon super novis & stupendis planetarum conjunctionibus magnis anno 1524 futuris, auct. Joanne Virdungo Haffurdensi. *Oppenheimii*, 1521. — Bernardi de Granollachs Ephemerides lunæ ab anno 1491 ad annum 1550. *in*-4°, *v. f.*
801. Prognosticatio Joannis Liechtenbergers super Saturni ac Jovis conjunctione quæ fuit anno 1484. 1526, *in*-4°, *dem. rel. fig.*
802. Les Prophéties de Michel Nostradamus. *Lyon, Rigaud, sans date, in*-18, *m. r.*
803. Eclaircissement des véritables quatrains de Michel Nostradamus. 1656, *in*-12, *m. r.*

Optique, Dioptrique, Catoptrique.

804. Damiani philosophi, Heliodori Larissæi de opticis libri duo, græcè & latinè, cum notis Erasmii Bartholini. *Parisiis*, 1657, *in-4°, vél.*
805. Optique de Newton, traduction nouvelle. *Paris*, 1787, 2 *vol. in-8°, m. r.*
806. Traité d'optique, par Bouguer, publié par La Caille. *Paris*, 1760, *in-4°, v. m.*
807. La dioptrique oculaire, par le P. Chérubin d'Orléans, capucin. *Paris*, 1671, *in-fol. v. b.*

Statique, Hydrostatique, Hydraulique, Hydrodynamique, Méchanique.

808. Paradoxa hydrostatica authore Rob. Boyle. *Roterod.* 1670, *in-18, m. r.*
809. Trattato della direzzione de fiumi, di famiano Michelini. *In Firenze*, 1664, *in-4°, vél.*
810 Raccolta d'autori che trattano del Moto dell' acque. *In Firenze*, 1723, 3 *vol. in-4°, vel.*
811. Joannis Alberti Euler dissertatio de machinis hydraulicis. *Gottingæ*, 1754, *in-4°, v. m.*
812. Danielis Bernoulli hydrodynamica. *Argentorati*, 1738, *in-4°, v. m.*

ARTS.

ARTS LIBÉRAUX.

Arts de l'Ecriture, de l'Imprimerie & de la Musique.

813. La vera arte de lo excellente scrivere. *In Vinegia*, 1536, *in-4°. m. verd.*

841. Christiani Breithaupti ars decifratoria, five scientia occultas scripturas legendi. *Helmstadii*, 1737, *in-8°, br.*

815. Traités historiques & critiques sur l'origine & les progrès de l'imprimerie, par Fournier le jeune. *Paris, Barbou*, 1758 & *suiv. in-8°, broché.*

816. A specimen of printing types by Casson. *London.* 1764, *in-8°, v. m. d. s. t.*

817. Nouveau système typographique. *Paris,* 1776, *in-4°, v. m.*

818. Francisci Salinæ de musica libri septem. *Salmanticæ*, 1577, *in-fol. baz.*

819. Dell' origine e delle regole della musica colla storia del suo progresso, decadenza e rinnovazione, da Antonio Eximeno. *In Roma,* 1774; *in-4°, br.*

Arts du Dessin, de la Peinture, de la Sculpture, & de la Gravure.

820. Bibliothèque des artistes & des amateurs, par Petity. *Paris,* 1766, 3 *vol. in-4°. br.*

821. Storia delle arti del disegno presso gli antichi di Giov. Winckelmann, tradotta dal Tedesco, dal Abate Carlo Fea. *In Roma*, 1783, 3 *vol. in-4°, br. fig.*

822. Trattato della Pittura, Scoltura & Architettura di Gio. Paolo Lomazzo. *In Milano,* 1585, *in-4°, mout. verd.*

823. Alberti Dureri Geometriæ libri quatuor, prout ad pictores refertur. *Lutetiæ,* 1532, *in-fol. v. f. d. s. t.*

824. Traité de perspective, à l'usage des artistes,

par Edme Seb. Jeaurat. *Paris*, 1750, *in*-4°. *v. f. d. ſ. t.*

825. Il Ripoſo di Rafaello Borghini. *In Firenze*, 1730, *in*-4°, *vél.*

826. Opere di Antonio Raffaello Mengs. *In Baſſano*, 1783, 2 *vol. in*-8°, *mag. v. m.*

827. Saggi ſul Riſtabilimento dell' antica arte de greci è romani Pittori del Signor abate Don Vincenzo Requeno. *Parma, nella ſtamperia Reale*, 1787, 2 *vol. in*-8°. *v. m. d. ſ. t.*

828. Degli habiti antichi e moderni di diverſe parti del mondo fatti da Ceſare Vecellio. *In Venetia*, 1590, *in*-8°, *m. r. fig.*

829. Lux Clauſtri, la Lumiere du cloître, repréſentée par figures deſſignées & gravées par Jacques Callot. *Paris*, 1639, *in*-4°, *v. f.*

830. Les Plaiſirs de l'iſle enchantée, ou fêtes de Verſailles en 1664. *Paris*, 1673, *in-fol. v. f. d. ſ. t.*

831. Le Cabinet des beaux arts ou Recueil d'eſtampes ſur les arts avec explication, par Perrault. *Paris*, 1690, *in*-4°. *obl. v. b.*

832. Recueil de trois cent têtes & ſujets de compoſition, gravés par le comte de Caylus, *in*-4°, *cart.*

833. Collection de penſées ou deſſeins de Gabiani. *Rome*, 1786, *in-fol. maj. br.*

834. Franciſci Maggola graphides, per Ludov. Inig Bononiæ collectæ. *Anno* 1788, *in-fol. maj. broché.*

835. Dix Vues de différens lieux de la Suiſſe, gravés en couleur, par Wolf & Pfenninger. *Berne*, 1776, *in-fol. br.*

Architecture Civile, Militaire & Navale.

836. Marci Vitruvii Pollionis de architectura libri decem, cum notis diverforum & Joan. de Laet. *Amftel. Elzevier*, 1649, *in-fol. m. r.*

837. Architettura di Sebaftiano Serlio. *In Venetia*, 1559, *in-fol. v. f.*

838. Difcorfi di architettura di Giov. Batt. Nelli. *In Firenze*, 1753, *in-4°, br.*

839. De la diftribution des Maifons de plaifance & de la décoration des édifices, par Jac. Fr. Blondel. *Paris*, 1737, 2 vol. *in-4°, v. m.*

840. La nouvelle fortification, par Nicolas Goldman. *Leide, Elzevier*, 1645, *in-fol, m. r.*

841. L'architecture militaire moderne ou traité de la fortification par Mathias Dogen. *Amfterd.* 1648, *in-fol. m. r.*

842. La fortication perpendiculaire, par M. de Montalembert. *Paris*, 1776, 5 vol. *in-4°, maj. v. éc. d. f. t.*

843. Traité élémentaire de la mâture des vaiffeaux, par Forfait. *Paris*, 1788, *in-4°, v. m.*

844. La manœuvre des vaiffeaux, par Bouguer. *Paris*, 1757, *in-4°, v. m.*

845. Traité de la fabrique des manœuvres pour les vaiffeaux ou l'art de la corderie, par Duhamel du Monceau. *Paris*, 1769, *in-4°, v. éc.*

Art Militaire.

846. Scriptores de re militari veteres editi à Petro Scriverio, cum notis Stewechii & Fr. Modii. *Antuerpiæ*, 1607, *in-4°, m. r.*

847. Flavii Vegetii, Sexti Julii Frontini & aliorum de re militari opera ex musæo Petri Scriverii. *Lugd. Bat.* 1644, *in*-12, *m. bl.*
848. Polyæni stratagematum libri octo, græcè & latinè, cum notis Isaaci Casauboni. *Lugd.* 1589, *in*-18, *m. bl.*
849. Sexti Julii Frontini stratagematicon libri quatuor curante Schwebelio. *Lipsiæ*, 1772, *in*-8°, *cart.*
850. Leonis imperatoris de Bellico apparatu liber latinè, interpretè Joan. Checo Cantabrigiensi. *Basileæ*, 1554, *in*-18, *m. bl.*
851. Stratagemi dell' arte della guerra tradotti, da Nicolo Mutoni. *In Vinegia*, 1551, *in*-8°, *parchemin.*
852. Le parfait capitaine, abrégé des commentaires de César, par le duc de Rohan. *Amst. Elzevier*, 1641, *in*-12, *m. r.*
853. L'école de Mars, par Guignard. *Paris*, 1725, 2 *vol. in*-4°. *fig.*
854. Le maréchal de Bataille, par Lostelneau. *Paris*, 1647, *in-fol. v. m.*

Art Pyrothecnique, ou du feu, de la Verrerie, de la Fonderie, &c.

855. L'arte vitraria del P. Antonio Neri. *In Firenze*, 1612, *in*-4°, *vél.*
856. Antonii Neri de arte vitraria libri septem. *Amstel.* 1658, *in*-12, *m. r. fig.*
857. L'art de la verrerie de Neri, Merret & Kunckel, trad. par le baron d'Holbach. *Paris*, 1752, *in*-4°, *v. m. fig.*

Art Gymnastique, ou Traités du Maniement des Armes, de l'Equitation, de la Chasse, &c.

858. L'instruction du roi en l'exercice de monter à cheval, par Antoine Pluvinel. *Paris*, 1625, *in-fol. vél. fig.*

859. La méthode nouvelle de dresser les chevaux, par Guillaume, comte de Newcastle. *Anvers*, 1658, *in-fol. m. r.*

860. Les quatre livres de la venerie d'Oppian, traduits en vers françois, par Florent Chréstien. *Paris, Estienne*, 1575, *in-4°, v. m.*

861. Rei accipitrariæ scriptores nunc primùm éditi à Nicolao Rigaltio. *Lutetiæ*, 1612, *in-4°, mout. d. s. t.*

862. Dellè Caccie di Eugenio Raimondi, libri quattro. *In Brescia*, 1626, *in-4°, vél. fig.*

Arts d'Amusement, Jeux, &c.

863. Cento Giuochi liberali & de ingegno descritti da Innocentio Ringhieri. *In Bologna*, 1551, *in-4°, vél.*

864. Pascasii Justi de alea libri duo. *Amstelod. Elzevier*, 1642, *in-24, m. r.*

865. Le jeu des eschets, traduit de l'italien de Gioachino Greco. *Paris*, 1669, *in-12, m. r.*

Arts Méchaniques, Traités de l'Horlogerie, Bijouterie, &c.

866. Christophori Clavii Bambergensis horologiorum nova descriptio. *Romæ*, 1599, *in-4°, parchemin.*

867. Perspectiva horaria sive horographia gnomo-

nica aut. Eman. Maignan. *Romæ*, 1648, *in-fol. v. f.*

868. Mathæi Campani horologium solo naturæ motu & ingenio dimetiens momenta temporis constantissimè æqualia. *Amst. Elzevier*, 1678, *in-12, m. r.*

869. Traité général des horloges, par Dom Jacques Alexandre, Bénédictin. *Paris*, 1734, *in-8°, v. b.*

870. La gnomonique pratique, ou l'art de tracer des cadrans solaires, par Dom Fr. Bedos. *Paris*, 1760, *in-8°, v. m.*

891. L'art de conduire & de régler les pendules & les montres, par Ferd. Berthoud. *Paris*, 1759, *in-18, v. m.*

872. Traité des pierres précieuses, & de la maniere de les employer en parure, par Pouget. *Paris*, 1762, *in-4°, br.*

BELLES-LETTRES.

Traités préparatoires à l'Etude des Belles-Lettres.

873. De studio litterarum rectè instituendo Guill. Budæi liber. *Parisiis, Jodocus Badius*, 1532, *in-fol. m. r.*

874. Gerardi Joannis Vossii & aliorum dissertationes de studiis bene instituendis. *Trajecti ad Rhenum*, 1658, *in-12, m. verd.*

875. De philologia, studiis liberalis doctrinæ, informatione & educatione adolescentum, tractatus Guill. Budæi & aliorum, quos collegit Thomas Crenius. *Lugd. Bat.* 1696, *in-4°, vél.*

876. De eruditione comparandâ tractatus varii, quos conlegit Thomas Crenius. *Lugd. Bat.* 1699, *in-4°. vél.*

GRAMMAIRE.

Traités préparatoires à l'Etude des Langues, Grammaires générales, Dictionnaires Polyglottes.

877. Exercitationes de linguâ primævâ auct. Stephano Morino. *Ultrajecti*, 1694, *in-4°, v. b.*
878. J. A. Commenii janua aurea linguarum, cum adjunctâ græcâ versione aut. Theod. Simonio. *Amstel. Elzevier*, 1642, *in-12, m. r.*
879. Ambrosii Calepini dictionarium octolingue. *Lugd.* 1661, 2 *vol. in-fol. v. b.*

Grammaires & Dictionnaires de la Langue Hébraïque, & des autres Langues Orientales.

880. Ludovici Cappelli diatriba de veris & antiquis Ebræorum litteris. *Amstelod.* 1645, *in-18, m. r.*
881. Grammatica hebræa Eliæ Levitæ Germani, per Sebast. Munsterum versa. *Basileæ*, 1537, *in-8°, parch.*
882. Hebraicarum institutionum libri quatuor Sancte Pagnino authore. *Parisiis, Rob. Stephanus*, 1549, *in-4°, v. f. d. s. t.*
883. Immanuelis Tremellii grammatica chaldæa & syra. *Genevae*, 1569, *in-4°, v. f. d. s. t.*
884. Sebastiani Munsteri dictionarium hebraicum. *Basileæ, Froben*, 1564, *in-8°, parch.*
884 *bis.* Sebastiani Munsteri dictionarium chaldaicum. *Basileae, Froben*, 1527, *in-4°, v. b.*

885. Antonii Hulfii compendium lexici hebraici. *Ultrajecti*, 1674, *in*-12, *m. r.*
886. Joann. Buxtorfii lexicon hebraicum & chaldaicum. *Bafileae*, 1676, *in*-8°, *v. b.*
887. Lexicon novum hebræo-latinum, ad modum lexici Schreveliani græci confcriptum à Robertfono, & auctum à Joan. Leufden. *Ultrajecti*, 1687, *in*-8°, *v. b.*
888. Linguæ Sinarum mandarinicæ hyeroglyphicæ grammatica duplex, auth. Stephano Fourmont. *Lutetiae*, 1742, *in-fol. v. m.*
889. A grammar of the Bengal language by Nathanael Braffey Halhed. *Printed at Hoogly in Bengal*, 1778, *in*-4°, *m. r.*

Grammaires & Dictionnaires de la Langue Grecque.

890. Erotemata Chryfoloræ. *Venetiis*, 1544, *in*-8°, *m. r.*
891. Theodori Gazæ inftitutionis Grammaticæ libri quatuor additâ verfione latinâ. *Parifiis*, 1529, *in*-8°, *v. b.*
892. Urbani Grammaticæ græcæ inftitutiones. *Venetiis*, 1512, *in*-4°, *vél.*
893. Apollonii Alexandrini de fyntaxi libri quatuor, cum notis Fr. Porti & Frid. Sylburgii. *Francofurti*, 1590, *pet. in-fol. v. f.*
894. Champ fleury auquel eft contenu l'art & fcience de la deue & vraie proportion des lettres attiques. *Paris*, 1529, *in*-4°, *m. r.*
895. Commentarii linguæ græcæ, Guil. Budæo auctore. *Parif. Rob. Stephanus*, 1548, *in-fol. v. m.*
896. De præcipuis græcæ linguæ idiotifmis auct. Francifco Vigero. *Lugd. Bat.* 1680, *in*-12, *m. bl.*

897. Francisci Vigeri de præcipuis græcæ dictionis idiotismis libellus, cum notis Henr. Hoogeveen. *Lugd. Bat.* 1766, *in-8°, v. m.*
898. Funus Linguæ Hellenisticæ, sive confutatio exercitationis de Hellenistis & linguâ Hellenisticâ. *Lugd. Batav.* 1643, *in-8°, m. bl.*
899. Varini Phavorini Camertis Dictionarium græcè. *Basileæ*, 1538, *in-fol. v. f.*
900. Erotiani Græci scriptoris vetustissimi vocum quæ apud Hippocratem sunt collectio, cum notis Barthol. Eustachii. *Venetiis*, 1566, *in-4°, cart.*
901. Jacobi Ceratini Dictionarius græcus. *Basil. Froben*, 1524, *in-fol. m. r.*
902. Thesaurus linguæ græcæ ab Henr. Stephano constructus. *Paris, Henr. Steph.* 4 *vol. in-fol. v. f.* — Glossaria duo è situ vetustatis eruta, græcè & latinè. *Parisiis, Henr. Stephanus*, 1573, *in-fol. v. f.*
903. Joann. Scapulæ Lexicon græco-latinum. *Amstel. Elzevier*, 1652, *in-fol. v. b.*
904. Appendix ad thesaurum græcæ linguæ ab Henr. Stephano constructum, & ad Lexica Constantini & Scapulæ, studio Danielis Scott. *Londini*, 1745, 2 *vol. in-fol. dem. rel.*
905. Thesaurus græcæ linguæ concinnatus studio Guil. Robertson. *Cantabrigiae*, 1676, *in-4°, v. b.*
906. Manuale Græcarum vocum novi Testamenti, aut. Georgio Pasore. *Lugd. Bat. Elzev.* 1634, *in-12, m. r.*

Grammaires & Dictionnaires de la Langue Latine.

907. M. Terentii Varronis opera quæ supersunt,

cum notis Scaligeri. *Parifiis, Henr. Stephanus,* 1573, *in-8°, v. f. d. f. t.*

908. Nonius Marcellus de proprietate fermonum, cum notis doctorum virorum. *Parifiis*, 1683, *in-8°, v. f.*

909. Aelii Donati commentarii grammatici tres. *Parifiis, Rob. Stephanus,* 1543, *in-4°, v. f. d. f. t.*

910. Prifcianus Grammaticus. *Venetiis, impenfis Joan. de Colonia,* 1476, *in-fol. rel. en bois.*

911. Prifciani Grammatici libellus de accentibus. *Parifiis, Rob. Stephanus,* 1526. *in-8°, v. f. d. f. t.*

912. Adrianus Cardinalis de Sermone latino & modis latinè loquendi. *Lugd. Gryphius, in-8°, vél.*

913. Defid. Erafmi dialogus de rectâ pronuntiatione latini græcique fermonis. *Lugd. Bat.* 1643, *in-18, m. r.*

914. Defiderii Erafmi Ciceronianus, & Julii Cæfaris Scaligeri adverfus Erafmum orationes duæ, cum aliis ejufdem Scaligeri opufculis. *Tolofæ,* 1621, *in-4°, m. r.*

915. Stephani Doleti commentarii linguæ latinæ. *Lugduni, Gryphius,* 1538, 2 *vol. in-fol. v. b. liber rarus.*

916. Stephani Doleti commentarii linguæ latinæ in epitomen reducti. *Bafileæ,* 1539, 2 *vol. in-12, vél.*

917. De latinitate falso fufpectâ expoftulatio Henr. Stephani. *Parif.* 1576, *in-12, v. f. d. f. t.*

918. Thefaurus Ellipfium latinarum, auctore Elia Palairet. *Londini,* 1760, *in-8°, v. f.*

919. Aldi Manutii Romani inftitutionum Grammaticarum libri quatuor. *Parifiis, Rob. Stephanus,* 1531, *in-4°, v. f. d. f. t.*

920. Jo. A. Comenii Janua aurea referata linguæ latinæ. *Lugd. Bat. Elzevier*, 1641, *in*-32, *m. r.*

921. Dictionarium seu linguæ latinæ thesaurus. *Parisiis, Rob. Stephanus*, 1543, 3 vol. *in-fol. v. m.*

922. Lexicon trilingue ex thesauro Rob. Stephani & Dictionario Joannis Frisii collectum. *Argentorati*, 1587, 2 vol. *in-fol. v. b.*

923. Totius latinitatis Lexicon consilio & curâ Jacobi Facciolati, studio Ægidii Forcellini. *Patavii*, 1771, 4 vol. *in-fol. vél.*

924. Thesaurus Marci Tullii Ciceronis. *Paris. Car. Stephanus*, 1556, *in-fol. vél.*

925. Reineri Neuhusii examen Philologicum. *Amstel.* 1654, *in*-12, *m. r.*

926. Antonii Nebrissensis Dictionarium latino-hispanico-latinum emendatum, & auctum per Ildephonsum Lopez de Robinos. *Matriti*, 1778, 2 vol. *in-fol. baz.*

927. Gerardi Joannis Vossii etymologicon linguæ latinæ. *Lugduni*, 1664, *in-fol. v. f.*

928. Glossarium ad scriptores mediæ & infimæ latinitatis, auct. Carolo Dufresne du Cange. *Parisiis*, 1733, 6 vol. *in-fol. v. b.* — Glossarium novum ad scriptores medii ævi, auct. D. P. Carpentier. *Parisiis*, 1766, 4 tom. 2 vol. *in-fol. v. b.*

Grammaires & Dictionnaires des Langues modernes.

929. Mémoires sur la langue Celtique & Dictionnaire Celtique, par Bullet. *Dijon*, 1754, 3 vol. *in-fol. v. m.*

930. Art Poétique françois avec le Quintil horatian, sur la défense & illustration de la langue françoise. *Paris*, 1573, *in*-18, *m. verd.*

931. Deux dialogues du nouveau langage françois italianifé. *Anvers*, 1583, *in*-18, *m. verd.*
932. Dictionnaire françois-latin. *Paris, Rob. Eftienne*, 1549, *in-fol. v. f. d. f. t.*
933. Le Grand Vocabulaire françois. *Paris*, 1767, 30 *vol. in*-4°, *v. m.*
934. Epitome dictionum quarumdam æquivocarum & ambiguarum in linguâ gallicâ à Nathan. Duefio. *Lugd. Bat. Elzevier*, 1651, *in*-12, *m. r. Cet exemplaire eft chargé de notes manufcrites de Jamet.*
935. Dictionarium gallico-germanico-latinum, & germanico-gallico-latinum, auth. Nathan. Duez. *Amft. Elzevier*, 1664, *in*-4°, 2 *vol. m. r.*
936. Lezzioni di Benedetto Varchi con la vita dell' autore. *In Fiorenza, Giunti*, 1590, *in*-4°, *vél.*
937. Correttione d'alcune cofe del dialogo delle lingue di Benedetto Varchi, & una giunta al primo libro delle profe di P. Bembo, per Lodov. Caftelvetro. *In Bafilea*, 1572, *in*-4°, *parch.*
938. L'Ercolano dialogho di Benedetto Varchi, della lingua Tofcana e della Fiorentina colla correzzione di Lod. Caftelvetro & colla Varchina di Girolamo Muzio. *In Padova*, 1744, 3 *vol. in*-8°, *cart.*
939. Lezzioni di lingua Tofcana di Domenico Manni. *In Lucca*, 1773, 2 *vol. in*-8°, *cart.*
940. Abrégé de la langue Tofcane, par Palomba. *Paris*, 1768, 2 *vol. in*-8°, *v. m.*
941. Vocabolario, Grammatica & Orthographia de la lingua volgare d'Alberto Acharifio da Cento. *In Cento*, 1543, *in*-4°, *dem. rel.*
942. Vocabolario de gli Academici della Crufca.

In Firenze, 1729, *6 vol. in-fol. v. m.* — Annotoziani sopra il Vocabolario de gli Academici della Crusca opera postuma di Alessandro Tassoni. *In Venezia*, 1698, *in-fol. cart.*

943. Nouveau Dictionnaire italien-françois & françois-italien, par l'abbé Pierre-Ant. Polaccho. *Venise*, 1766, *2 vol. in-4°, vel.*

944. Vocabolario Cateriniano di Girolamo Gigli cioe Spiegazione d'alcune voce difficili che se trovano nell' opere de sancta Catarina da Siena. *A Manilla, in-4°, br.*

945. Diccionario de la lingua Castellana, por la Real Academia Espanola. *Madrid.* 1770, *6 vol. in-fol. baz.*

946. Dictionnaire Caraïbe-françois, par le P. Raymond. *Auxerre*, 1665, *in-8°, v. b.*

RHÉTORIQUE.

Traités sur la Rhétorique & l'Eloquence.

947. Rettorica & Poetica d'Aristotile, tradotte da Bernardo Segni. *In Firenze*, 1549, *in-4°, parch.*

948. Rettorica d'Aristotile fatta in lingua Toscana dal commendatore Annibal Caro. *In Venetia*, 1570, *in-4°, vel.*

949. Dionysii Longini de sublimitate libellus græcè & latinè, cum notis Tanaq. Fabri. *Salmurii*, 1673, *in-12, m. r.*

950. Dionysii Longini de sublimitate libellus, latino, italico, & gallico sermone redditus. *Veronæ*, 1733, *in-4°, cart.*

951. Demetrio Falereo della locuzione volgariz-

zato da Pier Segni. *In Firenze, Giunti*, 1603. *in*-4°, *vél.*

952. Hermogenis de formis orationum tomi duo, græcè, *Parifiis, Wechel*, 1531, *in*-4°, *demi-rel.*

953. Manuelis Mofchopuli de ratione examinandæ orationis libellus, græcè. *Parifiis, Rob. Stephanus*, 1549, *in-fol. v. f. d. f. t.*

953 *bis.* Aphtonii fophiftæ progymnafmata. *Amftel. Elzevier*, 1649, *in*-12, *m. r.*

954. M. Fabii Quintiliani inftitutionum oratoriarum libri duodecim. *Parifiis, Rob. Stephanus*, 1542, *in*-4°, *v. f. d. f. t.*

955. M. Fabii Quinctiliani declamationes & de inftitutione oratoria libri duodecim ex recenfione Ulrici Obrechti. *Argentorati*, 1698, 2 *vol. in*-4°, *v. b.*

956. M. Fabii Quinctiliani de inftitutione oratoriâ libri duodecim, cum notis virorum doctorum curante Petro Burmanno. *Lugd. Bat.* 1720, 4 *vol. in*-4°, *c. m. m. r.*

957. L'inftitutioni oratorie di Quintiliano, tradotte da Oratio Tofcanella. *In Vinegia*, 1567, *in*-4°, *vél.*

958. Georgii Trapezuntii rhetorica nova. *Parif. Gourmont, abfque anno. in-fol. v. f. d. f. t.*

959. Defid. Erafmi de utraque verborum ac rerum copiâ libri duo. *Amft.* 1655, *in*-18, *m. verd.*

960. Defid. Erafmi de utraque verborum ac rerum copiâ libri duo. *Amftel.* 1662, *in*-12, *m. r.*

961. Defid. Erafmi dialogus Ciceronianus five de optimo genere dicendi. *Lugd. Bat.* 1643, *in*-18, *m. r.*

962. Dante de la volgare eloquenzia. *In Vicenza,* 1529, *in-fol. parch.*
963. Georgii Beckeri orator extemporaneus seu artis oratoriæ breviarium. *Amstel. Elzevier,* 1650, *in-12, m. r.*
964. Famiani Stradæ eloquentia bipartita. *Amst.* 1658, *in-12, m. r.*
965. Les fleurs du Bien-dire, recueillies ès cabinets des plus rares esprits du temps. *Paris,* 1603, 2 *vol. in-12, m. r.*

Orateurs Grecs.

966. Demosthenis & Æschinis opera, græcè & latinè, studio Hieronymi Wolfii. *Francofurii,* 1604, *in-fol. v. b.*
967. Demosthenis oratio de corona, græcè & latinè, cum notis variorum & Theoph. Christoph. Harles. *Altenburgi,* 1769, *in-8°, demi-rel.*
968. Lysiæ orationes XXXIV, græcè & latinè. *Marburgi-Cattorum,* 1683, *in-8°, v. f.*
969. Isocratis orationes, græcè. *Basileæ,* 1550, *in-8°, v. f. d. s. t.*
970. Isocratis orationes & epistolæ, græcè & latinè. *Parisiis, Henr. Stephanus,* 1593, *in-fol. v. f. d. s. t.*
971. Aristidis oratio contra Leptinem, Libanii declamatio pro Socrate, Aristoxeni rythmicorum elementorum fragmenta, græcè & latinè, edente Jac. Morellio. *Venetiis,* 1785, *in-8°, v. m.*
972. Polemonis, Himerii & aliorum quorumdam declamationes, græcè. *Parisiis, Henr. Stephanus,* 1567, *petit in-fol. m. bl.*

Orateurs Latins, Anciens & Modernes.

973. Marci Tullii Ciceronis opera. *Lugd. Gryphius*, 1547, 8 vol. *in-8°, vél.*
974. M. Tullii Ciceronis opera. *Parisiis, Car. Stephanus*, 1555, 4 vol. *in-fol. cart.*
975. Ejusd. M. Tullii Ciceronis opera omnia. *Lugd. Bat. ex officinâ Elzevirianâ*, 1642. 10 tomes, 8 vol. *in-12, vél.*
976. M. Tullii Ciceronis opera omnia, cum notis variorum curante Isaaco Verburgio. *Amstel.* 1724, 2 vol. *in-fol. v. b.*
977. M. Tullii Ciceronis opera, cum delectu commentariorum studio Josephi Oliveti. *Parif.* 1740, 9 vol. *in-4°, v. m. cartâ mediâ.*
978. Eadem M. Tullii Ciceronis opera. *Glasguæ, Foulis*, 1749, 20 vol. *in-18, v. f. d. f. t.*
979. M. Tullii Ciceronis de officiis libri tres, cum paradoxis & libro de confolatione. *Lugd. Bat. Elzevier*, 1642, *in-18, m. r.*
980. M. Tullii Ciceronis epistolæ ad Atticum & fragmenta. *Amstel. Elzevier*, 1642, 2 vol. *in-12, m. r.*
981. Œuvres de Cicéron, traduction nouvelle. *Paris*, 1783, 3 vol. *in-4°, g. p. br.*
982. Il dialogo dell' oratore di Ciceroni, trad. da Lodov. Dolce. *In Vinegia, Gabr. Giolito dè Ferrari*, 1555, *in-12, vél.*
983. Le orationi di Marco Tullio Cicerone, trad. da Lodovico Dolce. *In Vinegia, Giolito de Ferrari*, 1662, 3 vol. *in-4°, parch. verd.*
984. Di Marco Tullio Cicerone de gli uffici, &c. tradotte per un nobile Vinitiano. *In Vinegia*, 1528, *in-8°, v. b.*

985. Epiftole dette le familiari di Cicerone recate in italiano. *In Vinegia*, 1544, *in-8°, vél.*
986. Le lettere familiari latine di Cicerone commentate, in lingua volgare da Giov. Fabrini. *In Vinetia*, 1590, *in-fol. vél.*
987. Le Epiftole famigliari di Cicerone, gia tradotte & hora corrette da Aldo Manutio. *In Venetia*, 1736, 2 *vol. in-8°, br.*
988. Conciones & orationes ex hiftoricis latinis excerptæ. *Lugd. Bat. Elz.* 1649, *in-12, m. r.*
989. Conciones & orationes ex hiftoricis latinis excerptæ. *Amftel. Elzevier,* 1662, *in-12, m. r.*
990. Selecta ex Cicerone, Livio, Tacito, Velleio Paterculo & Plinio in ufum juventutis. *Etonæ*, 1759, *in-8°, v. m.*
991. Duodecim panegyrici veteres, cum notis Joanni Gruteri & aliorum. *Francofurti*, 1607, *in-18, m. bl.*
992. Epiftolæ & orationes Roberti Guaguini. *Parifiis,* 1497, *in-8°, m. r.*
993. Philippi Beroaldi orationes & carmina. *Brixiæ*, 1487, *in-4°, vél.*
994. Orationes, prælectiones, quædam mythicæ hiftoriæ, & poemata Philippi Beroaldi. *Parif. Crifpinus, abfque anno, in-4°, demi-rel.*
995. Stephani Doleti orationes duæ in Tholofam, Epiftolæ & carmina. *Lugd. abfque anno, in-8°, m. bl.*
996. Andreæ Naugerii orationes duæ carminaque nonnulla. *Venetiis*, 1530, *in-fol. vél.*
997. M. Antonii Mureti orationes & hymni. *Auguftoriti - Pictonum*, 1613, *in-18, m. bl.*
998. Marci-Antonii Mureti orationes, epiftolæ & poemata cura Joan. Erhardi Kappii. *Lipfiæ,* 1750, *in-8°, cart.*

999. Danielis Heinfii orationes. *Lugd. Bat.* 1620, *in-*8°, *m. r.*
1000. Danielis Heinfii orationes. *Lugd. Batav, Elzevier,* 1642, *in-*12 *m. r.*
1001. Dionyfii Petavii orationes, carmina & tragædiæ. *Parifiis,* 1620, *in-*12, *m. verd.*
1002. Erycii Puteani Suada Attica five orationes felectæ. *Amftel. Elzevier,* 1644, *in-*12, *m. r.*
1003. Cafpari Barlæi orationes. *Amftel.* 1644, *in-*12, *m. bl.*
1004. Antonii Æmilii orationes & poemata. *Trajecti ad Rhenum,* 1651, *in-*12, *baz.*
1005. Jacobi Facciolati orationes & alia ad dicendi artem pertinentia. *Lipfiæ,* 1751, *in-*8°, *m. r.*

POÉTIQUE.

Traités fur l'Art Poétique.

1006. La poetica d'Ariftotele vulgarifata & fpofta, per Lodov. Caftelvetro. *In Vienna d'Auftria,* 1570, *in-*4°, *v. b. Edizione originale e rara.*
1007. La medefima poetica d'Ariftotele vulgarizata & fpofta, per Lodov. Caftelvetro. *In Bafilea,* 1576, *in-*4°, *mout.*
1007. bis. Dominici Mariæ Becuccii ars metrica feu de Græcorum profodia tractatus. *Colle,* 1782, *in-*4°, *br.*
1008. Marii Victorini grammatici & rhetoris de orthographia & ratione carminum libri quatuor. — Servii Marii Honorati de pedibus verfuum, &c. libri duo. *Bafileæ,* 1584, *in-*8°, *vél.*
1009. Julii Cæfaris Scaligeri poetices libri feptem. *Genevæ,* 1561, *in-fol. m. r.*
1010. Georgii Fabricii Chemnicii de re poeticâ libri feptem. *Parif.* 1584, *in-*18, *m. verd.*

1010. *bis.* Gerardi Joan. Vossii poeticarum institutionum libri tres. *Amstelod. Elzevier*, 1647, *in-*4°, *v. b.*

POESIE HÉROIQUE, LYRIQUE, SATYRIQUE, ÉLÉGIAQUE.

POÉSIE GRECQUE.

Recueils de Poëtes Grecs.

1011. Gnomici poetæ græci. *Parisiis, Turnebus,* 1553, *in* 4°, *vél.*

1012. Theognidis & aliorum sententiæ, græcè & latinè : eædem latinis versibus redditæ à Jacobo Schegkio. *Basileæ*, 1563, *in-*12, *parch.*

1013. Theognidis, Phocylidis, Pythagoræ, Solosis, & aliorum poemata gnomica nec non Hesiodi heogonia & Theocriti, Bionis, Moschi Eidyllia, græcè & latinè. *Genevæ*, 1569, 2 *vol. in-*12, *m. verd.*

1014. Poesis philosophica seu reliquiæ Empedoclis, Xenophanis, Timonis, Parmenidis, Cleanthis & Epicharmi, græcè. *Parif. Henr. Stephanus*, 1573, *in-*8°, *m. verd.*

1015. Theognidis, Phocylidis, Pythagoræ, Solonis, & aliorum poemata gnomica, græcè & latinè, cum notis Fred. Sylburgii. *Ultrajecti*, 1659, *in-*12, *m. verd.*

1016. Theognidis, Phocylidis & Pythagoræ carmina, græcè, latinè & italicè, curante Angelo Maria Bandinio. *Florentiæ*, 1766, *in-*8°, *br.*

1017. Proverbiales græcorum versus curante Jos. Scaligero. *Lutetiæ, Morel*, 1593, *in* 4°, *v. f.*

1018. Anthologia sive florilegium diversorum epigrammatum veterum, græcè. *Parif. Henr. Stephanus*, 1566, *petit in-fol. parch.*

1019. Selecta epigrammata, græcè & latinè verſa ex ſeptem epigrammatum græcorum libris. *Baſileæ*, 1529, *in* 12, *v. f.*

1020. Epigrammata græca ſelecta ex anthologia, latinis verſibus reddita ab Henr. Stephano. *Pariſiis*, 1570, *in-8°, vél.*

1021. Epigrammata ex libris græcæ anthologiæ ſelecta & latinis verſibus reddita à Q. Septimio Florente Chriſtiano. *Lutetiæ, Rob. Steph.* 1608, *in-12, m. verd.*

1022. Sepulchralia carmina ex anthologia delecta, græcè & latinè, cum notis. *Lipſiæ*, 1745, *in-4°, v. f. d. ſ. t.*

1023. Poetæ græci principes heroici carminis græcè. *Pariſiis, Henr. Stephanus,* 1566, *in-fol. m. verd.*

1024. Carmina novem illuſtrium fœminarum græcè, cum notis. *Antuerpiæ, Plantin,* 1568, *in-8°, parch.*

1025. Heſiodi, Theognidis, Sybillæ, Muſæi & Orphei carmina, græcè. *Venetiis ex officinâ Farrea,* 1543, *in-8°, parch.*

1026. Ejuſdem Pindari & cæterorum octo lyricorum carmina, græcè & latinè. *Pariſ. Henr. Stephanus,* 1566, *2 vol. in-24, m. verd.*

1027. Poetæ græci lyrici novem, græcè & latinè. *Antuerpiæ, Plantin,* 1567, *in-18, m. verd.*

1028. Pindari & cæterorum octo lyricorum carmina, græcè & latinè. *Genevæ, Paulus Stephanus,* 1612, *2 vol. in-24, v. f.*

Poëtes Grecs, Epiques, Lyriques, &c.

1029. Homeri Ilias & Odyſſea græcè cum ſcholiis veteribus, ex recognitione Jac. Micylli & Joachimi Camerarii. *Basileæ, Hervagius*, 1541, *in-fol. vél.*

1030. Homeri Ilias, græcè. *Parif. Adr. Turnebus*, 1554, 3 *vol. in-*8°, *m. verd.*

1031. Homeri opera græco-latina studio Sebast. Castalionis. *Basileæ*, 1567, *in-fol. v. f.*

1032. Homeri Ilias & Odyssea, græcè & latinè, curante B. Giphanio. *Argentorati*, 1572, 2 *vol. in-*12, *vél.*

1033. Homeri Ilias & Odyssea, græcè & latinè. *Genevæ*, 1580, 4 *vol. in-*12, *m. r.*

1034. Homeri ilias & odissea, græcè & latinè. *Genevæ*, 1589, 2 *vol. in-*18, *m. verd.*

1035. Homeri Iliados libri primus, quintus & nonus, græcè, cum notis. *Lugd. Bat. Elzevier*, 1635, *in-*8°, *m. r.*

1036. Homeri Odysseæ libri octo latinis versibus redditi a Francisco Florido Sabino. *Parif. Vafcofan*, 1545, *in-*4°, *parch.*

1037. Homere, traduit en vers françois & autres poésies d'Amadis Jamyn. *Paris, Patiffon*, 1582, & *Rouen*, 1605, 2 *vol. in-*12, *m. verd.*

1038. L'opere d'Omero, tradotte in versi sciolti da Ant. Maria Salvini. *In Padova*, 1742, 2 *vol. in-*8°, *v. f.*

1039. Anacreontis & aliorum quorumdam odæ, græcè & latinè, cum annotationibus Henrici Stephani. *Parif. Morel*, 1556, *in-*8°, *m. verd.*

1040. Anacreontis Teii carmina, græcè & latinè, cum notis Will. Baxter. *Londini*, 1710, *in-*8°, *v. f.*

1041. Anacreontis carmina græcè. *Glafguæ, Foulis*, 1751, *in-*32, *m. verd.*

1042. Anacreontis carmina, græcè, edente Brunck. *Argentorati*, 1778, *in-*18, *m. cit.*

1043. Anacreontis carmina, græcè, edente Brunck. *Argentorati*, 1786, *in*-12, *m. r.*

1044. Odes d'Anacréon Teien, traduites en vers françois par Remi-Belleau. *Paris*, 1573, *in*-24, *v. m. d. f. t.*

1045. Les odes d'Anacréon, traduites en vers françois par Remy Belleau. *Lyon*, 1592, *in*-18, *m. verd.*

1046. Anacreonte tradotto in versi italiani, con la giunta del testo greco e della versione latina, di Giosue Barnes. *In Venezia*, 1736, *in*-4°, *v. f. d. f. t.*

1047. Le odi di Anacreonte e di Saffo recate in versi italiani da Franc. Saverio de' Rogati. *Colle*, 1782, 2 *vol. in*-8°, *mout.*

1048. Theocriti Eidillia, græcè. *Venetiis, ex officinâ Farreâ*, 1543, *in*-8°, *vel.*

1049. Theocriti aliorumque poetarum idyllia & epigrammata græcè & latinè. *Parisiis, Henr. Stephanus*, 1579, *in*-18, *m. verd.*

1050. Teocrito volgarizato da Domenico Regolotti. *Torino*, 1729, *in*-8°, *br.*

1051. Callymachi hymni & epigrammata, Bionis & Moschi idyllia, græcè & latinè. *Antuerpiæ, Plantin*, 1584, *in*-18, *v. f.*

1052. Callimachi hymni, epigrammata & fragmenta, græcè & latinè, cum notis Annæ Fabræ. *Parisiis*, 1675, *in*-4°, *v. f.*

1053. Callimachi hymni, græcè, cum latina interpretatione, & italicâ versione Ant. Mariæ Salvini. *Florentiæ*, 1764, *in*-8°, *v. m.*

1054. Lycophronis Chalcidensis Alexandra, græcè & latinè, cum Isacii Tzetzis commentariis & notis Guil. Canteri. *Genevæ, Paulus Stephanus*, 1601, *in*-4°, *v. f. d. f. t.*

1055. Apollonii Rhodii Argonautica, græcè. *Basileæ, 1541, in-12, peau de mouton.*
1056. Apollonii Rhodii Argonauticon libri tres, græcè, cum vetustis scholiis. *Parisiis, Henr. Stephanus, in-4°, parch.*
1057. Apollonii Rhodii Argonauticon libri quatuor, græcè, cum scoliis vetustis. *Parisiis, Henr. Stephanus, 1574, in-4°, v. f. d. f. t.*
1058. Arati Phænomena, græcè; eadem interpretibus Cicerone, Rufo Festo Avieno & Germanico Cæsare. *Parisiis, Morel, 1559, in-4°, m. r.*
1059. Arati Solensis apparentia, latinè & italicè, ab Ant. Maria Salvini. *Florentiæ, 1765, in-8°, v. m.*
1060. Musæi opusculum de amoribus Leandri & Herus, Guillelmo de Mara paraphraste. *Parif. 1538.* — Theocriti Idillia, Andrea Divo interprete. *Venetiis, 1539.* — Pomponii Gaurici, Francisci Petrarchæ, Joannis Boccaccii, & Joan. Bapt. Mantuani Bucolica. *Florentiæ, apud Giuntas, 1504, in-8°, parch.*
1061. Musæi de Herone & Leandro carmen versibus italicis redditum, ab Ant. Maria Salvini. *Florentiæ, 1765, in-8°, v. m.*
1062. Museus, ancien Poete grec des amours de Léandre & Hero, traduict en Rithme françoise, par Clément Marot. *Paris, 1541, in-8°, v. f. d. f. t.*
1063. Tryphiodori de excidio Trojæ carmen, græcè & latinè, cum italica interpretatione Ant. Mar. Salvini. *Florentiæ, 1765, in-8°, v. m.*
1064. Coluthi raptus Helenæ, græcè & latinè, cum metricâ interpretatione italicâ Ant. Mariæ Salvini. *Florentiæ, 1765, in-8°, v. m.*

1065. Nicandri Alexipharmaca, græcè & versibus latinis Joan. Gorræo interprete. *Parif. Vafcofan*, 1549, *in*-8°, *v. f.*

1066. Nicandri Theriaca & Alexipharmaca, Joh. Gorræus latinis versibus reddidit, italicis verò Ant. Mar. Salvinius. *Florentiæ*, 1764, *in*-8°, *m. r.*

1067. Cyri Theodori Prodromi Epigrammata vetustissima, græcè. *Basileæ*, 1536, *in*-8°, *v. b.*

1068. Synesii hymni, græcè & latinè. *Lugduni*, 1603, *in*-32, *m. r.*

1069. Homerici Centones, Virgiliani Centones, Nonni Paraphrasis Evangelii Joannis, græcè & latinè. *Parif. Henr. Stephanus*, 1578, *in*-18, *m. r.*

1070. Poesis christiana; Palæstinæ seu historiæ sacræ libri novem, versibus græcis & latinis, aut. Laurentio Rhodomano. *Francofurdi*, 1589, *in*-4°, *v. f. d. f. t.*

POESIE LATINE.

Collections des Poetes Latins anciens.

1071. Corpus omnium veterum Poetarum Latinorum, cum eorumdem italicâ versione metricâ. *Mediolani*, 1731 *& feq.* 36 *vol. in*-4°, *v. f.*

1072. Fragmenta Poetarum veterum Latinorum, quorum opera non extant. *Parif. Henr. Stephanus*, 1564, *in*-8°, *v. f.*

1073. Epigrammata & Poematia vetera. *Parif. Duval*, 1580, *in*-12, *m. bl.*

1074. Epigrammata & Poematia vetera. *Lugd.* 1596, *in*-12, *v. f.*

1075. Epigrammatum delectus ex omnibus tum

veteribus, tum recentioribus Poetis excerptus. *Parif.* 1659, *in-*12, *m. verd.*

1076. Poetarum veterum Chriſtianorum opera & fragmenta. *Bafileæ*, 1564, *in-*4°, *v. b.*

1077. Thefaurus Phrafium Poeticarum operâ Joan Buchleri. *Amftel.* 1665, *in-*12, *m. verd.*

Ouvrages des Poetes Latins anciens féparés.

1078. C. Lucilii fatyrarum reliquiæ, cum notis Jani Doufæ. *Lugd. Bat.* 1597, *in-*4°, *m. r.*

1079. Titus Lucretius Carus. *Venetiis, Aldus,* 1512, *in-*12, *m. verd. Editio fpuria.*

1080. Titi Lucretii Cari de rerum naturâ libri fex. *Lugd. Gryphius,* 1540, *in-*8°, *v. f.*

1081. Titi Lucretii Cari de rerum naturâ libri fex. *Lugduni, Gryphius,* 1548, *in-*18, *m. r.*

1082. Titi Lucretii Cari de rerum naturâ libri fex. *Londini, Tonfon,* 1713, *in-*12, *m. r.*

1083. Titi Lucretii Cari de naturâ rerum libri fex. *Londini, Brindley,* 1749, *in-*18, *m. r.*

1084. Titi Lucretii Cari de rerum naturâ libri fex. — Scipionis Capicii de pricipiis rerum libri duo. — Aonii Palearii de immortalitate animorum libri tres. *Patavii,* 1777, *in-*8°, *mout.*

1085. P. Virgilii Maronis Lufus five opufcula omnia; Maphæi Vegii duodecimi libri Æneidos fupplementum; diverforum Poetarum in Priapum Lufus. *Parifiis, Colines,* 1545, *in-*18, *m. verd.*

1086. P. Virgili Maronis Bucolica, Georgica & Æneis. *Venetiis,* 1548, *in-*12, *v. b. d. f. t. dent.*

1087. Publii Virgilii Maronis opera. *Lugduni, Gryphius,* 1555, *in-*18, *m. r.*

1088. P. Virgilii Maronis opera. *Parisiis, e Typographia Regia*, 1641, *in-fol. v. m.*
1089. P. Virgilii Maronis opera, cum notis Nic. Heinsii. *Patavii*, 1738, *in-8°, vél.*
1090. Publii Virglii Maronis Codex antiquissimus qui Florentiæ in Bibliotheca Medicéo-Laurentianâ adservatur, typis descriptus. *Florentiæ*, 1741. *in-4°, v. m.*
1091. Publii Virgilii Maronis opera. *Londini, Brindley*, 1744, *in-18, m. r.*
1092. Probæ Falconiæ Centones è Maronis carminibus concinnati de fidei christianæ Mysteriis. *Venetiis*, 1512, *in-8°, vél.*
1093. Les Œuvres de Virgile, traduites de latin en vers françois, par R. Le Blanc & Loys Desmasures. *Cologne*, 1615, 2 *vol. in-18, m. verd.*
1094. L'opere di Virgilio tradotte in versi sciolti da diversi autori & racolte da Lodovico Domenichi. *In Fiorenza*, 1556, *in-4°, parch.*
1095. L'Eneïde travestita di Gio. Battista Lalli. *In Roma*, 1634, *in-12, v. éc. d. s. t.*
1095 *bis*. The Works of Publ. Virgilius Maro translated, adorned With sculpture by John Ogilby. *London*, 1654, *in-fol. cart.*
1096. Virgilius Triumphans cum Psycomachiâ Virgilianâ operâ Alex. Rossæi. *Roterodami*, 1661, *in-12, m. r.*
1097. Catullus, Tibullus, & Propertius. *Paris. Colines*, 1543, *in-18, m. verd.*
1098. Catullus, Tibullus & Propertius cum Cornelii Galli fragmentis. *Antuerpiæ, Plantin*, 1560, *in-18, m. verd.*
1099. Catullus, Tibullus & Propertius cum Cornelii Galli fragmentis. *Amst. Elzevier*, 1651, *in-18, m. r.*

1100. Catullus, Tibullus, & Propertius. *Lutetiæ, Couftellier,* 1723, *in-*4°, *v. b.*
1101. Catulli, Tibulli, Propertii opera. *Londini, Brindley,* 1749, *in-*18, *m. r.*
1102. Albii Tibulli quæ exftant cum notis Brouckhufii. *Amftel.* 1708, *in-*4°, *v. b.*
1103. Elégies de Tibulle, traduites par Paftoret. *Paris,* 1784, *in-*8°, *v. f. d. /. t. pap. fin.*
1104. Sexti Aurelii Propertii Elegiarum libri quatuor, cum notis Brouckhufii. *Amft.* 1702, *in-*4°, *v. b.*
1105. Phædri fabularum Æfopicarum libri quinque. *Londini, Brindley,* 1750, *in-*18, *m. r.*
1106. Q. Horatii Flacci Poemata. *Parifiis, Vafcofan,* 1545, *in-*4°, *m. verd. à compart.*
1107. Quintus Horatius Flaccus, cum notis Dionyfii Lambini. *Lutetiæ, Macé,* 1567, *in-fol. v. f.*
1108. Quinti Horatii Flacci Poemata, cum notis & argumentis Henrici Stephani. *Parifiis, Henr. Stephanus, in-*8°, *v. f. d. f. t.*
1109. Quintus Horatius Flaccus cum Aldi Manutii & Ant. Mureti adnotationibus. *Lugduni, Gryphius,* 1592, *in-*18, *m. r.*
1110. Quintus Horatius Flaccus, cum notis Dan. Heinfii. *Lugd. Bat. Elzevier,* 1629, 3 *vol. in-*12, *m. cit.*
1111. Quinti Horatii Flacci poemata, cum notis Joannis Bond. *Amft. Elzev.* 1676, *in-*12, *m. bl.*
1112. Terentiani Mauri de litteris, fyllabis, & metris Horatii liber. — Probi grammatici inftituta artium. *Parifiis,* 1510, *in-*4°, *dem. rel.*
1112 *bis.* Sermoni altrimenti fatire e le morali epiftole di Horatio, ridotte in verfi fciolti da Lodov. Dolce. *In Vinegia, Giolito,* 1559, *in-*8°, *vél.*

1113. L'opere d'Oratio commentate in lingua volgare da Giov. Fabrini. *In Venetia*, 1573, *in-4°, vél.*
1114. Il canzoniere d'Orazio ridotto in versi toscani. *Venezia*, 1743, *in-8°, m. r.*
1115. Le opere di Q. Orazio Flacco nuovamente tradotte. *Siena*, 1782, 2 *vol. in-8°, dem. rel.*
1116. Publii Ovidii Nasonis opera ex recensione Danielis Heinsii. *Lugd. Bat. Elzevier*, 1629, 3 *vol. in-12, m. verd.*
1117. Publii Ovidii Nasonis opera, cum notis Nicol. Heinsii. *Amstel. Elzevier*, 1661, 3 *vol. in 12, m. r.*
1118. Publii Ovidii Nasonis opera quæ extant. *Londini, Brindley*, 1745, 5 *vol. in-18, m. r.*
1119. Les quinze livres de la Métamorphose d'Ovide, interprétez en rime françoise par François Habert. *Paris*, 1587, 3 *vol. in-18, m. verd.*
1120. Olympe ou Métamorphose d'Ovide, traduite par Du Bartas. *Genève*, 1609, 2 *vol. in-18, m. r. fig.*
1121. Les métamorphoses d'Ovide en latin & en françois, trad. par Du Ryer. *Bruxelles*, 1677, *in-fol. fig. v. b.*
1122. Les vingt & une epiſtres d'Ovide, traduites en vers françois par Charles Fontaine & autres. *Paris*, 1580, *in-18, v. f. d. f. t.*
1123. Le metamorphosi di Ovidio ridotte da Gio. Andr. d'ell' Anguillara, in ottava rima con le annotazioni di Gioseppe Horologgi. *In Vinegia, Giunti*, 1584, *in-4°, vél.*
1124. Le metamorfosi di Ovidio ridotte da Gio. Andrea dal' Anguillara in ottava rima. *In Venetia*, 1588, 3 *vol. in-24, m. r.*
1125. Epiſtole Eroiche di Ovidio Nasone tra-

dotte da Remigio Fiorentino. *In Parigi*, 1762, *in-4°, m. r.*

1126. Les contrepiſtres d'Ovide compoſées par Michel d'Amboyſe dit l'eſclave fortuné. *Paris*, 1542, *in-*12, *v. éc.*

1127. Jani Ulitii Venatio novantiqua, ſive Gratii Faliſci, Nemeſiani & Calpurnii Poemata cum notis. *Lugd. Bat. Elzevier*, 1643, *in-*12, *m. r.*

1128. Les Paſtorales de Nemeſien & de Calpurnius, trad. en françois par Mairault. *Bruxelles*, 1744, *in-*8°, *m. r.*

1129. Caii Valerii Flacci Argonauticon libri octo. *Antuerpiæ, Plantin*, 1566, *in-*18, *m. bl.*

1130. C. Valerii Flacci Argonautica, cum notis Nicol. Heinſii. *Lugd. Batav.* 1724, *in-*12, *m. verd.*

1131. M. Annæi Lucani de bello civili libri decem. *Lugduni, Jacobus Giunta*, 1535, *in-*8°, *v. f.*

1132. M. Annæi Lucani de bello civili libri decem. *Lugd. Gryphius*, 1547, *in-*18, *m. verd.*

1133. M. Annæi Lucani Pharſalia. *Amſt. Elzevier*, 1651, *in-*18, *m. r.*

1134. M. Annæi Lucani Pharſalia. *Londini, Brindley*, 1751, 2 *vol. in-*18, *m. r.*

1135. Supplementum Lucani, auth. Thomâ May. *Lugd. Bat.* 1646, *in-*12, *m. verd.*

1136. Ezræ de Clercq van Jever ſpecimen Selectarum obſervationum in M. Annæi Lucani Pharſaliam. *Lugd. Bat.* 1772, *in-*4°, *v. m.*

1137. Lucano delle guerre civili tradotto in verſi italiani da Giulio Morigi. *In Ravenna*, 1587, *in-*4°, *parch.*

1138. Silii italici de bello Punico libri ſeptemdecim. *Lugd. Gryphius*, 1547, *in-*18, *m. verd.*

1139. Silii italici de Bello Punico libri septem-decim. *Lugd. Gryphius*, 1551, *in*-18, *m. bl.*
1140. Papinii Surculi Statii opera quæ extant cum commentario Lactantii Placidi in Thebaida & Achilleida, curante F. Tiliobroga. *Parisiis*, 1600, *in*-4°, *vel.*
1141. Publii Papinii Statii opera cum observationibus ac commentariis, curâ Emerici Crucei. *Parisiis*, 1618, *in*-4°, *vel.*
1142. Publius Papinius Statius denuò emendatus. *Amst. Janson.* 1624, 2 *vol. in*-24, *m. verd.*
1143. Publii Papinii Statii opera ex recensione J. Frid. Gronovii. *Amst. Elzevier.* 1653, *in*-18, *m. r.*
1144. La Thebaide di Statio ridotta in ottava Rima dal sig. Erasmo di Valvasone. *In Venetia*, 1570, *in*-4°, *vel.*
1145. Junii Juvenalis & Auli Persii satyræ. *Lugd. Gryphius*, *in*-18, *v. f.*
1146. D. Junii Juvenalis & Auli Persii Flacci satyræ. *Lugduni, Gryphius*, 1560, *in*-18, *m. verd.*
1147. Auli Persii, Decii Juvenalis & Sulpiciæ satyræ. *Paris. Patisson*, 1585, *in*-8°, *v. f. d. s. t.*
1148. D. Junii Juvenalis satyræ. *Parisiis, e Typographiâ Regiâ*, 1644, *in-fol. v. b.*
1149. D. Junii Juvenalis & Auli Persii Flacci satyræ cum notis Th. Farnabii. *Amstel.* 1668, *in*-12, *m. verd.*
1150. Decii Junii Juvenalis & Auli Persii Flacci satyræ. *Amst. Elzevier*, 1671, *in*-18, *m. r.*
1151. Ejusd. D. Junii Juvenalis & Auli Persii Flacci satyræ. *Amstel.* 1735, *in*-18, *m. verd.*
1152. Decii Juvenalis & Auli Persii Flacci satyræ. *Londini, Brindley*, 1744, *in*-18, *m. r.*

1153. Perfius enucleatus five commentarius in Perfium auth. Davide Wedderburno. *Amft. Elzevier*, 1664, *in*-12, *m. r.*
1154. Les Satyres de Perfe, traduites en vers françois, avec des notes par Guill. Durand. *Paris*, 1586, *in*-8°, *v. f.*
1155. Perfio tradotto in verfo fciolto da Franc. Stelluti. *In Roma*, 1630, *in*-4°, *vél.*
1156. Martialis caftus ab omni obfcœnitate purgatus. *Lutetiæ, Vafcofan.*, 1554, *in*-4°, *m. r.*
1157. Marci Valerii Martialis Epigrammata. *Antuerpiæ, Plantin*, 1568, *in*-18, *m. verd.*
1158. M. Valerii Martialis Epigrammata. *Lugd. Gryphius*, 1584, *in*-18, *m. verd.*
1159. Marci Valerii Martialis Epigrammata, cum doctorum virorum commentariis. *Lutetiæ*, 1617, *in-fol, parch.*
1160. M. Valerii Martialis Epigrammata. *Amft. Elzevier*, 1650, *in*-24, *m. r.*
1161. M. Valerii Martialis Epigrammata. *Amft. Elzevier*, 1664, *in*-18, *m. r.*
1162. Claudii Rutilii Numatiani Galli itinerarium, cum notis diverforum, curâ Th. J. ab Almeloveen. *Amftel.* 1687, *in*-12, *v. f. d. f. t.*
1163. Claudii Claudiani opera. *Parif. Colines*, 1530, *in*-8°, *v. éc.*
1164. Cl. Claudiani quæ exftant, cum notis Nic. Heinfii. *Lugd. Bat. Elzevier*, 1650, *in*-12, *m. r.*
1165. Claudii Claudiani quæ exftant. *Amftel. Elzevier*, 1677, *in*-18, *m. r.*
1166. Decii Magni Aufonii Poemata. *Lugduni, Gryphius*, 1575, *in*-18, *m. verd.*
1167. D. Magni Aufonii opera ex recognitione Jof. Scaligeri. *Lugd. Bat.* 1612, *in*-24, *m. r.*

1168. Decii Magni Ausonii Burdigalensis opera. *Amstel.* 1669, *in-*24, *m. bl.*
1169. Decii Magni Ausonii Burdigalensis opera. *Amstel. Westein*, 1750, *in-*18, *m. r.*
1170. Lucii Cæcilii Lactantii Firmiani symposium sive centum Epigrammata Tristicha ænigmatica, cum notis Christ. Aug. Heumanni & Variorum. *Hanoveræ*, 1722, *in-*12, *v. f.*
1171. Aurelii Prudentii Clementis opera. *Lugd.* 1553, *in-*18, *m. verd.*
1172. Aurelii Prudentii Clementis quæ extant, cum notis Nic. Heinsii. *Amst. Elzevier*, 1667, *in-*12, *m. r.*
1173. Aurelii Prudentii Clementis opera quæ extant, ex recensione & cum notis Christ. Cellarii. *Halæ Magdeburgicæ*, 1703, *in-*8°, *v. b.*
1174. C. Juvencii, Cœlii Sedulii & Aratoris sacra Poesis. *Lugduni, de Tournes*, 1553, *in-*18, *m. r.*

Poetes Latins modernes.

Collections des Poetes Latins modernes.

1175. Flores & Farrago Poematum ex optimis quibusque Poetis per Leodegarium à Quercu selecti. *Parif.* 1560, 2 *vol. in-*18, *m. verd.*
1176. Illustrium Poetarum flores per Octavianum Mirandulam collecti. *Lugduni*, 1559, *in-*18, *m. verd.*
1177. Illustrium Poetarum flores collecti, per Octavianum Mirandulam. *Parif.* 1585, *in-*18, *v. f.*
1178. Cento Ethicus ex variis Poetis contextus, per Damasum Blyenburgium. *Lugd. Bat. Elzev.* 1599, *in-*8°, *m. verd.*

1179. Carmina illustrium Poetarum Italorum Jo. Matth. Toscanus conquisivit & recensuit. *Lutetiæ*, 1576, 2 *vol. in*-18, *m. verd.*

1180. Delitiæ Poetarum Italorum collectore Ranutio Ghero (Jano Grutero). *Francofurti*, 1608, 2 *tom.* 4 *vol. in*-18, *v. b.*

1181. Delitiæ Poetarum Gallorum collectore Ranutio Ghero (Jano Grutero). *Francofurti*, 1609, 3 *vol. in*-18, *v. b.*

1182. Delitiæ Poetarum Germanorum collectore A. F. G. G. *Francofurti*, 1612, 6 *vol. in*-18, *v. b.*

1183. Delitiæ Poetarum Belgicorum collectore Ranutio Ghero (Jano Grutero). *Francofurti*, 1614, 4 *vol. in*-18, *v. b.*

1184. Delitiæ Poetarum Scotorum hujus ævi illustrium. *Amstel.* 1637, 2 *tom.* 1 *vol. in*-18, *vél.*

1185. Deliciæ quorumdam Poetarum Danorum collectæ à Frederico Rostgaard. *Lugd. Batav.* 1693, 2 *vol. in*-18, *vél.*

1186. Carmina illustrium Poetarum Italorum. *Florentiæ*, 1719 *& seq.* 11 *vol. in*-12, *v. f.*

1187. Quinque illustrium Poetarum carmina. *Venetiis*, 1548, *in*-8°, *v. b.*

1188. Carmina quinque illustrium Poetarum Bembi, Naugerii, Cottæ, Castilioni & Flaminii. *Florentiæ*, 1552, *in*-18, *m. r.*

1189. Poetæ tres elegantissimi Mich. Marullus, Hieron. Angerianus, & Joan. Secundus. *Parif.* 1582. — Theodori Bezæ Juvenilia. *Ad insigne capitis mortui, in*-18, *m. verd. l. r.*

1190. Dominici Baudii amores, edente Petro Scriverio. *Lugd. Bat.* 1638, *in*-12, *m. r.*

1191. Septem illustrium virorum, Alex. Pollini,

Augustini Favoriti, Baronis de Furstenberg, Joan. Rotgeri Torckii, Natalis Rondinini, Stephani Gradii, & Virginii Cæsarini Poemata. *Amst. Elzevier,* 1672, *in-8°, cart.*

1192. Recentiores Poetæ Latini & Græci quinque curis Josephi Oliveti. *Lugd. Bat.* 1743, *in-8°, v. m.*

1193. Recentiorum Poetarum Germanorum carmina latina selectiora, ex recensione Joan. Tobiæ Roenickii. *Helmstadii,* 1749, 2 *vol. in-8°, v. m.*

1194. Hortus Epitaphiorum selectorum. *Paris.* 1648, *in-12, v. éc.*

1195. Thesaurus Epitaphiorum veterum ac recentium, studio Phil. Labbe. *Parisiis,* 1666, *in-8°, v. f.*

1196. Ænigmatologia sive Sylloge ænigmatum & griphorum convivalium recensente Nicolao Reusnero. *Francofurti,* 1602, *in-12, m. verd.*

Poetes Latins modernes, François de Nation.

1197. Marbodei galli Poetæ vetustissimi Dactylotheca. *Basileæ,* 1555, *in-8°, v. m.*

1198. De lubrico temporis curriculo carmen elegum fratris Simonis Nanquier, deque hominis miseriâ, & funere Caroli VIII regis Franciæ. *Parisiis, Jehan Petit, in-4°, m. r.*

1199. Recueil de vers latins & vulgaires de plusieurs Poetes françois, composés sur le trespas du Dauphin. *Lyon,* 1536, *in-8°, dem. rel.*

1200. Francisci Valesii galliarum regis fata, Stephano Doleto autore. *Lugduni,* 1539, *in-4°, m. r.*

1201. Salmonii Macrini carminum libellus. *Paris. Colines,* 1528, *in-8°, v. f.*

1202. Joan. Vulteii Remenfis epigrammata & alia Poemata. *Lugduni*, 1537, *in*-12, *v. f.*
1203. Joannis Vulteii Poemata. *Parifiis, Colines,* 1538, *in*-18, *m. bl.*
1204. Joannis Vulteii Poemata. *Parif. Colines*, 1538. — Œuvres de Loyſe Labbé Lyonnoiſe, du débat de folie & d'amour, avec ſes Poéſies. *Rouen,* 1556, *in*-18, *m. cit.*
1205. Claudii Roilleti Belnenſis varia Poemata. *Parifiis*, 1556, *in*-18, *m. r.*
1206. Theodori Bezæ Vezelii Poemata. *Parif. Henr. Stephanus*, 1569, *in*-8°, *v. f. d. ſ. t.*
1207. Theodori Bezæ Vezelii Poemata. Ad inſigne capitis mortui, abſque loco & anno, *in*-18. *v. m.*
1208. Joann. Bonefonii Patris Arverni opera omnia. *Amſtel.* 1727, *in*-12, *v. b.*
1209. Joan. Jacobi Boiſſarti Poemata. *Baſileæ,* 1574, *in*-18, *vél.*
1210. Henrici Stephani carmen de Senatulo fæminarum. *Argentorati*, 1596, *in*-4°, *v. f.*
1211. Jacobi Aug. Thuani Poemata ſacra. *Lutetiæ, Patiſſon*, 1599, *in*-12, *m. r.*
1212. Poſteritati, Jac. Auguſti Thuani Poematium, cum notis J. Melanchtonis. *Amſt. Elzev.* 1678, *in*-12, *m. r.*
1213. Franciſci Bencii Poemata, ejuſdem Ergaſtus & Philotimus Dramata. *Lugduni*, 1603, 2 vol. *in*-18, *m. verd.*
1214. Joannis Paſſeratii Poemata varia. *Parif.* 1606, *in*-8°, *v. b.*
1215. Franciſci Remondi Divionenſis Epigrammata & Elegiæ. *Rothomagi*, 1616, *in*-18, *m. bl.*
1216. Gilberti Ionini Arverni odarum libri duo & epodon liber unus. *Parif.* 1635, *in*-12. *m. verd.*

1217. Apologi Phædrii ex Ludicris J. Regnerii Belnenſis. *Divione*, 1643, *in-12, m. r.*
1218. Philomathi Muſæ Juveniles. *Pariſiis, è Typographiâ Regiâ, in-fol. v. f.*
1219. Philomathi Muſæ Juveniles. *Coloniæ Ubiorum*, 1645, *in-12, v. b.*
1220. Antonii Gariſſolii Adolphidos libri duodecim. *Montalbani*, 1649, *in-4°, v. f.*
1221. Laurentii Le Brun Eccleſiaſtes Salomonis paraphraſi Poeticâ explicatus, cum aliis Poematibus. *Rothomagi*, 1650, *in-12, m. verd.*
1222. Joan. Ludov. Guezii Balzacii carmina & epiſtolæ. *Pariſ.* 1651, *in-12, m. verd.*
1223. Joannis San-Geneſii Poemata. *Pariſ.* 1654, *in-4°, parch.*
1224. Divæ Magdalenæ ignes ſacri & piæ lacrymæ, aut. Petro Juſto Sautel. *Lugd.* 1656, *in-12, m. verd.*
1225. Luſus Poetici Allegorici, auct. Petro Juſto Sautel. *Lugd.* 1656, *in-12, m. verd.*
1226. Muſa Contemplatrix, auth. D. Simpliciano Gody. *Lugd.* 1660, *in-18, m. r.*
1227. Gabrielis Madeleneti carminum libellus. *Pariſiis*, 1662, *in-12, m. r.*
1228. Ægidii Menagii Poemata. *Amſt. Elzev.* 1663, *in-12, m. r.*
1229. Renati Rapini hortorum libri, Eclogæ & liber de carmine Paſtorali. *Lugd. Bat.* 1672, *in-12, m. bl.*
1230. Joannis Maury Sylvæ Regiæ ſive varia ejus Poematica. *Pariſ.* 1672, *in-12, m. verd.*
1231. Franciſci Vavaſſoris multiplex & varia Poeſis. *Pariſ.* 1683, *in-8°, v. m.*
1232. Hymni ſacri & novi, auctore Santolio. *Pariſ.* 1689, *in-12, m. noir.*

1233. Hymni sacri & novi, auctore Santolio, Victorino. *Parisiis*, 1698, *in*-12, *v. b.*
1234. Andreæ Frusii Poemata. *Lugduni*, 1694, *in*-18, *m. verd.*
1235. Musæ Subcesivæ seu Poetica Stromata, aut. Jac. Duporto. *Londini*, 1696, *in*-8°, *dem. rel.*
1236. Petri Danielis Huetii carmina. *Paris.* 1709, *in*-12, *m. r.*
1237. Fr. De Salignac de La Motte Fenelon fata Telemachi latino carmine reddita. *Berolini*, 1743, *in*-8°, *v. f. fig.*
1238. Sibylla Capitolina, P. Virgilii Maronis Poemation. *Oxonii*, 1726, *in*-8°, *v. f.*

Poetes Latins modernes, Italiens de Nation.

1239. Petri d'Ebulo carmen de motibus siculis & rebus a Tancredo gestis, edente Samuele Engel. *Basileæ*, 1746, *in*-4°, *cart.*
1240. Francisci Philelfi satyræ. *Venetiis, per Bernardinum Vercellensem*, 1502, *in*-4°, *m. verd. Editio rarissima.*
1241. Actii Sinceri Sannazarii de partu virginis libri tres, lamentatio de morte Christi & Piscatoria. *Paris. Rob. Stephanus*, 1527, *in*-8°, *vel.*
1242. Jacobi Sannazarii opera Poetica. *Lugduni*, 1577, *in*-18, *m. verd.*
1243. Jacobi sive Actii Synceri Sannazarii Poemata. *Patavii*, 1719, *in*-4°, *br.*
1244. Baptistæ Mantuani Carmelitæ opera. *Bononiæ*, 1502, *in-fol. cart. Editio optima & rara.*
1245. Novem J. Bapt. Mantuani opera præter ætera Moralia. *Paris. Jehan Petit*, 1507, *in-fol. v. f.*

1246. Pacifici Maximi Poetæ Asculani opera poetica, *in-12*, *vél.*
1247. Poemata & alia opuscula M. Antonii Sabellici. *Venetiis*, 1502, *in-fol. cart. Edit. rara.*
1248. Lidii Catti Poemata. *Venetiis, Joan. Tacuinus*, 1502, *in-4°*, *dem. rel.*
1249. Antonii Mancinelli sermonum decas & Poemata. *Romæ, in-4°, m. r.*
1250. Jesuis Hieronymi de Vallibus Patavini, passionem Christi heroicis carminibus exhibens. *Parif. Jehan Petit, in-4°, dem. rel.*
1251. Marci Hieronymi Vidæ Poemata latina. *Romæ*, 1527, *in-8°*, *vél.*
1252. Marci Hieronymi Vidæ opera poetica. *Lugd. Gryphius*, 1559, *in-18, m. cit.*
1253. Marci Hieron. Vidæ Poemata omnia. *Patavii*, 1731, 2 vol. *in-4°, mout.*
1254. Lancini Curtii Epigrammaton libri decem decados secundæ. *Mediolani*, 1521, *in-fol. vél.*
1255. Mariangeli Accursii Coryciana sive Poematum libri tres. *Romæ*, 1524, *in-8°, vél.*
1256. Perisauli Faustini Tradocii de honesto appetitu & de triumpho stultitiæ carmina. *Venetiis*, 1524, *in-12, cart.*
1257. Marci Antonii, Joannis Antonii, & Gabrielis Flaminiorum carmina. *Patavii*, 1743, *in-8°, vél.*
1258. Pierii Valeriani amorum libri quinque. *In Vinetia*, 1549, *in-12, parch.*
1259. Hieronymi Fracastorii Syphilis sive Morbus Gallicus. *Romæ*, 1531, *in-4°, v. f.*
1260. Hieronymi Fracastorii Poemata, accesserunt reliquiæ carminum Joan. Cottæ, Jac. Bonfadii, Adami Fumani, & Nic. Archii. *Patavii*, 1718, *in-8°, v. m.*

1261. Hieron. Fracaſtorii, Adami Fumani & Nicolai Archi Comitis Carmina. *Patavii*, 1739, *2 vol. in-4°, mout.*

1262. Marcelli Palingenii Zodiacus vitæ. *Lugd.* 1556, *in-18, m. r.*

1263. Natalis Comitum Veneti Poemata. *Venetiis*, 1550, *in-8°, vél.*

1264. Fratris Nicolai Vallæ ordinis Minorum Seraphica Sylva. *Florentiæ*, 1460 pro 1560, *in-4°, dem. rel.*

1165. Marcelli Palingenii Zodiacus vitæ. *Pariſ.* 1679, *in-18, m. r.*

1266. Marcelli Palingenii Zodiacus vitæ. *Roterodami*, 1722, *in-12, m. bl.*

1267. T. Helii Victoris Faneſtris Phellina. *Fani*, 1562, *in-12, parch.*

1268. Hieronymi Catenæ Latina monumenta ſeu Poemata. *Papiæ*, 1577, *in-8°, parch.*

1269. Petri Angelii Bargæi Poemata omnia. *Florentiæ, apud Juntas*, 1568, *in-8°, vél.*

1270. Petri Angelii Bargæi Syriados libri quatuor. *Lutetiæ, Patiſſon*, 1582, *in-fol. v. f.*

1271. Petri Angelii Bargæi Syriados libri duodecim. *Florentiæ*, 1591, *in-4°, vél.*

1272. Fœlicis Faciutæ Melphitani Paſtoralia & alia Poemata. *Florentiæ*, 1576, *in-12, br.*

1273. Jo. Bapt. Pinelli Carmina. *Florentiæ*, 1593, *in-4°, parch.*

1274. Joan. Bapt. Pinelli Genuenſis Carmina. *Florentiæ*, 1594, *in-4°, vél.*

1275. Jo. Bapt. Pinelli Genuenſis Carminum libri quatuor. *Genuæ*, 1605, *in-8°, m. r.*

1276. Julii Cæſaris Scaligeri Poemata omnia. *Ex Bibliopolio Commeliniano*, 1600, *in-8°, v. b.*

1277. Cardinalis Barberini posteà Urbani VIII Papæ, Poemata. *Romæ*, 1640, *in-12, m. verd.*
1278. J. Isacii Pontani Poematum libri sex. *Amstel.* 1634, *in-18, m. r.*
1279. Achillis Ægidii Clareidos libri tres. *Florentiæ*, 1631, *in-4°, br.*
1280. Ugolini Verini Poetæ Florentini de illustratione urbis Florentiæ libri tres. *Florentiæ*, 1636, *in-4°, br.*
1281. Vincentii Guinifii Lucensis Poesis. *Paris.* 1639, *in-12, baz.*
1282. Sexti Guarini Ferrariensis Elogia & Carmina. *Brixiæ*, 1644, *in-4°, parch.*
1283. Aloysii Juglaris Poemata. *Genuæ*, 1653, *in-24, m. verd.*
1284. Petri Possini variorum carminum libri tres. *Romæ*, 1674, *in-8°, dem. rel.*
1285. Thomæ Strozzæ Neapolitani Poemata varia. *Neapoli*, 1689, *in-4°, m. r.*
1286. Lucii Sectani de totâ Græculorum hujus ætatis litteraturâ sermones quatuor. *Genevæ*, 1737, *in-4°, vél.*
1287. Ludovici Sergardii antehac Q. Sectani Satyræ & alia opera. *Lucæ*, 1783, 4 *vol. in-8°, br.*
1288. Regiæ Villæ poeticè descriptæ, & Victori Amedeo II, Sabaudiæ duci dicatæ à Camillo Mariâ Audiberto. *Augustæ-Taurinorum*, 1711, *in-4°, vél. fig.*
1289. Joannis Ant. Vulpii Carmina & Orationes. *Patavii*, 1725, *in-4°, br.*
1290. Caroli Noceti de Iride & Auroraâ boreali carmina. *Romæ*, 1747, *in-4°, v. f.*
1291. Marci Antonii Comitis de Miniscalchi Carmina. *Veronæ*, 1769, *in-4°, vél.*

1291 *bis*. Cajetani Migliore Inscriptiones & Carmina, edidit Josephus Testa. *Ferrariæ*, 1789, *in-4° maj. br.*

Poetes Latins modernes, Belges de Nation.

1292. Ambrosii Novidii Fracci Fastorum sacrorum libri duodecim. *Antuerpiæ,* 1559, *in-*18, *m. verd.*
1293. Francisci Hæmi Insulani Poemata. *Antuerpiæ, Plantin,* 1578, *in-*18, *m. verd.*
1294. Jani Lernutii Carmina. *Antuerpiæ, Plantin,* 1579, *in-*8°, *dem. rel.*
1295. Davidis Psalmi omnes latino carmine redditi per Jac. Latomum. *Antuerpiæ, Plantin,* 1587, *in-*12, *vel.*
1296. Eidyllia sacra in utrumque Testamentum, per Robertum Obrizium. *Duaci,* 1587, *in-*8°, *parch.*
1297. Joannis Secundi Opera, ex musæo Petri Scriverii. *Lugd. Bat.* 1651, *in-*12, *v. éc. d. s. t.*
1298. Benedicti Ariæ Montani Poemata. *Antuerpiæ, Plantin,* 1589, *in-*12, *m. r.*
1299. Benedicti Ariæ Montani Hymni & Secula. *Antuerpiæ, Plantin,* 1593, *in-*18, *m. verd.*
1299. *bis.* Humanæ salutis monumenta B. Ariæ Montani studio constructa & decantata. *Antuerpiæ, Plantin,* 1571, *in-*8°, *v. b. fig.*
1300. Hadriani Junii Poemata. *Lugduni-Bat.* 1598, *in-*8°, *m. r.*
1301. Ephemerides Ecclesiasticæ sive Fastorum sacrorum compendium, auct. Nicolao Oudaert. *Antuerpiæ,* 1601, *in-*12, *m. bl.*
1302. Joannis Meursii Poemata. *Lugd. Bat.* 1602, *in-*12, *dem. rel.*
1303. Jani Dousæ filii Poemata. *Lugd. Batav.* 1607, *in-*18, *m. verd.*

1304. Joannis Roferii Orchiaceni Rofetum poeticum. *Duaci*, 1616, *in-8°, v. m.*

1305. Cafparis Barlæi Poemata. *Lugd. Batav. Elzevier,* 1631, *in-12, m. r. à comp.*

1306. Cafparis Barlœi Poemata. *Amftelod. Blaeu,* 1655, 2 *vol. in-12, m. r.*

1307. Danielis Heinfii Poemata. *Lugd. Batav. Elzevier,* 1621, *in-12, m. r.*

1308. Danielis Heinfii Poema de contemptu mortis. *Lugd. Bat.* 1621, *in-4°, m. r.*

1309. Auguftini Mafcardi Sylvarum libri quatuor. *Antuerpiæ*, 1622, *in-4°, parch.*

1310. Caroli Malapertii Poemata. *Dilingæ*, 1622, *in-18, m. bl.*

1211. Bernardi Bauhufii, Balduini Cabillavi, & Caroli Malapertii Poemata. *Antuerpiæ*, 1634, *in-24, v. f.*

1312. Balduini Cabillavi Poematum libri quatuor. *Antuerpiæ*, 1636, *in-8°, m. bl.*

1313. Pia defideria emblematis, elegiis & affectibus fanctorum Patrum illuftrata ab Hermanno Hugone. *Antuerpiæ,* 1628, *in-12, m. verd, fig.*

1314. Flammulæ amoris fancti Auguftini verfibus & iconibus exornatæ, auct. Michaele Hoyero. *Antuerpiæ,* 1629, *in-12, m. bl.*

1315. Pia hilaria Angelini Gazæi. *Antuerpiæ,* 1629, *in-18, m. bl.*

1316. Pierii Winfemii Amores. *Franekeræ,* 1631, *in-12, m. bl.*

1317. Jacobi Zevecotii Poemata. *Amftelod.* 1640, *in-18, m. verd.*

1318. Reineri Neuhufii Poemata juvenilia. *Amft.* 1644, 2 *vol, in-12, m. r.*

1319. Conftantini Hugenii Poematum libri undecim. *Lugd. Bat. Elzevier*, 1654, *in-8°, m. r.*

1320. Hugonis Grotii Poemata omnia. *Amstel.* 1670, *in-12, m. bl.*

1321. Joannis Vincartii de Cultu Deiparæ libri tres. *Insulis*, 1648, *in-12, m. r.*

1322. Nicolai Heinsii Poemata. *Lugd. Bat. Elzevier*, 1653, *in-12, m. r.*

1323. Joh. Pincieri Ænigmatum libri tres cum solutionibus. *Hagæ-Comitum*, 1665, *in-12, m. r.*

1324. Jacobi Wallii Poemata. *Antuerpiæ, ex Officinâ Plantinianâ*, 1657, *in-12, m. verd.*

1325. Jacobi Wallii Poemata. *Antuerpiæ, ex Officinâ Plantinianâ*, 1669, *in-12, m. r.*

1326. Roberti Keuchenii Musæ juveniles. *Amstel.* 1662, *in-12, v. f.*

1327. Casparis Kinschotii Poemata. *Hagæ-Comitis*, 1685, *in-12, v. f.*

1328. Andreæ van de Wiele Epigrammata sacra. *Amstelod.* 1707, *in-12, dem. rel.*

1329. Jani Broukhusii Poemata. *Amstel.* 1711, *in-4°, c. m. v. b.*

1330. Fasciculus Poematum Diderici Liebergii edente Arn. Henr. Westerhovio. *Goudæ*, 1718, *in-8°, v. m.*

1331. Phil. Gul. Croyzé Otia poetica. *Hagæ-Comitum*, 1746, *in-8°, v. m.*

1332. Marii Curilli Groningensis Satyræ. *Groningæ*, 1758, *in-12, dem. rel.*

1333. Joannis Arntzenii Poemata & Orationes tres. *Leovardiæ*, 1762, *in-8°, v. m.*

Poetes Latins modernes, Anglois & Écossois de Nation.

1334. Thomæ Mori Utopia & Epigrammata.

Basileæ, 1518. — Desiderii Erasmi Epigrammata. *Ibid. in-4°, v. f. d. s. t.*

1335. Psalmorum Davidis Paraphrasis poetica, auth. Georg. Buchanano; ejusdem Tragædia Jephtes. *Paris. Henr. Stephanus*, 1566, *in-18, m. r.*

1336. Georgii Buchanani Poemata. *Lugd. Bat. Elzevier*, 1628, *in-24, m. r.*

1237. Virgilii evangelisantis Christiados libri tredecim ab Alex. Rosæo. *Roterodami*, 1653, *in-12, m. verd.*

1238. Epigrammata Joannis Oweni & Alberti Ines Acroamata. *Amstel. Elzevier*, 1679, *in-18, m. r.*

1339. Joan. Oweni Cambro Britanni Epigrammata. *Lugd. Batav. Hackius*, 1682, *in-24, v. b.*

1340. Les pensées ingénieuses ou les Epigrammes d'Owen, traduites en vers françois par M. L. B. *Paris*, 1710, *in-12, m. r.*

1341. Arturi Jonstoni Psalmorum Davidis paraphrasis poetica. *Amstel.* 1706, *in-12, m. r.*

Poetes Latins modernes, Allemands, Polonois, &c.

1342. Stultifera navis per Sebastianum Brant, versibus latinis. 1498, *sine loco, in-4°, parch. fig.*

1343. Conradi Celtis Protucii Germani, poetæ laureati, Amorum libri quatuor, & alia opuscula. *Norimbergæ*, 1502, *in-4°, m. verd. Opus rarissimum.* La derniere page de l'Epître dédicatoire à l'Empereur Maximilien est refaite à la plume; il manque une double figure servant de frontispice; du reste l'exemplaire est bien conservé.

1344. Triumphus Venereus & alia Poematia Henrici Bebelii. *Tubingæ*, 1508, *in-*4°, *dem. rel. Liber rarus.*

1345. Urbs Noriberga illustrata carmine heroico, per Helium Eobanum Hessum. *Noribergæ*, 1532, *in-*4°, *v. f. d. s. t.*

1346. Ulrichi Hutteni Opera poetica. *Moguntiæ*, 1538, *in-*12, *dem. rel.*

1347. Joannis Lotichii Hadamarii Ænigmatum libellus. *Marpurgi*, 1540, *in-*12, *v. b.*

1348. Poemata Georgii Sabini Brandeburgensis. *Lipsiæ*, 1589, *in-*8°, *parch.*

1349. Caroli a Skop alias Tluk Epigrammatum libri quatuor. *Francofurti*, *in-*12, *m. verd.*

1350. Jacobi Lectii Poemata varia. *Genevæ*, 1609, *in-*12, *v. b.*

1351. Frider. Dedekindi Ludus satyricus de morum simplicitate seu rusticitate, vulgò dictus Grobianus. *Lugd. Bat.* 1631, *in-*12, *m. bl.*

1352. Grobianus & Grobiana, sive de morum simplicitate, auct. Friderico Dedekindo. *Hardervici*, 1650, *in-*12, *m. verd.*

1353. Jacobi Bidermanni Heroides, Epigrammata & Herodias. *Antuerpiæ*, 1634, *in-*24, *m. cit.*

1354. Matthiæ Casimiri Sarbievii Carmina. *Antuerpiæ, ex officinâ Plantinianâ*, 1634, *in-*24, *m. verd.*

1355. Jani Bodecheri Banningii Poemata. *Lugd. Bat.* 1637, *in-*18, *m. verd.*

1356. Jacobi Balde Sylvæ lyricæ. *Coloniæ-Ubiorum*, 1646, *in-*12, *v. b.*

1357. Friderici Hoffmanni Epigrammata. *Amst.* 1665, *in-*12, *m. verd.*

POETES MACARONIQUES.

1358. Opus Merlini Coccaii (Theoph. Folengii) Macaronicorum. *Tusculani*, 1521, *in-12, m. verd. Editio rarissima.*
1359. Ejusd. Merlini Coccaii (Theophili Folengii) Macaronicorum opus. *Venetiis*, 1573, *in-12, m. verd.*
1360. Magistri Stopini Poetæ Ponzanensis Capriccia macaronica. *Venetiis*, 1651, *in-18, v. f.*
1361. L'Eschole de Salerne en vers burlesques, & duo Poemata Macaronica de Bello Huguenotico. *Amst. Elz.* 1651, *in-18, m. r.*
1362. Antonius de Arena (de la Sable) Provençalis ad suos compagnones. *Londini*, 1758, *in-12, pap. fort. v. f. d. s. t.*

POÉSIE FRANÇOISE.

Poetes François des premiers âges jusqu'à Marot.

1363. Le Romant de la rose, translaté de rime en prose, par Molinet. *Paris*, 1503, *in-4°, v. b. Goth. fig. en bois.*
1364. Les faicts & dicts de feu de bonne mémoire, Maistre Jehan Molinet. *Paris*, 1531, *in-4°, v. b.*
1365. Le Romant des trois Pelerinaiges, par Guillaume Déguileville. *Paris, Jehan Petit, sans date, in-4°, m. r.*
1366. Le premier Pelerinaige qui est de la vie humaine, par le même G. Déguileville. *Paris, Anthoine Verard,* 1511, *pet. in-fol. Goth. dem. rel. fig.*

1367. Le recueil des repues franches, & le teſtament de François Villon. *Edit. goth., ſans nom de Ville ni d'Imprimeur, & ſans date, une note manuſcrite à la tête du volume marque la date de 1489. in-12, v. m. Pluſieurs feuillets ſont piqués de ver, & d'autres ſont refaits à la plume.*

1368. Les œuvres de François Villon. *Paris, Galliot du Pré, 1532, in-18, m. bl.*

1369. Les Lunettes des Princes, enſemble pluſieurs additions & ballades, par Jehan Meſchinot. *Paris, Galliot du Pré, 1528, in-18, m. r.*

1370. Les Lunettes des Princes avec aulcunes balades, compoſées par Jehan Meſchinot. *Paris, 1539, in-18, v. éc.*

1371. Le ſéjour d'honneur par Octavien de Saint-Gelais, évêque d'Angoulefme. *Paris, 1519, in-8°, m. r.*

1372. Le Vergier d'honneur de l'entreprinſe & voyage de Naples, par Octavien de St.-Gelais, évêque d'Angoulefme. *Paris, ſans date, petit in-fol. m. r. goth.*

1373. Le grand naufraige des fols qui ſont en la nef d'inſipience. *Paris, Denis Janot, ſans date, in-8°, m. r. fig.*

1374. Le jardin de Plaiſance & fleur de Réthorique. *Paris, Jehan Petit, ſans date, in-4°, v. f.*

1375. Le même jardin de Plaiſance & fleur de Réthorique. *Paris, Le Noir, ſans date, in-4°, m. cit.*

1376. Opuſcules du traverſeur des voies périlleuſes (Jean Bouchet). *Poictiers, 1526, in-8°, v. f. goth.*

Poetes François depuis Marot jusqu'au regne de Louis XIV.

1377 Le livre de plusieurs pieces, recueilli de Marot & autres. *Lyon*, 1549, *in-*12, *v. m.*

1378. L'œuvre chrétienne de tous les Poetes françois, recueillie de Marot, Ronsard, Bellay, &c. *Lyon*, 1652, *in-*18, *m. verd.*

1379. Les Muses ralliées, par Despinelles. *Lyon*, sans date, 2 vol. *in-*18, *m. r.*

1380. Recueil des plus belles pieces des Poetes françois. *Paris, Barbin.* 1692, 5 vol. *in-*12, *m. r.*

1381. Les œuvres de Clement Marot de Cahors. *Lyon, Estienne Dolet*, 1545, *in-*12, *m. r.*

1382. Les œuvres de Clement Marot. *Lyon, de Tournes*, 1579, *in-*18, *m. bl.*

1383. Les œuvres de Clement Marot. *Niort*, 1596, *in-*18, *m. r.*

1384. Les œuvres de Clement Marot. *La Haye*, 1702, 2 tom. en un vol. *in-*12, *m. r.*

1385. La parfaicte Amye, composée par Antoine Heroet dict la Maison-Neufve. *Troyes*, 1542, *in-*12, *v. f.*

1386. Les Muses françoises ralliées de diverses pars. *Paris*, 1599, *in-*12, *m. verd.*

1387. Œuvres poétiques de Mellin de S.-Gelais. *Lyon, Rigaud*, 1582, *in-*18, *m. r.*

1388. Œuvres poétiques de Mellin de St.-Gelais. *Paris, Coustellier*, 1719, *in-*12, *v. b.*

1389. Delie object de plus haulte vertu, par Maurice Sceve. *Paris*, 1564, *in-*18, *v. m. d. f. t.*

1390. Poésies de Guy Lefevre de la Boderie. *Paris*, 1578 & 1579, 3 vol. *in-*18, *v. m.*

1391. Les Œuvres & Mélanges poétiques de Pierre

Le Loyer, ensemble la Comédie Nephelococugie ou la Nuée des Cocus. *Paris, 1579, in-12, v. f. d. s. t.*

1392. Sonnets spirituels recueillis par Jacques de Billy. *Paris, 1578, in-18, m. verd.*

1393. La défense & illustration de la Langue françoise, & diverses Poésies de Joachim du Bellay. *Paris, 1561, in-4°, v. f. d. s. t.*

1394. Les Œuvres françoises de Joachim du Bellay. *Paris, 1584, 2 vol. in-12, m. verd. dent.*

1395. Les premieres Œuvres de Philippe-Desportes. *Paris, Mamert-Patisson, 1579, in-4°, v. b.*

1396. Les premieres Œuvres de Philippe-Desportes. *Paris, Patisson, 1587, in-12, m. r.*

1397. Les premieres Œuvres poétiques de Joachim-Blanchon. *Paris, 1583, in-12, dem. rel.*

1398. Les Œuvres de Guillaume de Saluste, seigneur du Bartas. *Paris, 1583, in-12, v. porph. d. s. t.*

1399. Les Appréhensions spirituelles, Poemes & autres Œuvres philosophiques, avec les recherches de la Pierre philosophale, par F. Beroalde de Verville. *Paris, 1584, in-12, m. r.*

1400. L'idée de la République, de François de Beroalde de Verville. *Paris, 1584, in-12, m. r.*

1401. Les trois livres des Météores & autres Œuvres poétiques d'Isaac Habert. *Paris, 1585, in-12, m. r.*

1402. Les Cantiques du sieur de Maisonfleur. *Paris, 1586, in-12, m. verd.*

1403. Quatrains spirituels de l'honnête amour, par Y. Rouspeau. — La Grandeur de Dieu, par P. du Val, évêque de Seès. — Les Quatrains de Pibrac. *Paris, Houzé, 1586, 2 vol. in-12, m. verd.*

1404. Les sept livres des honnestes loisirs de la Motte-Messemé. *Paris*, 1587, *in-*12, *m. verd.*

1405. Imitations tirées du latin de Jean Bonnefons, avec autres Poésies, par Gilles Durand. *Paris*, 1588, *in-*12, *v. m.*

1406. Les Cantiques du sieur de Valagre & du sieur de Maisonfleur. *Lyon*, 1591, *in-*18, *m. verd.*

1407. Le Mespris de la vie & Consolation contre la mort, par Jean-B. Chassignet. *Besançon*, 1594, *in-*12, *m. r.*

1408. Les loyales & pudiques Amours de Scalion de Virbluneau. *Paris*, 1599, *in-*12, *v. m. d. s. t.*

1409. Œuvres poétiques de Scévole de Sainte-Marthe. *Poitiers*, 1600, *in-*12, *v. f.*

1410. Les angoisses & remedes d'Amours du Traverseur à son adolescence, par Anth. P. de Suse. *Rouen*, 1602, *in-*12, *m. r.*

1411. La Muse guerriere, par le sieur de Trelon. *Rouen*, 1604, *in-*12, *v. b.*

1412. Le Cavalier parfait du sieur de Trellon, où sont comprinses toutes ses Œuvres. *Lyon*, 1614, 2 *vol. in-*12, *v. b.*

1413. Le Songe de Scipion, Poeme héroique, par Cesar de Nostradame. *Tolose*, 1606, *in-*12, *v. m. d. s. t.*

1414. Les Œuvres du sieur de la Roque. *Paris*, 1609, 2 *vol. in-*12, *v. m.*

1415. Le cabinet des Muses ou recueil des plus beaux vers du tems. *Rouen*, 1619, *in-*12. *m. verd.*

1416. La Sireine d'Honoré d'Urfé. *Lyon*, 1617, *in-*12, *baz.*

1417. Le Philandre de Francois Maynard. *Paris*, 1623, *in-*12, *v. m. d. s. t.*

1418. Les Amours & autres Poésies de Tristan. *Paris*, 1662, *in-*12, *vél.*

1419. Les Œuvres de Maiſtre Françoys Philon, advocat. *Agen, 1640, in-8°, m. verd.*

Poetes François depuis le commencement du regne de Louis XIV juſqu'à nos jours.

1420. L'Eſlite des bouts rimez de ce tems. *Paris, 1651, in-18, v. m.*
1421. Divers inſectes, pieces de Poéſie, par Perrin. *Paris, 1645, in-12, v. m.*
1422. Les Promenades de Richelieu, Poeme, par J. Deſmarets. *Paris, 1653, in-8°, v. m. d. ſ. t.*
1423. Moyſe ſauvé, Idylle héroique, par Saint-Amant. *Leyde, Elzev. 1654, in-12, m. r.*
1424. Ouvrages poetiques de M. le Vaſſeur. *Paris, Sercy, 1655, in-12, m. r.*
1425. La Stimmimachie ou le grand Combat des Médecins modernes, touchant l'uſage de l'Antimoine, Poeme hiſtori-comique. *Paris, 1656, in-12, v. m. d. ſ. t.*
1426. Deſcription de la ville d'Amſterdam, en Vers burleſques, par Pierre Le Jolle. *Amſt. 1666, in-12, m. verd.*
1427. Nouvelles en Vers tirées de Boccace & de l'Arioſte, par La Fontaine. *Paris, Barbin, 1665, in-12, m. r.*
1428. La Muſe Dauphine, par le ſieur de Subligny. *Paris, 1667, in-12, m. r.*
1429. Valantins, Queſtions d'amour & autres Pieces galantes. *Paris, 1669, in-12, m. r. dent.*
1430. Œuvres poétiques du P. Le Moyne. *Paris, 1671, in-fol. v. m. fig. de Chauveau.*
1431. Le Lutrin, Poeme de Boileau-Deſpréaux, traduit en Vers latins. *Paris, 1788, in-8°, v. éc. fig.*

1432. Madrigaux de M. de La Sabliere. *Paris*, 1758, *in*-18, *m. r.*

1433. Poéſies du P. Sanlecque. *Harlem*, 1726, *in*-12, *v. f.*

1434. L'Art de peindre, Poeme, par Watelet. *Paris*, 1760, *in*-4°, *v. f. d. ſ. t.*

Poetes Provençaux & Languedociens.

1435. Jardin deys Muſos Provenſalos diviſat en quatre partidos, per Claude Brueys. *Aix*, 2 *vol. in*-18, *m. verd.*

1436. Lou Banquet d'Augie Galliard Roudie de Rabaſtens en Albiges. *Paris*, 1584, *in*-18, *v. f.*

POÉSIE ITALIENNE.

Traités ſur la Poéſie Italienne, Recueils de Poetes Italiens.

1437. L'Iſtoria della volgar Poeſia ſcritta da Gio. Mario Creſcimbeni. *In Venezia*, 1731, 6 *vol. in*-4°, *vél.*

1438. Della ſtoria e della ragione d'ogni Poeſia da Franc. Saverio Quadrio. *In Bologna*, 1739, *& ſeq.* 5 *tom.* 7 *vol. in*-4°, *v. f.*

1439. Stanze di Meſſer Angelo Politiano. — Epiſtole di Luca de Pulci. — La Gioſtra di Lorenzo de Medici da Luigi Pulci. — Sonetti jocoſi di Mattheo Franco & di Luigi Pulci. — Comedia nuova di Lodov. Arioſto. *In Firenze, per Bernardo di Philippo di Giunta*, 1518, *in*-12, *baz.*

1440. Sonetti & Canzoni di diverſi antichi autori Toſcani. *In Firenze, per li heredi di Philippo di Giunta*, 1527, *in*-8°, *parch.*

1441. Sonetti del Burchielo, del Bellincioni ed' altri Poeti Fiorentini. *In Londra*, 1757, *in-8°, mout.*

1442. Sette libri di Satire di Lod. Ariosto, Hercole Bentivogli, Luigi Alamanni ed altri. *In Venetia*, 1560, *in-8°, parch.*

1443. Fioretto de Cose nove de diversi autori. — Opera nova di Francesco Cei. — Operetta amorosa del Narnese Romano. — Operetta nova de Francesco Senato Anconitano. *In Venetia*, 1515, *in-12, vél.*

1444. Stanze di diversi illustri Poeti raccolte da Lodovico Dolce. *In Vinegia, Giolito*, 1558, *in-12, vél.*

1445. Rime de Gli Academici occulti, con le loro imprese & Discorsi. *In Brescia*, 1568, *in-4°, v. f.*

1446. Opere burlesche di Francesco Berni, di Giov. della Casa e altri autori. *In Venetia, sans date, 2 tom. en un vol. in-12, v. f.*

1447. Satirici Italiani. *In Livorno*, 1786, 6 *vol. in-12, br.*

1448. Rime di diversi illustri Signori Napoletani e d'altri. *In Vinegia, Gabr. Giolito de Ferrari*, 1552, *in-8°, parch.*

1449. Rime scelte de Poeti Ravennati Antichi e Moderni. *In Ravenna*, 1739, *in-4°, cart.*

1450. Rime Scelte de Poeti Ferraresi Antichi e Moderni. *In Ferrara*, 1713, *in-8°, vél.*

Poetes Italiens des premiers âges jusqu'au commencement du seizième siècle.

1451. L'Inferno, e'l Purgatorio, e'l Paradiso di Dante Alaghieri. *In Venetia*, 1507, *in-12, vél.*

1452. Il Dante con l'Espositione di Alessandro Velutello. *In Vinegia, Marcolini,* 1544, *in-*4°, *parch. fig.*

1453. Dante con nuove & utili ispositioni. *In Lione, Rovillio,* 1571, *in-*18, *m. verd.*

1454. Dante con l'espositioni di Christ. Landino & Aless. Velutello. *In Venetia,* 1578, *in-fol. v. f. dent.*

1455. La divina Comedia di Dante con gli argomenti & allegorie. *In Venetia,* 1629, *in-*32, *m. r.*

1455 *bis.* La divina Comedia di Dante Alighieri, ridotta a miglior lezione ed accresciuta di un doppio Rimario, per Gio. Ant. Volpi. *In Padova,* 1727, 3 *vol. in-*8°, *vél.*

1456. La divina Comedia di Dante Alighieri. *In Livorno,* 1778, 2 *vol. in-*12, *br.*

1457. Lettioni da Giovan Batt. Gelli sopra il Dante & il Petrarca. *In Firenze,* 1555, *in-*8°, *vél.*

1458. La Comedie de Dante, mise en Ryme Françoise, par B. Grangier. *Paris,* 1597, 3 *vol. in-*12, *m. verd.*

1459. Amorosa visione di Gio. Boccaccio. *In Vinegia,* 1558, *in* 8°, *vél.*

1460. Il Petrarcha. *In Fiorenza, heredi di Filippo di Giunta,* 1522, *in-*12, *vél.*

1461. Il Petrarca con l'espositione d'Alessandro Vellutello. *In Vinegia,* 1532, *in-*12, *v. b.*

1462. Sonetti, Canzoni, e triumphi di Messer Francesco Petrarca con la spositione di Bernardino da Lucca. *In Vinegia,* 1541, *in-*4°, *vél.*

1463. Il Petrarcha con l'espositione d'Alessandro Velutello, & le figure a i triomphi. *In Venetia, Gabr. Giolito di Ferrarii,* 1544, *in-*4°, *parch.*

1464. Sonetti, Canzoni & triomphi di Francesco Petrarca con annotatione di Antonio Brucioli. *In Venetia*, 1548, *in-12, parch.*
1465. Il Petrarca con dichiarazioni non più stampate. *In Lyone*, 1558, *in-18, v. f. d. s. t.*
1466. Il Petrarcha con dichiarazioni non più stampate. *In Venetia*, 1562, *in-12, v. f.*
1467. Il Petrarcha con l'espositione di Giov. Andr. Gesualdo. *In Venetia*, 1581, *in-4°. vél.*
1468. Le Rime di Francesco Petrarca. *In Londra, (Livorno)*, 1778, *2 vol. in-12, br.*
1469. Sonetti, le Canzoni, & i Triumphi di Laura in risporta di Francesco Petrarcha, per Stephano Colonna. *In Vinegia*, 1552, *in-8°, parch.*
1470. Poesie di Lorenzo de Medici. *Bergamo*, 1763, *in-8°, cart.*
1471. Il Morgante Maggiore di Luigi Pulci. *In Livorno*, 1778, *3 vol. in-12. br.*
1472. Il Morgante di Luigi Pulci. *In Fiorenza*, 1574, *in-4°, vél.*
1472 bis. Le stanze di Angelo Poliziano. *In Padova*, 1751, *in-8° maj. br.*
1473. Opera di Faccio de gli Uberti Fiorentino, chiamato ditta mundi. *In Venetia*, 1501, *in-4°, vél.*
1474. Opera de Andrea Stagi intitolata Amazonida. *In Venetia*, 1503, *petit in-4°, mout.*
1475. Opere di Seraphino Aquilano. *In Milano*, 1515, *in-4°, v. b.*
1476. Riso di Democrito di Antonio Fregoso. *Mediolani*, 1515, *in-12, vél.*

R

Poetes Italiens du seizième siècle.

1477. Opere di Hierony. Benivieni. *In Firenze, Giunti.* 1519. — Sonetti, Capituli, Canzone, sextine Stanze & Strambotti composti per Francesco Cei in laude di Clitia. *In Firenze, Giunti,* 1514, *in-8°, v. b.*
1478. Delle Rime di Pietro Bembo, terza editione. *In Vinegia, Giolito,* 1548, *in-12, m. r.*
1479. Rime di Michel Agnolo Buonarotti. *In Firenze,* 1623, *in-4°, vél.*
1480. Stanzie de Messer Ant. Thibaldeo. *In Venetia,* 1522, *in-8°, vél.*
1481. Orlando furioso di Ludovico Ariosto. *In Venetia,* 1530, *in-4°, parch.*
1482. Orlando furioso di Lodovico Ariosto, revisto & ristampato sopra le correttioni di Ieronimo Ruscelli. *In Lyone, Rovillio,* 1570, *in-12, m. r.*
1483. Opere di Lodovico Ariosto. *In Venezia,* 1730, 2 *vol. in-fol. v. f. fig.*
1484. Orlando furioso di Lodovico Ariosto, con gli argomenti in ottava rima di Lodovico Dolce. *In Venetia,* 1730, 5 *vol. in-24, m. verd.*
1485. Orlando furioso di Lod. Ariosto, tradotto in versi latini da Torquato Barbolani dei Conti di Montauto. *In Arezzo,* 1756, 2 *vol. in-4°, vél.*
1486. Orlando furioso di Lodov. Ariosto. *In Venezia,* 1772, 8 *vol. in-fol. cart. fig. & cadres en vignettes.*
1487. Orlando furioso di Lodovico Ariosto. *In Livorno,* 1781, 4 *vol. in-12, br.*
1488. Le Satyre di Lodov. Ariosto. *In Venetia,* 1548, *in-12, vél. dent.*

1489. Orlando inamorato di Francesco Berni. *In Londra (Livorno)* 1781, *4 vol. in-*12, *br.*
1490. Lo illustre Poeta Leco Bascoli, con commento. *In Vinegiâ,* 1535, *in-*12, *parch.*
1491. I Sonetti del Burchiello, & di Antonio Alamanni. *In Firenze,* 1552, *in-*12, *vél.*
1492. Le Rime del Burchiello commentate dal Doni. *In Venetia,* 1566, *in-*12, *m. r.*
1493. I Sonetti del Burchello, di Antonio Alamanni & del Risoluto. *In Fiorenza, Giunti,* 1568, *in-*8°, *vél.*
1494. Opera de lo elegante Poeta Thibaldeo Ferrarese. *In Vinegia,* 1535, *in-*8°, *m. r.*
1495. Rime de la divina Vittoria Colonna Marchesa di Pescara. *In Parma,* 1538, *in-*8°, *vél.*
1496. Rime di Vittoria Colonna Marchesana di Pescara. *In Vinegia, Giolito,* 1559, *in-*12, *m. r.*
1497. La Coltivazione, & altre opere Toscane di Luigi Alamanni. *In Fiorenza,* 1549 & 1532, *in-*8°, *vél.*
1498. Opere Toscane di Luigi Alamanni. *In Lione, Gryphius,* 1532, *in-*8°, *cart.*
1499. Opere Toscane di Luigi Alamanni. *Venetiis, apud hæredes L. Ant. Juntæ,* 1542, *in-*12, *vél.*
1500. La Coltivazione di Luigi Alamanni e le Api di Giov. Ruccellai, colle Annotazioni di Roberto Titi. *In Padova,* 1718, *in-*4°, *vél.*
1501. La Avarchide di Luigi Alamanni. *In Firenze, Giunti,* 1570, *in-*4°, *baz.*
1502. Rime del Brocardo & d'altri authori. *Venetiis,* 1538, *in-*8°, *parch.*
1503. Le Lacrime di san Pietro, ed altre opere di Luigi Tansillo. *In Venezia,* 1738, *in-*4°, *vél.*
1504. Poesie di Luigi Tansillo. *In Livorno,*

1782, *in-12, br.* — Raccolta delle Poesie di Franc. Redi. *In Livorno*, 1781, *in-12, br.*

1505. Tutte le Opere di Giovan Georgio Triffino. *In Verona*, 1729, 2 *vol. in-4°, maj. v. f.*

1506. La Italia liberata da Gothi del Triffino. *In Roma*, 1547, *in-12, vél.*

1507. Italia liberata da Goti, Poema eroico di Gio. Giorgio Triffino. *In Livorno*, 1779, 3 *vol. in-12. br.*

1508. Le Rime di Agnolo Firenzuola. *In Fiorenza*, 1549, *in-12, vél.*

1509. Opere di Lodovico Martelli. *In Firenze, Bernardo di Giunta*, 1548, *in-12, vél.*

1510. Sonetti di Benedetto Varchi. *In Fiorenza*, 1559, *in-12, parch.*

1511. Le Rime d'Angelo di Coftanzo. *In Padova*, 1750, *in-8°, br.*

1512. Sonetti di Matteo Franco e di Luigi Pulci, 1759, *in-8°, br.*

1513. Il primo libro dell' opere Tofcane di Laura Battiferra. *In Firenze, Giunti*, 1560, *in-8° maj. vél.*

1514. Rime di Giacomo Marmitta. *In Parma*, 1564, *in-4°, parch.*

1515. La Alamanna di Ant. Franc. Oliviero. *In Venetia, Valgrifi*, 1567, *in-4°, cart.*

1516. Ciriffo Calvaneo di Luca Pulci. *In Fiorenza, Giunti*, 1572, *in-4°, parch.*

1517. Rime di Giufeppe Nozzolini. *In Fiorenza, Giunti*, 1592, *in-4°, parch.*

1518. Rime di Anton. Francefco Grazzini detto il Lafca. *In Firenze*, 1741, 2 *vol. in-8°, vél.*

1519. Filli di Sciro, Favola paftorale del Conte Guidubaldo de Bonarelli. *In Amft. Elzevier*, 1678, *in-24, m. r. fig. de Seb. Le Clerc.*

1520. Le Opere di Torquato Tasso raccolte per Giuseppe Mauro. *In Venezia, 1722, 12 vol. in-4°, v. f.*

1521. Opere di Torquato Tasso. *In Firenze, 1724, 6 vol. in-fol. br.*

1522. La Gerusalemme di Torquato Tasso, figurata da Bernardo Castello. *In Genova, 1617, in-fol. vél.*

1523. Il Goffredo overo la Gierusalemme liberata di Torquato Tasso. *In Parigi, nella Stamperia Reale, in-fol. v. f.*

1524. Il medesimo Goffredo overo la Gierusalemme liberata di Torquato Tasso. *Amst. Elz. 1678, 2 vol. in-24, m. bl. d. s. t. fig. de Seb. Le Clerc.*

1525. Il Goffredo ovvero Gerusalemme liberata di Torquato Tasso. *In Venezia, 1760, 2 vol. in-4°, baz. fig. col.*

1526. Lo Tasso Napoletano zoe la Gierusalemme liberata votata a llengua Napoletana, da Grabiele Fasano. *Napole, 1689, in-fol. cart.*

1527. Il Goffredo di Torquato Tasso travestito alla Rustica Bergamasca da Carlo Assonica. *Venetia, 1670, in-fol. parch.*

1528. La medesima Gerusalemme delivera di Torquato Tasso, traduta in lingua zeneize. *Zena, in-fol. baz.*

1529. O Godfredo ou Hierusalem libertáda, Poema composto por Torquato Tasso, traduzido na lingua portugueza, por Andre Rodriguez de Mattos. *Lisboa, 1682, in-4°, vél.*

1530. La Hierusalem délivrée du Tasse, traduite en vers françois. *Paris, 1671, 2 vol. in-18, m. verd.*

1531. Aminta favola boscareccia di Torquato

Tasso. *In Leida, Elzevier*, 1656, *in*-12, *m. r.*

1532. Tutte le opere del Cavalier Batt. Guarini. *In Verona*, 1737, 4 *vol. in*-4°, *v. f.*

1533. Il Pastor fido del Cav. Batt. Guarini, con annotazioni e figure. *In Venetia*, 1602, *in*-4°, *m. r.*

1534. Il Pastor fido Tragi-comedia pastorale di Batt. Guarini. *Amst. Elez.* 1678, *in*-24, *m. r. fig. de Le Clerc.*

1535. Il Pastor fido Tragi-comedia di Battista Guarini. *In Verona*, 1735, *in*-4°, *v. f. fig.*

1536. Le Berger fidele, traduit de l'italien de Guarini en vers françois. *Cologne*, 1677, *in*-12, *m. r.*

Poetes Italiens du dix-septième siècle.

1537. Fiesole distrutta di Domenico Peri. *In Firenze*, 1621, *in*-4°, *vél.*

1538. Vita di Mecenate di Cesare Caporali. *In Venetia*, 1604, *in*-18, *m. bl.*

1539. Rime del Signor Cesare Rinaldi Bolognese. *In Venetia*, 1605, *in*-12, *vél.*

1540. Le Rime piacevole d'Alessandro Allegri. *In Verona*, 1605, *in*-4°, *vél.*

1541. Il Gareggiamento poetico del confuso Accademico ordito. *In Venezia*, 1611, *in*-12, *m. r.*

1542. La Galeria del Cavalier Marino. *In Venet.* 1630, *in*-12, *m. verd.*

1543. L'Adone, Poema del Cavallier Marino. *In Amst.* 1651, 2 *vol. in*-12, *m. bl. d. d. t.*

1544. L'Adone, Poema heroico del C. Marino. *In Amst. Elz.* 1678, 4 *vol. in*-24, *m. r. fig. de Seb. Le Clerc.*

1545. La Creatione del mondo, Poema di Gasparo Murtola. *In Vinetia*, 1608, *in*-18, *vél.*

(135)

1546. La Bulgheria convertita, Poema heroico di Francesco Bracciolini. *In Roma*, 1637, *in-*12, *vél.*

1547. La Secchia rapita, Poema eroi-comico, di Alessandro Tassoni. *In Osford*, 1737, *in-*8°, *v. f. d. s. t.*

1548. La Secchia rapita, Poema eroi-comico di Alessandro Tassoni, colle dichiarazione di Gaspare Salviani & la Vita dell' autore de Lod. Ant. Muratori. *In Modena*, 1744, *in-*4° *maj. br. fig.*

1549. Rime di Gabriello Chiabrera. *In Venetia*, 1610, *in-*18, *vél.*

1550. Rime di Gabriello Chiabrera. *In Roma*, 1718, 3 *vol. in-*8°, *vél.*

1551. Poesie liriche di Gabriello Chiabrera. *In Livorno*, 1781, 3 *vol. in-*12, *br.*

1552. La Cleopatra, Poema di Girolamo Gratiani. *In Venezia*, 1633, *in-*12, *vél.*

1553. La Babilonia distruta di Scipione Herrico. *In Venezia*, *in-*32, *m. verd. fig.*

1554. Rime di Lelio Guidiccioni. *In Roma*, 1637, *in-*12, *m. r.*

1555. Opere di Giov. Guidiccioni. *In Genova*, 1767, *in-*4°, *vél.*

1556. L'Olivastro overo il Poetas fortunato, Poema fantastico, aut. Gio. Batt. Andreini. *In Bologna*, 1642, *in-*4°, *parch.*

1557. Malmantile raquistato, Poema di Perlone Zipoli (Laurentio Lippi) con le note di Puccio Lamoni (Paoli Minucci). *In Firenze*, 1688, *in-*4°, *vél.*

1558. Il Malmantile racquistato di Perlone Zipoli, (Laurentio Lippi) con le note di Puccio Lamoni (Paolo Minucci). *In Firenze*, 1731, 2 *vol. in-*4°, *v. b.*

1559. Il Malmantile raquistato di Lorenzo Lippi. *In Livorno*, 1779, *in-*12, *br.*
1560. Bacco in Toscana Ditirambo di Francesco Redi. *In Firenze*, 1685, *in-*4°, *v. b.*
1561. Baco in Toscana Ditirambo di Franc. Redi. *In Firenze*, 1691, *in-*4°, *vél.*
1562. Sonetti del Signor Francesco Redi. *In Firenze*, 1702, *in-fol. c. m. v. m. fig.*
1563. Rime varie di Carlo Maria Maggi. *In Firenze*, 1688, *in-*4°, *vél.*
1564. Poesie Toscane di Vincenzio da Filicaia. *In Firenze*, 1707, *in-*4°, *vél.*
1565. Poesie di Vincenzo da Filicala. *In Londra*, (*Livorno*) 1781, 2 *vol. in-*12, *br.*
1566. Bona Espugnata, Poema del Conte Vinc. Piazza. *In Parma*, 1694, *in-*8°, *vél. fig.*

Poetes Italiens du dix-huitieme siècle.

1567. Satire di Quinto Settano, con aggiunte e note. *Amst.* 1788, *in-*12, *baz.*
1568. Opere di Benedetto Menzini. *In Firenze*, 1731, 4 *vol. in-*4°, *vél.*
1569. Le Satire di Benedetto Menzini, con le note di Salvini ed altri. *Leida*, 1759, *in-*8°, *vél.*
1570. Le Satire di Benedetto Menzini. *In Napoli*, 1763, *in-*4°, *br.*
1571. Bacco in Boemia Ditirambo di P. D. Bartoloni da Empoli, in onore del vino di Melnich. *In Citta Vecchia*, 1717, *in-*4°, *vél.*
1572. Rime di Francesco de Lemene. *In Parma*, 1726, 2 *vol. in-*8°, *br.*
1573. Sonetti di Ant. Maria Salvini. *In Firenze*, 1728, *in-*4°, *vél.*

1574. La Celidora ovvero il Governo di Malmantile dal Conte Ardano Afcetti. *In Firenze*, 1734, *in-4°, br.*

1575. Bertoldo con Bertoldino e Cacafenno in ottava rima da Giulio Cefare Croci. *In Bologna*, 1736, *in-4° maj. fig.*

1576. Grillo Canti dieci d'Enante Vignajuolo. *Verona*, 1738, *in-8°, m. r.*

1577. Saggi di Poefie diverfe di Marcello Malafpina. *In Firenze*, 1741, *in-4°, vél.*

1578. Poefie latine e volgari di Jac. Ant. Baffani. *In Padova*, 1749, *in-4° maj. br.*

1579. Rime di Francefco Beccuti Perugino detto il Copetta. *In Venezia*, 1751, *in-4°, br.*

1580. Il Filugello o fia il Baco da Seta Poemette in libri tre dell' Abate Gian Franc. Giorgetti. *In Venezia*, 1752, *in-4°, br.*

1581. Il Cicerone Poema di Gian Carlo Pafferoni. *In Venezia*, 1756, 2 *vol. in-8°, br.*

1582. La Coltivazione del Rifo del Marchefe Gian Battifta Spolverini. *In Verona*, 1758, *in-4°, v. f.*

1583. Poefie di Zelalgo Araffiano Paftore Arcade. *Lucca*, 1769, *in-4°, br.*

1584. Rime di Giambattifta Felice Zappi e di Fauftina Maratti fua conforte. *In Venezia*, 1779, 2 *vol. in-*12, *br.*

1585. Opere Poetiche del Signor Abate Carlo Innoc. Frugoni. *Parma, dalla Stamperia Reale*, 1779, 9 *vol. in-8°, br.*

1586. Poefie facete di Marc-Antonio Talleoni. *Ofimo*, 1780, *in-4°, br.*

1587. Canzoniere di diverfi Bergamafchi in morte d'un Cane. *Bergamo*, 1782, *in-8°, baz. Exemplaire imprimé fur parchemin.*

1588. Compofizioni liriche di Gio. Battifta da Lifca. *In Verona,* 1789, *in-*8°, *baz.*

Poetes Efpagnols, Hollandois, &c.

1589. Las obras de Bofcan, y alcunas de Garcilaffo de la Vega. *En Anvers,* 1597, *in-*18, *m. verd.*
1590. Poéfies hollandoifes de Jacques Wefterbann. *Amft.* 1644, *in-*12, *m. verd.*
1591. Les Poéfies hollandoifes d'Anne Oven. *Amft.* 1650, *in-*12, *m. r.*

POÉSIE DRAMATIQUE.

Traités fur l'Art du Théâtre.

1592. Danielis Heinfii de Tragœdiæ conftitutione liber. *Lugd. Bat. Elz.* 1643, *in-*12, *m. r.*

Poetes Dramatiques Grecs.

1593. Tragœdiæ Selectæ Æfchyli, Sophoclis, Euripidis cum duplici interpretatione unâ ad verbum alterâ carmine. *Parifiis, Henr. Steph.* 1567, 3 *vol. in* 18, *m. cit.*
1594. Æfchyli Tragœdiæ, græcè. *Parifiis, Turnebus,* 1552, *in-*8°, *m. verd.*
1595. Scholia vetera græca in Æfchyli Tragœdias omnes collecta à Franc. Robortello. *Venetiis,* 1552, *in-*12, *v. f.*
1596. Æfchyli Tragœdiæ feptem, græcè, operâ Gul. Canteri. *Antuerpiæ, Plantin,* 1580, *in-*18, *m. verd.*
1597. Sophoclis Tragœdiæ feptem, græcè, cum

Scholiis græcis & notis Joach. Camerarii. *Parif.* *Henr. Stephanus*, 1568, *in-fol. v. m.*

1598. Sophoclis Tragædiæ feptem, græcè. *Antuerpiæ, Plantin,* 1593, *in-*18, *m. verd.*

1599. Euripidis Tragœdiæ, græcè, operâ Guil. Canteri. *Antuerpiæ, Plant.* 1571, *in-*18, *m. r.*

1600. Euripidis Tragœdiæ quæ exftant, græcè & latinè, cum notis diverforum. *Coloniæ-Allobrogum*, 1602, 2 *vol. in-*4°, *v. f.*

1601. Euripidis Hecuba & Iphigenia in Aulide in latinum tralatæ, per Defid. Erafmum. *Parif. Vafcofan, in-*8°, *m. bl. dent.*

1602. Tragedie di Euripide greco-italiane in verfi, operâ del P. Carmeli. *In Padova*, 1743, 10 *vol. in-*8°, *v. m.*

1603. Ariftophanis Comœdiæ undecim, græcè. *Venetiis, Zanetti,* 1538, *in-*8°, *parch.*

1604. Ariftophanis Comœdiæ undecim, græcè. *Parifiis, Wechel,* 1546, *in-*4°, *carton.*

1605. Ariftophanis Comœdiæ undecim, græcè. *Lugd. Bat. Raphelengius*, 1600, *in-*18, *v. b.*

1606. Ariftophanis Comœdiæ undecim, græcè & latinè. *Lugd. Batav.* 1624, 2 *vol. in-*12, *v. f. d. f. t.*

1607. Ariftophanis Comœdiæ undecim, græcè & latinè. *Amftel.* 1670, 2 *vol. in-*12. *m. bl.*

1608. Le Comedie del facetiffimo Ariftophane, tradotte per Bartolomio & Pietro Rofitini. *In Venegia*, 1545, *in-*8°, *vel.*

1609. Ariftophanis Nubes, græcè & italianè operâ Giov. Batt. Terucci. *In Firenze*, 1754, *in-*4°, *br.*

1610. Vetuftiffimorum quinquaginta Comicorum, quorum opera integra non extant, Sententiæ græcè & latinè. *Bafileæ, in-*8°, *v. f.*

1611. Ex veterum Græcorum Comicorum Fabulis quæ integræ non extant, Sententiæ græcè & latinè. *Parifiis*, 1553, *in*-12, *v. f.*

1612. Comicorum Græcorum Sententiæ latinis verfibus ab Henr. Stephano redditæ. *Parifiis*, 1580, *in*-24, *m. b.*

1613. Infamia emendationum in Menandri Reliquias, accedit refponfio M. Lucilii Profuturi ad Epiftolam. C. Veratii Philellenis, aut. Joan. Le Clerc. *Lugd. Bat.* 1710, *in*-12, *m. r.*

Poetes Dramatiques Latins, anciens & modernes.

1614. M. Accii Plauti Comœdiæ viginti, operâ Joannis Sambuci. *Antuerpiæ*, *Plantin*, 1566, 2 *vol. in*-18, *m. verd.*

1615. Marcus Accius Plautus, cum commentariis Dionyfii Lambini. *Parifiis*, *Macé*, 1576, *in-fol. v. f.*

1616. M. Accii Plauti Comœdiæ viginti, cum notis ex Lambino & aliis. *Geneyæ*, 1587, *in*-18, *m. verd.*

1617. M. Accii Plauti Comœdiæ Superftites viginti. *Amft. Elz.* 1652, *in*-24, *m. r.*

1618. M. Accii Plauti Comœdiæ Superftites viginti. *Patavii*, 1764, 2 *vol. in*-8°, *v. m.*

1619. Jani Douzæ Centurionatus, five Plautinarum Explanationum libri quatuor. *Lugd. Bat.* 1587, *in*-18, *m. verd.*

1620. Comici Enucleati, five Electa Plautina & Terentiana, per Reinerum Neuhufium. *Amft.* 1646, *in*-12, *m. r.*

1621. Terentius à M. Ant. Mureto emendatus. *Antuerpiæ*, *Plantin*, 1565, *in*-12, *v. b.*

1622. Publii Terentii Comœdiæ, ex recenfione

Heinsianâ. *Lugd. Bat. Elz.* 1635, *in-12, m. r. Editio optima.*

1623. Publii Terentii Comœdiæ. *Parisiis, è Typographiâ Regiâ, in-fol. m. cit.*

1624. Publii Terentii Comœdiæ sex, ex recensione Heinsianâ. *Amst. Elz.* 1661, *in-12, m. bl.*

1625. Publii Terentii Comœdiæ sex. *Londini, Brindley,* 1744, *2 vol. in-18, m. r.*

1626. Les six Comedies de Térence mises en françois, avec le latin à côté. *Paris,* 1567, *in-18, m. r.*

1627. Les six Comédies de Térence, corrigées par M. Ant. Muret & mises en françois, avec le latin à côté. *Paris,* 1583, *in-18, m. verd.*

1628. Observationes in Terentii Andriam & Eunuchum, Stephano Doleto authore. *Lugd.* 1540, *in-8°, m. r.*

1629. Stephani Doleti observationes in Terentii Comedias Andriam & Eunuchum. *Lugd.* 1543, *in-8°, m. verd.*

1630. M. Annæi Senecæ Tragœdiæ, cum commentariis. *Paris. Badius Ascensius,* 1514, *in-fol. v. b.*

1631. Lucii Annæi Senecæ Tragœdiæ. *Lugduni, Gryphius,* 1547, *in-18, m. r.*

1632. Lucii & M. Annæi Senecæ Tragœdiæ, cum notis Th. Farnabii. *Amstel.* 1678, *in-12, m. r.*

1633. L. & M. Annæi Senecæ Tragœdiæ, cum notis Th. Farnabii. *Amstel. Elzevier,* 1678, *in-18, m. r.*

1634. Le Tragedie di Seneca, tradotte da Lodov. Dolce. *In Venetia,* 1560, *in-12, vél.*

1635. Coriolani Martirani Tragœdiæ octo & comœdiæ duæ. *Neapoli,* 1556, *in-8°, m. verd. Liber rarissimus.*

1636. Tragædiæ sacræ, auth. Nicolao Caussino. *Parisiis, 1629, in-24, m. verd.*
1637. Selectæ Patrum societatis Jesu Tragædiæ. *Antuerpiæ, 1634, in-24, m. bl.*
1638. Dramatica Poemata, auct. Gulielmo Druræo Anglo. *Antuerpiæ, 1641, in-18, m. verd.*
1639. Poesis dramatica Nicolai Avancini. *Coloniæ Agrippinæ, 1674, in-12, m. verd.*

Poetes Dramatiques, François, Espagnols & Anglois.

1640. Les Tragédies de Pierre Matthieu. *Lyon, 1589, in-12, m. r.*
1641. Tragé-comédie Pastorale & autres pièces, par Claude de Basse court, Haynaunois. *Anvers, 1594, in-12, v. éc.*
1642. L'Adonis, tragédie de Guill. Le Breton, Nivernois. *Paris, 1597, in-12, v. éc.*
1643. La Comédie des Thuileries, par les cinq autheurs. *Paris, 1638, in-18, m. verd.*
1644. Théâtre de Desmarets. *Paris, 1640, in-4°, m. bl.*
1645. Le Théâtre de Pierre & de Thomas Corneille. *Amsterdam, 1740, 10 vol. in-12, v. m. fig. Manque le tome 2ᵉ. de Th. Corneille.*
1646. Comedie di Pier Cornelio, tradotte in versi italiani, con l'originale a fronte. *In Venetia, 1747, 4 vol. pet. in-fol. br.*
1647. Les Œuvres de Moliere. *Amsterdam, 1691, 6 vol. in-12, v. f. fig.*
1648. Le opere di Moliere, tradotte da Nic. di Castelli. *In Lipsia, 1740, 4 vol. in-12, m. verd.*
1649. Œuvres de Racine. *Amsterd. 1698, 2 vol. in-12, m. verd.*

1650. Celestina, Tragi-comedia de Califto y Melibea. *En Amberes*, 1595, *in*-12, *v. f.*
1651. Il Catone, Tragedia del Signore Adiffon, tradotta da Ant. Maria Salvini. *In Firenze*, 1725, *in*-4°, *v. f. d. f. t.*

Poetes Dramatiques Italiens.

1652. Teatro italiano antico. *In Livorno*, 1786, 8 *vol. in*-12, *br.*
1652 *bis*. Ninfale Fiefolano di Gioanni Boccaccio. *In Londra.* (*Parigi*), Molini, 1778, *in*-12, *br.*
— Le Sette Giornate del mondo creato di Torquato Taffo. *In Londra* (*Livorno*), 1780, *in*-12, *br.*
1653. Di Giovan Giorgio Triffino la Sophonisba, li Ritratti, &c. *In Florentia, Giunti*, 1519, *in*-12, *vél.*
1654. La Sophonisba del Triffino. *In Roma*, 1524, *in*-8°, *baz.*
1655. La Sophonisba del Triffino. *In Vicenza*, 1529, *in*-8°, *vél.*
1656. Comedia di Meffer Galeotto dal Carretto detta tempio d'amore & altre Comedie. *In Bologna*, 1525, *in*-8°, *parch.*
1657. La Comédie des Suppofez de Loys Ariofte, en italien & en françois. *Paris*, 1552, *in*-8°, *v. b. L. R. d. f. t.*
1658. La Trinutia e i Lucidi, Comedie di Agnolo Firenzuola. *In Fiorenza*, 1549, *in*-8°, *vél.*
1659. Tragédie du Roy, franc-arbitre, en laquelle les abus, pratiques & rufes de l'Ante-chrift font au vif déclarées, traduite d'italien en françois. *Villefranche*, 1559, *in*-8°, *vél.*
1660. La Fiera & la Tancia, Comedie di Michel

(144)

Agnolo Buonarotti coll' annotazioni dell' Abate Anton. Maria Salvini. *In Firenze*, 1726, *in-fol. vél.*

1661. Il Servigiale, Comedia di Gio Maria Cecchi. *In Fiorenza, Giunti*, 1561, *in-*12, *vél.*

1662. Comedie di Gian Maria Cecchi. *In Venetia*, 1585, *in-*8°, *vél.*

1663. La Suocera Comedia di Benedetto Varchi ed altre Comedie. *In Fiorenza*, 1569, *in-*8°, *parch.*

1664. Le Tragedie di Gio. Batt. Giraldi Cinthio. *In Venetia*, 1583, *in-*8°, *parch.*

1665. L'Arzigogolo Commedia d'Ant. Francesco Grazzini detto il Lasca. *In Firenze*, 1750, *in-*8°, *vél. Exemplaire imprimé sur parchemin.*

1666. Tragedie di Girolamo Bartolomei. *In Roma*, 1632, *in-*12, *parch.*

1667. I Drami di Francesco Berni. *In Ferrara*, 1666, *in-*12, *parch.*

1668. Le Poesie dramatiche di Giovan Andrea Moniglia. *In Firenze*, 1689, 3 *vol. in-*4°, *m. r.*

1669. Theatro Italiano o sia scelta di Tragedie, per uso della Scena. *In Verona*, 1723, 3 *vol. in-*12, *v. f.*

1670. Le Tragedie di Giov. Delfino. *In Padova*, 1733, *in-*4°, *maj. v. m.*

1671. Le quatro Tragedie dal Signor Abate Antonio Conti. *In Firenze*, 1751, *in-*8°, *br.*

1672. Opere del Abate Pietro Metastasio. *In Lucca*, 1781, 4 *vol. in-*12, *m. r.*

1673. Opere di Pietro Metastasio. *In Livorno*, 1782, 12 *vol. in-*12, *br.*

1674. Collezzione completa delle Comedie di Carlo Goldoni. *Livorno*, 1788, 11 *vol. in-*8°, *br.*

1675. Tutti i trionfi, Carri, Mascherate, o Canti carnascialeschi andati per Firenze dal tempo di Lorenzo de Medici fino al anno 1559. *In Cosmopoli*, 1750, 2 vol. in-8°, v. f.

MYTHOLOGIE.

Traités de Mythologie anciens & modernes.

1676. Les trois livres de la Bibliothèque d'Apollodore, ou de l'origine des Dieux, traduits du grec, par Jean Passerat. *Paris*, 1605, in-12, v. m.

1677. Hyginii Poeticon astronomicon. *Parisiis*, 1517, in-4°, v. f. d. s. t. fig.

1678. C. Julii Hygini Fabularum liber. *Lugd. Bat. Gaasbeck*, 1670, in-12, m. r.

1679. Antonini Liberalis transformationum congeries, græcè & latinè, cum notis Thomæ Munckeri. *Amst.* 1676, in-12, m. r.

1680. Palæphatus de incredibilibus, græcè & latinè, cum notis Cornelii Tollii. *Amstel. Elz.* 1649, in-12, m. r.

1681. Palæphatus de incredibilibus, græcè, edente Joh. Frid. Fischero. *Lipsiæ*, 1770, in-8°, dem. rel.

1682. Le imagini de gli Dei de gli Antichi del Signor Vincenzo Cartari. *In Venetia*, 1625, in-4°, vél. fig.

1683. Francisci Pomey Pantheum Mythicum, seu fabulosa Deorum Historia. *Amstel.* 1730, in-8°, dem. rel.

Fables & Apologues.

1684. Æsopi Phrygis Fabulæ, græcè & latinè,

cum aliis opusculis. *Pariſiis,* 1549, *in-*18, *v. f. d. ſ. t.*

1685. Æſopi Fabulæ, græcè & latinè, cum aliis quibuſdam opuſculis. *Antuerpiæ, Plantin,* 1567, *in-*18, *m. r. dent.*

1686. Æſopi & aliorum Fabulæ, græcè & latinè. *Lugd.* 1570, *in-*18, *m. r. fig.*

1687. Fabulæ Æſopi ſelectæ, græcè & latinè, eæ item quas Avienus carmine expreſſit. *Amſt.* 1726, *in-*8°, *v. f. d. ſ. t. fig.*

1688. Æſopi Fabulæ, ruſſicè & latinè, cum figuris. 1700, *in-*12, *m. r.*

1689. Les Fables d'Eſope miſes en Ryme françoiſe, par Anth. du Molin. *Paris,* 1567, *in-*18, *m. r. fig.*

1690. Favole de Eſopo tradotte dal' Conte Giulio Landi. — Il Targa dove ſi contendono le cento & cinquanta favole, tratte da diverſi autori antichi & ridotte in Rime italiane da Ceſare Paveſi. *In Venezia,* 1575, *in-*18, *m. r. fig.*

1691. La Vida y fabulas del Eſopo. *En Amberes,* 1607, *in-*12, *m. bl. fig.*

1692. Centum fabulæ ex antiquis auctoribus delectæ & à Gabriele Faerno carminibus explicatæ. *Antuerpiæ, Plantin,* 1567, *in-*18, *m. r. fig.*

1693. Centum fabulæ ex antiquis auctoribus ſelectæ & à Gabriele Faerno carminibus explicatæ. *Lugd. Bat.* 1600, *in-*18, *m. r. fig.*

1694. Gabrielis Faerni Fabulæ carminibus explicatæ. *Patavii,* 1730, *in-*4°, *br.*

1695. Tanaquilli Fabri Fabulæ ex Locmanis arabico latinis verſibus redditæ, & alia ejuſdem Poematia. *Salmurii,* 1673, *in-*12, *m. verd.*

1696. Fabulæ variorum auctorum collectæ studio Isaaci Nicol. Neveleti. *Francofurti*, 1660, *in-12, vél. fig.*
1697. Cento favole morali de i piu illustri antichi & moderni autori greci & latini, scielte & trattate in versi volgari da Gio. Mario Verdizzotti. *In Venetia*, 1586, *in-4°, v. b. fig.*
1698. Favole Esopiane del' abate Giambatt. Roberti. *In Bassano*, 1782, *in-8°, cart.*

ROMANS ET CONTES.

Traités sur les Romans.

1699. De l'usage des Romans, par l'abbé Lenglet du Fresnoy. *Amsterd.* 1734, 2 *vol. in-12, v. f.*
— L'histoire justifiée contre les Romans, par le même. *Amst.* 1735, *in-12, v. f.*

Romans Historiques, Moraux, Critiques, Allégoriques.

1700. Histoire des amours de Henry IV, avec diverses lettres à ses maîtresses. *Leyde, Sambyx*, 1664, *in-12, m. verd.*
1701. Histoire amoureuse & badine du Congrès & de la ville d'Utrecht, avec les entretiens des Barques de Hollande. *Liege*, 1713, *in-12, v. f.*
1702. Le songe du Vergier, lequel parle de la disputation du Clerc & du Chevalier. *Paris, Jehan Petit, sans date, in-4°, m. r. fig.*
1703. Jo. Barclaii Argenis cum clave. *Lugd. Bat. Elzevier*, 1630, *in-12, m. r.*
1704. Joannis Barclaii Argenis cum clave. *Amst. Elzevier*, 1655, *in-12, m. r.*
1705. Petri Firmiani (P. Zachariæ Capucini)

Gyges gallus & somnia sapientis. *Paris*, 1657, 2 vol. *in*-12, *m. r.*

1706. Le Roman bourgeois, par Ant. Furetiere. *Amst.* 1714, *in*-12, *m. r.*

1707. Nouvelle Ecole publique des finances, ou l'art de voler sans aîles. *Paris*, 1707, *in*-12, *m. r.*

Romans d'Amour.

1708. Heliodori Æthiopica, græcè & latinè. *Lugd. Bat.* 1637, *in*-12, *m. bl.*

1709. L'Histoire Ethiopique de Héliodore, traictant des loyales amours de Théagenes & Chariclea, traduite en françois. *Paris*, 1570, *in*-18, *m. r.*

1710. Histoire Æthiopique de Heliodorus, traduite en François. *Rouen*, 1596, *in*-18, *m. bl.*

1711. Historia di Heliodoro delle cose Ethiopiche, tradotta da Leonardo Ghini. *In Vinegia*, 1559, *in*-8°, *parch.*

1711 *bis*. Longi Pastoralia de Daphnidis & Chloes amoribus, græcè, recensuit Ludov. Dutens. *Parisiis*, *Didot*, 1776, *in*-12, *m. bl.*

1712. Gli amori di Dafni e della Cloe, Favola greca descritta in italiano da Gio. Batt. Manzini. *In Bologna*, 1643, *in*-4°, *v. f.*

1713. Achillis Tatii de Clitophontis & Leucippes amoribus libri octo, græcè & latinè, ex editione Claudii Salmasii. *Lugd. Bat.* 1640, *in*-12, *m. verd.*

1714. Achille Tatio dell', amore di Leucippe & di Clitophonte tradotto. *In Venetia*, 1560, *in*-8°, cart.

1715. Eustathii de Ismeniæ & Ismenes amoribus libri undecim, latinè. *Lugd. Bat.* 1644, *in*-32, *m. r.*

(149)

1716. La Fiammette Amoureuſe de Jean Boccace, faicte françoiſe & italienne. *Paris*, 1609, *in*-12, *v. f. d. f. t.*

1717. Le Laberinthe d'Amour de Jean Boccace, mis d'italien en françois. *Paris*, 1571, *in*-18, *m. r.*

1718. Arcadia del Sannazaro. *In Florentia, Giunti*, 1519. — Sonecti, Capituli, Canzone ſextine, Stanze, & Strambocti di Franceſco Cei. *Ibid.* 1514, *in*-12, *cart.*

1719. Equitis Franci & adoleſcentulæ mulieris italæ practica artis amandi, auct. Hilario Drudone. *Francofurti*, 1625, *in*-12, *v. f.*

1720. L'Hiſtoire délectable & récréative de deux parfaits Amans, eſtans en la Cité de Sene, rédigée en langue latine, par Eneas Silvius, & traduite en vulgaire francoys. 1537, *in*-18, *m. bl.*

1721. Gli Aſolani di Pietro Bembo. *In Florentia, Giunti*, 1515, *in* 8°, *vel.*

1722. Les Azolains de Bembo, de la nature d'Amour, traduicts en françois, par Jean Martin. *Paris*, 1572, *in*-18, *v. m.*

1723. Les Triumphes de la noble & amoureuſe Dame, & l'Art de honnêtement aymer par le traverseur des voies périlleuſes (J. Bouchet). *Poictiers*, 1530, *in-fol. goth. m. r.*

1724. Hypnerotomachie ou Diſcours du ſonge de Poliphile, déduiſant comme amour le combat à l'occaſion de Polia, traduit d'italien en françois, par Jean Martin. *Paris, Kerver*, 1561, *in-folio, v. m.*

1725. Petit Traité de Arnalte & Lucenda, ou l'Amant maltraité de ſa Maîtreſſe, en françois & en italien, trad. par Bartholomeo Maraffi. *Lyon*, 1583, *in*-18, *m. r.*

1726. La Diana de Montemayor. *In Venetia*, 1585, 2 vol. *in-*12, *v. f.*
1727. Queſtion de amor, y Carcel de amor, por Diego Lopez. *En Salamanca*, 1580, *in-*18, *m. r.*
1728. Carcel de amor, del cumplimiento de Nicolas Nunez. *En Anvers*, 1598, *in-*18, *m. r.*
1729. Le Thréſor d'amour, avec un Diſcours du parfaict amant, & une nuict ennuyeuſe. *Lyon*, 1602, *in-*12, *m. bl.*
1730. Les Amours de Lyſandre & de Caliſte, *Leydé*, 1650, *in-*12, *m. bl.*
1731. La Simplicita ingannata di Galerana Baratotti. *In Leida, Elzevier*, 1654, *in-*12, *m. r.*
1732. Le Journal amoureux. *Paris, Barbin*, 1761, *in-*12, *m. bl.*
1733. Lettere di Milady Giulietta Catesby, tradotte del franceſe della Signora Ricoboni, per la Signora di Gourgue. *In Coſmopoli*, 1769, *in-*8°, *m. r.*

Romans de Chevalerie.

1734. Hiſtoire de Gyron le Courtois. *Paris, Vérard, ſans date, in-fol. v. b.*
1735. Gyrone il Corteſe di Luigi Alamanni. *In Parigi*, 1548, *in-*4°, *vél.*
1736. Les anciennes Chroniques d'Angleterre, faicts & geſtes du très-preux & redoubté en chevalerie, le noble roi Perceforeſt. *Paris, Galliot du Pré*, 1528, 6 *tom.* 3 *vol. in-fol. m. cit. exempl. bien conſervé.*
1737. La Cronicque de Dom Flores de Grece,

mise en françoys par Nicolas de Herberay, Seigneur des Essars. *Paris*, 1573, *in-*18, *m. bl.*

1738. L'histoire de Palmerin d'Olive & de la belle Griane. *Lyon*, 1593, *in-*18, *v. b.*

1739. Le Romant des Chevaliers de la Gloire, par François de Rosset. *Paris*, 1613, *in-*4°, *m. r.*

1740. La devise des armes des Chevaliers de la Table-Ronde, avec la description de leurs armoiries. *Paris, Anthoine Houic, in-*24, *m. r.*

1741. La devise des armes des Chevaliers de la Table-Ronde. *Lyon*, 1590, *in-*18, *m. bl.*

Contes & Nouvelles.

1742. Libro di Novelle & di bel parlar Gentile da Carlo Gualteruzzi. *In Fiorenza, Giunti,* 1572, *in-*4°, *cart.*

1743. Libro di Novelle è di bel parlar Gentile contenente cento novelle antiche da Carlo Gualteruzzi. *In Firenze,* 1778, 2 *vol. in-*8°, *cart.*

1744. Cento Novelle scelte da più nobili scrittori di Franc. Sansovino. *In Venetia*, 1603, *in-*4°, *parch. fig.*

1745. Il Decamerone di M. Giovanni Boccaccio. *In Firenze, per li heredi di Philippo di Giunta,* 1527, *in-*4°, *vél. edizione originale è rarissima.*

1746. Il Decamerone di M. Giovanni Boccaccio. 1527, *in-*4°, *v. b. edizione rinovata.*

1747. Il Decamerone di Giov. Boccaccio, corretto per Ant. Bruccioli. *In Venetia, Giolito,* 1542, *in-*18, *m. verd.*

1748. Il Decameron di Giov. Boccacci. *In Fiorenza, Giunti*, 1573, *in-4°, dem. rel.*
1749. Il Decameron di Giov. Boccaccio, alla fua vera lezzione, ridotto dal cavalier Lionardo Salviati. *In Firenze*, 1582, *in-4°, vél.*
1750. Il Decamerone di Gio. Boccaccio, alla fua vera Lezzione, ridotto dal cavalier Lionardo Salviati. *In Firenze*, 1587, *in-4°, parch.*
1751. Il Decamerone di Giovanni Boccacci. *In Amfterdamo, Elz.* 1665, *in-12, m. r.*
1752. Il Decamerone di Giov. Boccacci. *In Amfterd.* 1718, 2 *vol. in-8°, vél.*
1753. Il Decameron di Gio. Boccaccio, fcritto da Fr. d'Amaretto Mannelli full originale dell' autore. *In Lucca*, 1761, *in-4°, m. r.*
1754. Degli avvertimenti della lingua fopra il Decamerone, volume primo & fecundo di Lionardo Salviati. *In Venezia*, 1584, 2 *vol. in-4°, vél.*
1755. Iftoria del Decamerone di Gio. Boccaccio fcritta da Domenico Maria Manni. *In Firenze*, 1742, *in-4°, v. f.*
1756. Le cinquanta Novelle di Mafuccio Salernitano, *in-8°, parch.*
1757. I Capricci del Bottaio di Giov. Batt. Gelli. *In Firenze*, 1548, *in-8°, vél.*
1758. De Gli Hecatommithi di Giovan Batt. Giraldi Cinthio parte prima & feconda. *In Vinegia*, 1566, *in-4°, vél.*
1759. Le Novelle del Bandello. *In Venetia*, 1566, 3 *part. en un vol. in-4°, vél.* — La quarta parte de Novelle del Bandello. *In Lione, Rouffino*, 1573, *in-8°, parch.*
1760. Ducento Novelle di Celio Malefpini. *In Venetia*, 1609, *in-4°, parch.*

1761.

1761. Delle Novelle di Franco Sacchetti. *In Firenze*, 1724, 2 vol. *in*-8°, *br.*

1762. L'Heptaméron des nouvelles de Marguerite de Valois, royne de Navarre, 1560, *in*-18, *m. r.*

1763. Le Printems d'Yver, contenant cinq histoires discourues par cinq journées, par Jacques Yver. *Paris*, 1581, *in*-18, *m. verd.*

1764. Les Comptes du Monde avantureux, augmentés de cinq discours modernes. *Paris*, 1582, *in*-18, *v. f.*

1765. Les Serées de Guillaume Bouchet. *Paris*, 1598, 3 vol. *in*-12, *m. r.*

1766. Les Contes & Discours bigarrés du sieur de Cholieres. *Paris*, 1611, *in*-12, *v. b.*

1767. Amours diverses, divisées en quatre Histoires, par le sieur des Escuteaux. *Rouen*, 1613, *in*-12, *m. verd.*

Facéties.

1768. Lucius Apuleius de l'Asne d'ore, translaté de latin en françois, par Guillaume Michel, dict de Tours. *Paris, Galliot du Pré*, 1518, *in*-4°, *v. b.*

1769. L'Asne d'or ou les Métamorphoses de Luce Apulée, Philosophe Platonique, trad. en françois. *Paris*, 1602, *in*-12, *v. m.*

1770. Nicodemi Frischlini Bebelii & Poggii Facetiæ, item additamenta Phil. Hermotimi. 1660, *in*-12, *m. r.*

1771. Jocorum veterum ac recentiorum libri tres, aut. Hadriano Barlando. *Antuerpiæ*, 1529, *in*-12, *v. m.*

172. Facetiæ Facetiarum, hoc est joco-serio-

rnm fasciculus novus. *Pathopoli*, 1645, *in-*12, *m. verd.*

1773. Joci Guill. du Vair. *Avenioni*, 1600, *in-*12, *v. m.*

1774. Joci Andreæ Arnaudi. *Avenioni* 1605, *in-*12. *m. verd.*

1775. Democritus ridens, five Campus recreationum honestarum, cum exorcismo melancholiæ. *Amstelod.* 1655, *in-*12, *m. bl.*

1776. Les Œuvres de Maître François Rabelais. *Lion*, 1569, *in-*18, *v. b.*

1777. Les Déclamations, Procédures & Arrets d'amours, donnez en la court & parquet de Cupido. *Lyon*, 1581, *in-*18, *m. cit.*

1778. Arresta amorum, cum commentariis Benedicti Curtii. *Parisiis*, 1555, *in-*18, *m. bl.*

1779. La Pénitence d'amour. *Paris*, 1538, *in-*18, *m. bl.*

1780. Le moyen de parvenir, par Beroalde de Verville, 1738, 2 *vol. in-*12, *v. f.*

1781. Facécies & mots subtils d'aucuns excellens esprits, en françois & en italien. *Paris*, 1582, *in-*18, *v. f.*

1782. La Floresta spagnola, ou le plaisant Bocage, contenant plusieurs Comptes, Gosseries, Brocards, &c. *Lyon*, 1600, *in-*12, *m. r.*

1783. Scelta di Facetie, Motti, Burle, & Buffonerie del Piovano Arlotto. *In Vinegia*, 1602, *in-*12, *parch.*

1784. Formulaire fort récréatif de tous Contracts, Donations, Testamens &c. fait par Bredin le Cocu. *Lyon*, 1605, *in-*18, *m. r.*

1785. La Navigation du Compagnon à la Bouteille, avec les prouesses du merveilleux Géant Bringuenarille. *Troyes, veuve Oudot, sans date*, *in-*18, *v. m.*

(155)

1786. Les nouvelles & plaisantes imaginations de Bruscambille, en suite de ses Fantaisies, par des Lauriers. *Bergerac*, 1615, *in-*12, *m. bl.*

1787. Les Bigarures & Touches du Seigneur des Accords, avec les Contes de Gaulard & les Escraignes Dijonnoises. *Rouen*, 1620, *in-*12, *v. b.*

1788. Les mêmes Bigarures & Touches du Seigneur des Accords, avec les Apophtegmes de Gaulard & les Escraignes Dijonnoises. *Paris*, 1662, *in-*12, *m. r.*

1789. Rodomontades espagnoles, recueillies du Capitaine Bonbardon & Emblesmes sur les mœurs espagnoles. *Rouen*, 1623, *in-*12, *v. éc.*

1790. Les quinze Joies du Mariage, mis en lumiere par François de Rosset. *Rouen*, 1625, *in-*12, *v. f.*

1791. La sage Folie, fontaine d'Allégresse, mere des Plaisirs, reyne des belles Humeurs, trad. de l'italien d'Ant. Marie Spelte, par L. Garon, *Lyon*, 1628, *in-*12, *m. bl.*

1792. La délectable Folie, support des Capricieux, soulas des Fantasques, nourriture des Bigearres, trad. de l'italien d'Ant. Mar. Spelte, par L. Garon. *Lyon*, 1628, *in-*12, *m. bl.*

1793. Le Chasse ennuy ou l'honneste Entretien des bonnes compagnies, par Louis Garon. *Paris*, 1641, *in-*12, *m. r.*

1794. Les nouvelles Œuvres de M. le Pays. *Amst.* 1677, *in-*12, *m. r.*

PHILOLOGIE.

Traités sur l'Art critique, Critiques anciens & modernes.

1795. Joannis Clerici Ars critica. *Amst.* 1699, 3 *vol. in-*12, *v. b.*
1796. Auli Gellii Noctes atticæ. *Lugd. Gryphius,* 1559, *in-*18, *m. verd.*
1797. Auli Gellii Noctes atticæ. *Amst. Elz.* 1651, *in-*12, *m. bl.*
1798. Macrobii Saturnaliorum libri septem. *Venetiis, apud Lucam Ant. Giuntam,* 1513, *in-fol. parch.*
1799. Macrobii, Aurelii, Ambrosii, Theodosi Opera. *Lugd. Gryphius,* 1560, *in-*18, *m. bl.*
1800. Aurelii, Theodosii, Macrobii Opera, cum notis variorum & Caroli Zeunii. *Lipsiæ,* 1774, *in-*8°, *v. m.*
1801. Musæum philologicum & historicum, Thomas Crenius conlegit & recensuit. *Lugd. Bat.* 1699, 5 *vol. in-*12, *v. b.*
1802. Analecta philologico - critico - historica, ex recensione Thomæ Crenii. *Amst.* 1699, *in-*12, *v. b.*
1803. Johan. Wolfii lectionum memorabilium centenarii sexdecim. *Lavingæ,* 1600, 2 *tom.* 4 *vol. in-fol. v. m.*
1804 Eusthatii Swartii Analecta, in quibus innumera auctorum Græcorum & Latinorum loca emendantur & illustrantur. *Lugd. Bat.* 1616, *in-*4°, *m. r.*
1805. Joannis Meursii atticarum Lectionum libri sex. *Lugd. Bat.* 1617, *in-*4°, *m. r.*
1806. Discorso sopra le vicende della letteratura,

dell' abate Carolo Denina. *In Venezia*, 1788, 2 *vol. in-8°, br.*

1807. Idea della bella letteratura Alemanna, dall' abate Giorgi Bertola. *In Lucca,* 1784, 2 *vol. in-8°, br.*

1808. Letteratura Turchesca, dell' abate Giambatista Toderini. *In Venezia*, 1787, 2 *vol. in-8°, br.*

Satyres & Apologies, Traités critiques & apologétiques des deux Sexes.

1809. Isaaci Casauboni de Satyricâ Græcorum Poesi & Romanorum Satyrâ libri duo. *Parisiis,* 1605, *in-8°, v. f.*

1810. Joan. Antonii Vulpii liber de Satyræ latinæ naturâ & ratione. *Patavii,* 1744, *in-8°, br.*
— Ejusdem liber de utilitate Poetices. *Patavii,* 1743, *in-8°, br.*

1811. T. Petronii Arbitri Satyricon & Fragmenta, cum notis J. Bourdelotii. *Lugd. Bat.* 1645, *in-8°, m. verd.*

1812. Titi Petronii Arbitri Satyricon. *Amstelod.* 1677, *in-32, m. r.*

1813. Titi Petronii Arbitri Satyricon, cum fragmentis. *Lipsiæ,* 1731, *in-8°, v. m.*

1814. Elegantiores præstantium virorum Satyræ. *Lug. Bat.* 1655, 2 *vol. in-12, m. cit.*

1815. Tres Satyræ Menippeæ, Lucii Senecæ Apolokintosis, J. Lipsii somnium, P. Cunei Sardi Venales, cum notis. *Lipsiæ,* 1720, *in-8°, v. f.*

1816. Nic. Rigaltii, Justi Lipsii, Petri Cunæi, & Juliani Imperatoris Satyræ quatuor. *Lugd. Bat.* 1620, *in-18, m. verd.*

1817. Satyræ duæ *Hercules tuam fidem*, & virgula divina, accessit his fabulæ Burdonum confutatio, authoribus Heinsio & Scaligero, adversus Scioppium. *Lugduni-Bat.* 1617, *in*-12, *m. r.*

1818. Euphormionis Lusinini, sive Joan. Barclaii Satyricon, cum clavi. *Lugd. Bat. Elz.* 1637, *in*-12, *m. r.*

1819. Euphormionis Lusinini, sive Joannis Barclaii Satyricon, cum clavi. *Lugd. Bat. Elz.* 1655, *in*-12, *m. r.*

1820. Alitophili veritatis lacrymæ, sive Euphormionis Lusinini continuatio, 1625, *in*-12, *m. r.*

1821. Cras credo, hodie nihil, Satyra Menippea. *Lugd. Bat.* 1621, *in*-18, *m. r.*

1822. Pallium exulans in possessionem restitutum, Satyra, 1629, *in*-12, *m. verd.*

1823. Le Mépris de la Court, traduit de l'Espaignol, par Anthoine Alaigre, avec différentes pieces de Poésie d'Anth. Heroet & autres. *Paris,* 1556, *in*-18, *m. r.*

1824. Speculum vitæ aulicæ, de admirabili fallaciâ Vulpeculæ Reinikes libri quatuor, auct. Hartmanno Schoppero. *Francofurti ad Mœnum,* 1595, *in*-12, *m. r.*

1825. L'Introduction au Traité de la conformité des merveilles anciennes avec les modernes, ou Traité préparatif à l'Apologie pour Hérodote, par H. Estienne. *Paris,* 1566, *in*-8°, *v. f. d. s. t.*

1826. Il Corriero sualigiato publicato da Ginifaccio Spironcini. *In Villafranca,* 1644, *in*-12, *m. r.*

1827. Il Mercurio Postiglione di questo e l'altro mondo. *In Villafranca,* 1667, *in*-12, *m. verd.*

1828. Le Voyage de Mercure, Satyre. *Paris, 1669, in-12, v. éc.*

1829. Il Puttanifmo moderno con il noviffimo parlatorio delle Monache. *in-12, vél.*

1830. Les fept Vifions de Dom Francifco de Quevedo Villegas, traduites de l'efpagnol par de la Genefte. *Hollande, 1667, in-12, m. bl.*

1831. Lettre de Clément Marot fur ce qui s'eft paffé à l'arrivée de Lully aux Champs-Élyfées. *Cologne, 1688, in-12, m. r.*

1832. La Difpute d'un Ane contre frere Anfelme Turmeda, touchant la dignité & prééminence de l'Homme par devant les autres Animaux. *Pampelune, 1606, in-18, m. r.*

1833. Henrici Cornelii Agrippæ de nobilitate & præcellentiâ fœminei fexus, libellus. *1529, in-18, vél.*

1834. Alphabet de l'Imperfection & Malice des Femmes, par Olivier. *Paris, 1617, in-12, m. cit.*

1835. La guerre des Mâles contre les Femelles, repréfentant les prérogatives & dignitez de l'un & de l'autre fexe, avec les Mélanges poétiques du fieur de Cholieres. *Paris, 1588, in-12, vél.*

1836. Che le donne fiano della fpetie de gli huomini, difefa delle donne di Galerana Barcitotti. *Norimbergh, 1651, in-12, vél.*

Differtations fur des Sujets finguliers.

1837. Differtationum ludicrarum & amœnitatum fcriptores varii. *Lugd. Bat. 1638, in-12, m. r.*

1838. Paradoxes, ce font Propos contre la commune opinion, desbattus en forme de déclamations forenfes. *Paris, 1553, in-12, m. r.*

1839. Paradoxes ou Sentences débattues contre la commune opinion. *Paris*, 1561, *in*-12, v. m.

1840. Desiderii Erasmi lingua, sive de linguæ usu & abusu. *Lugd. Bat.* 1649, *in*-18, m. r.

1841. D. Erasmi Moriæ encomium, cum Ger. Listrii commentariis. *Lugd. Bat.* 1668, *in*-18, m. r.

1842. La Louange de la sottise, déclamation d'Erasme, mise en françois. *La Haye*, 1643, *in*-12, m. r.

1843. Encomio della Pazzia di Erasmo, tradotto in italiano. *In Basilea*, 1761, *in*-12, vél.

1844. Philosophie d'Amour de Léon Hébreu, traduite de l'italien, par du Parc. *Paris*, 1577, *in*-18, m. r.

1845. La Sainête Philosophie d'amour de Léon Hébreu, trad. de l'italien en françois, par du Parc. *Paris*, 1596, *in*-18, m. r.

1846. Hieronymi Cardani Neronis Encomium. *Amstel.*, 1640, *in*-18, m. bl.

1847. Johan Pierii Valeriani Apologia pro Sacerdotum Barbis. *Lugd. Bat.* 1639, *in*-12, m. bl.

1848. La Magnifique Doxologie du Festu, par Sébastien Rouillard. *Paris*, 1610, *in*-8°, m. r.

1849. Laus Asini ad Senatum populumque eorum qui, ignari omnium Scientias ac Litteras contemnunt. *Lugd. Bat.* 1623, *in*-4°, m. r.

1850. Laus Asini, cum aliis Festivis opusculis. *Lugd. Bat. Elzevier*, 1629. *in*-32, m. r.

1851. Nicolai Vedelii sanctus Hilarius, seu antidotum contra tristitiam, pro sanctâ Hilaritate. *Lugd. Batav.* 1632, *in*-32, m. bl.

1852. Auguftini Niphi de Pulchro & de Amore, libri. *Lugd. Bat.* 1641, *in-*12, *m. r.*
1853. Petri Godofredi Carcafonenfis, de amoribus libri tres. *Lugd. Bat.* 1648, *in-*12, *m. bl.*
1854. De re uxoriâ libri duo, aut. Francifco Barbaro. *Amftel.* 1639, *in-*18, *m. bl.*
1855. Danielis Heinfii differtatio Epiftolica, an viro litterato ducenda fit uxor & qualis, cum aliis ejufdem opufculis, item Jacobi Eyndii joci funebres in obitus aliquot animalium. *Lugd. Bat.* 1618, *in-*12, *m. bl.*
1856. Erycii Puteani de anagrammatifmo, quæ cabalæ pars eft, Diatriba. *Bruxellæ*, 1643, *in-*18, *m. r.*
1857. Laus Ululæ, auctore Curtio Jaele. *Claucopoli*, *in-*32, *m. r.*
1858. Tractatus varii de Pulicibus, *in-*12, *v. b.*
1859. De Arte bibendi libri tres, autore Vincentio Obfopeo. *Norimbergæ*, 1536, *in-*4°, *cart.*
1860. Vincentius Obfopœus de Arte bibendi, cum aliis feftivis opufculis. *Amft.* 1737, *in-*12, *m. r.*

Sentences, Apophtegmes, Adages, Proverbes, Penfées, Ana, &c.

1861. Ex Cicerone & aliis autoribus fententiarum compendium, autore Petro Lagnerio. *Parifiis*, 1550, *in-*18, *m. bl.*
1862. Ex Cicerone & aliis authoribus excerptæ fententiæ, aut. Petro Lagnerio. *Parifiis*, 1556, *in-*18, *m. r.*
1863. Plutarchi Apophtegmata Regum & Imperatorum, ejufdem Apophtegmata Laconica, græcè. *Lovanii*, 1521, *in-*4°, *v. f. d. f. t.*

1864. Apophtegmata græca Regum, Ducum, Philofophorum ex Plutarcho & Diogene Laertio, græcè & lat. *Parifiis, Henr. Stephanus*, 1568, *in*-18, *m. r.*

1865. Les Sentences de plufieurs Sages, Princes, Roys, &c. traduites de Plutarque. *Paris, Bonfons, in*-18, *v. f.*

1866. Les Apophtegmes de plufieurs Roys, Chefs d'Armées, Philofophes, &c. traduits du grec par Macault. *Paris*, 1556, *in*-18, *v. b.*

1867. Apoftemmi di Plutarco, tradotti per Bern. Guaiandi. *In Vinegia, Giolito*, 1566, *in*-4°, *parch.*

1868. Joannis Stobæi fententiæ in locos communes digeftæ & latinitati donatæ, per Conradum Gefnerum. *Parif.* 1552, *in*-18, *m. bl.*

1869. Gnomologia græco-latina, hoc eft infigniores fententiæ Philofophorum, Poetarum, &c. ex Stobæo excerptæ, per Michaelem Neandrum. *Bafileæ*, 1557, *in*-8°, *v. f.*

1870. Michaelis Apoftolii Parœmiæ, cum verfione latinâ Petri Pantini & notis. *Lugd. Bat.* 1619, *in*-4°, *m. r.*

1871. Virtutum Encomia feu Gnomæ de virtutibus, græcis verfibus cum latinâ interpretatione Henr. Stephani. *Parifiis*, 1573, *in*-18, *m. verd.*

1872. Parodiæ morales Henrici Stephani in Poetarum veterum fententias celebriores, totidem verfibus græcis ab eo redditas. *Parifiis, Henr. Stephanus*, 1575, *in*-8°, *v. f.*

1873. Epiftolia, Dialogi breves, Oratiunculæ, Poematia, græca & latina. *Paris, Henr. Stephanus*, 1577, *in*-8°, *v. f. d. f. t.*

1874. Apophtegmatum opus, Desid. Erasmo autore. *Lugd. Gryphius, 1547, in-18, m. verd.*
1875. Desiderii Erasmi Apophtegmatum libri octo. *Hagæ-Comitis, 1641, in-12, m. verd.*
1876. Les Ditz moraux & Belles sentences de plusieurs grands Philosophes. *Lyon, 1552, in-18, m. r.*
1877. Les Faitz & Gestes mémorables de plusieurs gens remplis d'une admirable doctrine & condition, traduits par Houdent. *Lyon, 1557.* — Les Epistres de Phalaris, traduites de grec en françois. *Lyon, 1556, in-18, m. cit.*
1878. Propos Mémorables des nobles & illustres Hommes de la Chrestienté, par Gilles Corrozet. *Lyon, 1570, in-18, m. bl.*
1879. Les Marguerites françoises, ou Fleurs de bien dire, contenant sentences morales, recueillies par Fr. Desrues. *Rouen, in-12, m. bl.*
1880. Trésor de Sentences dorées, Dicts, Proverbes & Dictons communs, avec le Bouquet de Philosophie morale, par Gabriel Meurier. *Lyon, 1582, in-18, m. r.*
1881. Apophtegmes & Sentences en allemand. *Amsterd. Elzevier, 1653, 2 vol. in-12, m. r. dent.*
1882. Adagiorum Desiderii Erasmi Epitome. *Amstel. Elz. 1650, in-12, m. r.*
1883. Adagiorum Desiderii Erasmi Epitome. *Amstel. Elz. 1663, in-12, m. r.*
1884. Adagia quæcumque ad hanc diem exierunt, Pauli Manutii studio collecta. *Florentiæ, apud Juntas, 1575, in-fol. vél.*
1885. Matthæi Tympii Mensa Theolophilosophica seu Collectio quæstionum & Erotema-

(164)

tum, tùm Philofophicorum, tùm Facetorum. *Monafterii Weftphaliæ*, 1623, *2 vol. in-*12, *m. r.*

1886. Specimen Proverbiorum Medanii, ex verfione Pocockianâ edidit Henr. Alb. Schultens. *Londini*, 1773, *in-*4°, *m. r.*

1887. Perroniana & Thuana. *Cologne*, 1694, *in-*12, *v. porph. d. f. t.*

1888. Huetiana, ou Penfées diverfes de M. Huet. *Paris*, 1722, *in-*12, *v. f.*

Hiéroglyphes, Emblefmes, Devifes, Symboles.

1889. Hori Apollinis felecta Hieroglyphica, græcè & latinè. *Romæ*, 1606, *in-*18, *vél. fig.*

1890. Les Emblêmes d'Alciat, traduits en rithme françoife, par Jean le Fevre. *Lyon*, 1570, *in-*18, *m. verd.*

1891. Emblemata, Nummi Antiqui & Epigrammata Joan. Sambuci. *Antuerp. Plantin*, 1569, *in-*18, *m. bl.*

1892. Achillis Bocchii Symbolicarum quæftionum libri quinque. *Bononiæ*, 1574, *in-*4°, *m. verd. fig.*

1893. Le Tableau de Cebes, traduit en rythme francoye, enfemble, la Volupté vaincue, & Emblefmes, par Gilles Corrozet. *Paris*, 1543, *in-*8°, *m. r.*

1894. Johannis Khunrathi Ruppei Emblematum Anthologicorum libri duo, 1599, *in-*18, *m. verd.*

1895. Le Théâtre des bons Engins, auquel font contenus cent Emblefmes moraulx, par Guill. de la Perriere, Tolofain. *Paris, Janot.* 1539, *in-*8°, *m. r. fig.*

1896. Typus mundi in quo ejus calamitates & pericula, nec non divini humanique amoris antipathia emblematicè proponuntur. *Antuerpiæ*, 1627, *in*-18, *m. verd.*
1897. Emblemata Florentii Schoonhovii. *Goudæ*, 1618, *in*-4°. *v. b. fig.*
1898. Microcofmos, Parvus Mundus, five Collectio Emblematum. *Francofurti, Zetter*, 1644, *in*-4°. *v. b.*
1899. Picta Poefis. *Lugduni*, 1556, *in*-18, *m. bl. fig.*
1900. Claudii Paradini Symbola heroica. *Antuerpiæ*, 1567, *in*-18, *m. verd.*

POLYGRAPHIE.

Polygraphes anciens & modernes.

1901. Luciani Samofatenfis Opera, græcè. *Venetiis, apud Juntas*, 1535, *in*-8°, *vél.*
1902. Excerpta quædam ex Luciani operibus, græcè & latinè per N. Kent. *Cantabrigiæ*, 1730, *in*-8°, *c. m. v. b.*
1903. Juliani Imperatoris Opera, græcè & latinè edente Dion. Petavio. *Parifiis*, 1630, 2 *vol. in*-4°, *v. m.*
1904. Profe di Dante Alighieri, e di Gio Boccacci. *In Firenze*, 1723, *in*-4°, *vél.*
1905. Le Opere di Giovanni Boccacci. *In Firenze*, 1723, 6 *vol. in*-8° *maj. vél.*
1906. Francifci Petrarchæ Opera. *Bafileæ*, 1571, *in-fol. v. b.*
1907. Poggii Florentini Opera. *Argentinæ*, 1513, *in-fol. v. f.*
1908. Opera omnia Joannis Pici Mirandulæ Comitis. *Bafileæ*, 1572, 2 *vol. in-fol. vél.*

1909. Hieronymi Fracaftorii Opera omnia. *Venetiis, apud Juntas*, 1584, *in-4°, parch.*

1910. Petri Bembi Opera in unum Corpus collecta. *Bafileæ*, 1556, 3 *vol. in-8°, vél.*

1911. Profe di Pietro Bembo. *In Firenze*, 1549, *in-8° maj. vél.*

1912. Jacobi Sadoleti Opera omnia. *Veronæ*, 1737, 4 *vol. in-4°, br.*

1913. Antonii Urcei Codri Opera. *Parifiis, Jehan Petit*, 1515, *in-4°, mout. bl.*

1914. Thomæ Mori Utopia, Epigrammata, & alia opera. *Bafileæ*, 1563, *in-8°, v. f. d. f. t.*

1915. Petri Criniti Opera. *Lugduni, Gryphius*, 1561, *in-18, m. verd.*

1916. Profe di Agnolo Firenzuola. *In Fiorenza*, 1552, *in-8°. vél.*

1917. Marci Antonii Mureti Opera omnia, cum brevi annotatione Davidis Ruhnkenii. *Lugd. Bat.* 1789, 4 *vol. in-8°, br.*

1918. Aonii Palearii Verulani Opera. *Amftel.* 1696, *in-8°, v. b.*

1919. Opere di Speron Speroni. *In Venezia*, 1740, 5 *vol. in-4°, cart.*

1920. Opere Varie di Fra-Paolo Sarpi. *Helmftat.* 1750, 2 *vol. in-fol. v. f.*

1921. Opere di Giovanni della Cafa. *In Firenze*, 1707, 3 *vol. in-4°, cart.*

1922. Opere di Giovanni della Cafa. *In Napoli*, 1733, 5 *vol. in-4°, cart.*

1923. Antonii Auguftini, Archiepifcopi Tarraconenfis, Opera omnia. *Lucca*, 1765 *& feq.* 8 *vol. in-fol. dem. rel.*

1924. Joannis Meurfii Opera omnia, curante Joanne Lami. *Florentiæ*, 1741, *& feq.* 12 *vol. in-fol. cart.*

1925. Caroli Sigonii Opera omnia, curante Philippo Argelato Bononienfi. *Mediolani*, 1732, 6 vol. *in-fol. v. b.*
1926. Gerardi Joannis Voffii Opera. *Amſtel.* 1701, 6 vol. *in-fol. v. b.*
1927. Andreæ Naugerii Patricii Veneti Opera omnia, curante Vulpio. *Patavii*, 1718, *in-4°, c. m. vel.*
1928. Opuscoli di Scipione Ammirato. *In Firenze*, 1640, 3 vol. *in-4°, vel.*
1929. Opere di Gio. Franceſco Loredano. *Venet.* 1649, 3 vol. *in-24, m. r.*
1930. Opere ſcelte di Ferrante Pallavicino. *In Villafranca*, 1673, *in-12, v. b.*
1931. Philippi & Caſtruccii Fratrum Bonamiciorum Opera omnia. *Lucæ*, 1784, 4 vol. *in-4°, broch.*
1932. Opere tutte tanto edite che inedite, del Propoſto Lud. Ant. Muratori. *In Arezzo*, 1767, 13 tom. 19 vol. *in-4°. br.*
1933. Opere del Conte Algarotti. *Cremona*, 1778, 9 vol. *in-8°, dem. rel. manq. le tome premier.*
1934. Opere del Signor Commendatore Conte Carli. *Milano*, 1784, 18 vol. *in-8°, br.*

Mélanges & Recueils de Pièces, de Differtations, d'Opuſcules ſur des ſujets variés.

1935. Galeottus Martius de doctrinâ promiscuâ. *Lugd.* 1552, *in-18, m. bl.*
1936. L'Amoroſo convivio di Dante, con la additione. *In Venetia*, 1531, *in-8°, vel.*
1937. L'Aſino doro di Nicolo Macchiavelli, con tutte l'altre ſue operette. *In Roma*, 1588, *in-8°, v. f.*

1938. Les Doctes & Subtiles responses de Barthelemi Tœgio, mises d'italien en françois, par du Verdier de Vauprivas. *Lyon*, 1577, *in*-18, *m. bl.*

1939. Jardin de Flores curiosas en que se tratan diversas materias, compuesto por Ant. de Torquemada. *En Anveres*, 1576, *in*-12, *v. porph.*

1940. Hexameron ou Six Journées, contenant plusieurs doctes discours sur aucuns points difficiles en diverses Sciences, traduit de l'espagnol d'Ant. de Torquemade, par Gabriel Chapuys. *Paris*, 1583, 2 *vol. in*-18, *v. éc.*

1941. Les diverses Leçons de Pierre Messie, mises en françois, par Claude Gruget. *Paris*, 1583, 2 *vol. in*-18, *v. b.*

1942. Les diverses Leçons d'Anthoine du Verdier, sieur de Vauprivas. *Paris*, 1583, *in*-18, *m. bl.*

1943. Le Proumenoir de M. de Montaigne, par sa fille d'alliance, avec quelques Poésies & une Préface sur les Essais du même. *Paris*, 1599, *in*-18, *m. bl.*

1944. Conringiana Epistolica, sive Animadversiones variæ eruditionis ex Hermanni Conringii Epistolis libatæ, curâ Christophori Henr. Ritmeieri. *Helmstadii*, 1708, *in*-18, *m. verd.*

1945. Miscellanea ex manuscriptis libris Bibliothecæ Collegii Romani societatis Jesu. *Romæ*, 1754 & 1757, 2 *vol. in*-8°, *br.*

1946. Franç. Ant. Zachariæ excursus litterarii per Italiam ab anno 1742 ad annum 1752, & ab anno 1753 ad annum 1757. *Venetiis*. 1754 & 1762, 2 *vol. in*-4°, *br.*

1947. Jacobi Perizonii dissertationes septem

varii argumenti. *Ludg. Bat.* 1740, *in*-12, *v. f.*

1948. Cure Letterarie di Angelo Maria Quirini, publicate dall' abate D. Antonio Sambuca. *In Brescia*, 1746, *in-fol. vel.*

1949. Recueil de différentes choses, par le Marquis de Lassay. *Lausanne*, 1756, 4 *vol. in*-12, *tirés sur form. in*-4°, *v. f. d. s. t.*

1950. Deliciæ Eruditorum, seu veterum Anecdotorum opusculorum collectanea, Joan. Lamius collegit & illustravit. *Florentiæ*, 1736, *& seq.* 18 *vol. in*-8°, *vel.*

1951. Symbolæ litterariæ, Opuscula varia philologica, scientifica, antiquaria, &c. collecta ab Ant. Franc. Gorio. *Florentiæ*, 1748 *& seq.* 10 *vol. in*-8°, *br.*

1952. Thomæ Hyde Dissertationes & Opuscula, curante Gregorio Sharpe. *Oxonii*, 1767, 3 *vol. in*-4°, *v. éc.*

1953. Prose Fiorentine raccolte dallo Smarrito Academico della Crusca. *In Firenze*, 1716 *& seq.* 17 *vol. in*-8°, *br.*

1954. Raccolta d'Opuscoli scientifici e filologici, per D. Angelo Calogera. *In Venezia*, 1728 *& seq.* 51 *vol. in*-12, *br.* — Nuova Raccolta d'Opuscoli scientifici e filologici, per il Medesimo Angelo Calogiera e D. Fortunato Mandelli. *In Venezia*, 1755 *& seq.* 42 *vol. in*-12, *br.*

1955. Opuscoli di Auctori Siciliani. *In Catania*, 1758 *& seq.* 20 *tom.* 19 *vol. in*-4°, *parch.*

1956. Dissertazioni, istoriche, scientifiche, erudite, recitate da diversi autori in Brescia, raccolte d'all Conte Giammaria Mazzuchelli. *In Brescia*, 1765, 2 *vol. in*-4°, *br.*

Dialogues.

1957. Desiderii Erasmi Colloquia. *Lugd. Batav. Elzevier*, 1636, *in*-12, *m. r.*

1958. Desiderii Erasmi Colloquia. *Amstelod. Elzevier*, 1655, *in*-12, *m. r.*

1959. Joannis Ravisii Textoris, Dialogi & Poemata. *Roterodami*, 1651, *in*-18, *m. bl.*

1960. Les dialogues de Jan Loys Vives, traduits en françoys, par B. Jamyn. *Paris*, 1566, *in*-18, *m. bl.*

1961. Cymbalum Mundi, ou Dialogues satyriques, par Bonaventure Despériers, édit. donnée par Prosper Marchand. *Amst.* 1732, *in*-12, *m. r.*

1962. Les Dialogues de Jacques Tahureau, du Mans. *Paris*, 1572, *in*-18, *m. bl.*

1963. Lucien en Belle-Humeur, ou nouveaux Entretiens des Morts. *Amst.* 1691, *in*-12, *m. r.*

Epistolaires anciens & modernes.

1964. Desid. Erasmi Liber de Conscribendis Epistolis. *Amstel.* 1629, *in*-24, *m. r. L. R.*

1965. Desiderii Erasmi Liber de Conscribendis Epistolis. *Lugd. Bat.* 1648, *in*-18, *m. r.*

1966. Græcorum veterum selectæ brevesque Epistolæ. *Coloniæ-Allobrogum*, 1612, *in*-18, *m. r.*

1967. Phalaridis Epistolæ græco-latinæ. *Ingolstadii*, 1614, *in*-18, *m. verd.*

1968. Les Epîtres de Phalaris, Roy des Agrigentins, traduites en françois, par Claude Gruget. *Lyon*, 1556, *in*-18, *m. r.*

1969. Æschinis Rhetoris Epistolæ duodecim,

græcè, cum notis variorum, ex edit. Jo. Samuelis Sammet. *Lipsiæ*, 1771, *in*-12, *dem. rel.*

1970. C. Plinii Cæcilii secundi Epistolæ. *Romæ, per Eucharium Silber alias Franck.* 1490, *in*-4°. *v. m.*

1971. Caii Plinii Cæcilii secundi Epistolæ & Panegyricus. *Lugd. Bat. Elzevier*, 1640, *in*-12, *m. r.*

1972. Symmachi Epistolæ familiares, item Marci Canonici Augustiniani Carmen de laudibus Sancti Joan. Gualberti, Alexandri Rosselli Carmen cui titulus *Salus Italica*, & alia Poematia. *Venetiis*, 1503, *in*-4°, *br.*

1973. Quinti Aurelii Symmachi Epistolæ, cum notis Jac. Lectii. *Sancti Gervasii*, 1601, *in*-18, *m. bl.*

1974. Doctissimæ illustrium Virorum Epistolæ, ab Angelo Politiano in ordinem redactæ. *Paris.* 1515. — Publii Fausti Andrelini Elegiæ, *in*-4°, *rel. en bois.*

1975. Epistolarum Laconicarum Farragines duæ, operâ Gilberti Cognati. *Basileæ, Oporinus, in*-18, *m. r.*

1976. Principum & illustrium Virorum Epistolæ. *Amstel. Elzevier,* 1644, *in*-12, *m. r.*

1977. Illustrium Italorum qui sæculo XIV floruerunt Epistolæ, recensente Laurentio Mehus. *Florentiæ*, 1741, 4 *vol. in*-8°, *v. m.*

1978. Angeli Politiani & aliorum Virorum illustrium Epistolæ. *Amstel.* 1642, *in*-12, *m. r.*

1979. Petri Abælardi & Heloissæ Epistolæ, curâ Ric. Rawlinson. *Londini*, 1718, *in*-8°, *v. b.*

1980. Ambrosii Traversarii Generalis Camaldulensium Epistolæ latinæ, à Petro Canneto distributæ, accedit ejufdem Ambrofii vita, auct. Laurentio Mehus. *Florentiæ*, 1759, 2 *vol. in-fol. maj. vél.*

1981. Epiftolæ Francifci Philelfi. *Parifiis*, 1505, *in-4°, rel. en bois.*

1982. Epiftolæ Pici Mirandulani, Hermolai Barbari, Cardinalis Beffarionis, Antonii Sabellici, Gafparini, &c. *in-4°, v. f. d. f. t.*

1983. Opus Epiftolarum Petri Martyris Anglerii. *Compluti*, 1530, *in-fol. m. verd.*

1984. Opus Epiftolarum Petri Martyris. *Amftel. Elz.* 1670, *in-fol. vél.*

1985. Latini Latinii Viterbienfis Epiftolæ, conjecturæ & obfervationes. *Romæ*, 1659, *in-4°, vél.*

1986. Guilielmi Budæi Epiftolæ. *Parifiis*, *Badius*, 1520, *in-4°, m. r.*

1987. Chriftophori Longolii Epiftolarum libri quatuor. *Lugd.* 1563, *in-18, m. r.*

1988. Duo volumina Epiftolarum obfcurorum Virorum ad Ortuinum Gratium, 1570, *in-12, m. r.*

1989. Epiftolarum obfcurorum Virorum ad Ortuinum Gratium volumina duo. *Londini*, 1710, *in-12, v. b.*

1990. Trium difertiffimorum Virorum Mureti, Lambini & Regii Præfationes & Epiftolæ. *Parif.* 1578, *in-18, m. r.*

1991. Epiftolarum Mifcellanearum ad Frid. Naufeam, libri decem. *Bafileæ*, 1550, *in-fol. vél.*

1992. Huberti Langueti Epiftolæ politicæ & hiftoricæ. *Lugd. Bat. Elzevier*, 1646, *in-18, m. r.*

1993. Huberti Langueti Epiftolæ fecretæ. *Halæ*, 1699, *in-4°, v. b.*

1994. Pauli Manutii Epiftolæ & Præfationes. *Laufannæ*, 1574, *in-18, m. bl.*

1995. Pauli Manutii Epistolæ & Præfationes. *Morgiis*, 1581, *in*-12, *m. verd.*
1996. Jacobi Bongarsii Epistolæ. *Lugd. Bat. Elz.* 1647, *in*-18, *m. r.*
1997. Isaaci Casauboni Epistolæ, curante Theod. Janson ab Almeloveen. *Amstel.* 1709, *in-fol. v. b.*
1998. Epistolæ & Carmina Philippi Albertini. *Ticini*, 1622, *in*-4°, *parch.*
1999. A. Gislenii Busbequii Epistolæ. *Lugd. Bat. Elzevier*, 1633, *in*-24, *m. r.*
2000. Hugonis Grotii Epistolæ. *Amstel.* 1687, *in-fol. v. b.*
2001. Hugonis Grotii Epistolæ ad Gallos. *Lugd. Bat. Elz.* 1648, *in*-12, *m. r.*
2002. Erycii Puteani Epistolæ, edente Marco Zuerio Boxhornio. *Lugd. Bat.* 1647, *in*-12, *m. r.*
2003. Dominici Baudii Epistolæ. *Amst. Elzevier*, 1654, *in*-12, *v. porph.*
2004. Joan. Crucii Mercurius Batavus, sive Epistolarum libri quinque. *Amstelod. Janſſon*, 1654, *in*-12, *m. verd.*
2005. Leonardi Bruni Aretini Epistolarum libri octo, curante Joan. Alb. Fabricio. *Hamburgi*, 1724, *in*-8°, *dem. rel.*
2006. Leonardi Bruni Aretini Epistolæ, recensente Laurentio Mehus. *Florentiæ*, 1741, *2 vol. in*-8°, *mout.*
2007. Epistolæ Kepleri & Berneggeri mutuæ, item Schickarti & Berneggeri. *Argentorati*, 1672, *in*-12, *m. bl.*
2008. Clarorum Belgarum ad Ant. Magliabechium Epistolæ. — Clarorum Venetorum ad eumdem Epistolæ. *Florentiæ*, 1745, *4 vol. in*-4°, *vél.* —

Clarorum Germanorum ad eumdem Epistolæ, *ibid.* 1746, *in-8°, vél.*

2009. Lettere di Principi le quali si scrivono de principi o à principi, &c. *In Venetia*, 1581, 3 *vol. in-4°, vél.*

2010. Nuova scielta di Lettere di diversi uomini illustri. *In Venetia*, 1574, 2 *vol. in-8°, vél.*

2011. Lettere di Partenio Etiro (Pietro Aretino) *In Venetia*, 1637, *in-8°, vél.*

2012. Lettere Scritte al Signor Pietro Aretino, da molti Signori, &c. *In Venetia*, 1551, *in 8°, vél.*

2013. Le divine Lettere del Gran Marsilio Ficino, tradotte in Lingua Toscana per Felice Figliuccii. *In Vinetia, Giolito.* 1549, 2 *vol. in-8°, vél.*

2014. Lettere di Pietro Bembo, tomo 1°. *In Roma*, 1548, *in-4°, vél.* — tomo 2° & 3°. *In Venetia*, 1551, 2 *vol. in-8°, vél.*

2015. Lettere di Pietro Bembo. *In Venetia*, 1564, 4 *tom.* 2 *vol. in-12, vél.*

2016. Lettere del Cardinale Giovanni de Medici. *In Roma*, 1752, *in-4°, vél.*

2017. Lettere memorabile dell' abate Michele Giustiniani. *In Roma*, 1667, 3 *vol. in-12, vél.*

2018. Lettere di fra Guittone d'Arezzo. *Roma*, 1745, *in-4°, vél.*

2019. Lettere ed altre opere di Jacopo Bonfadio. *In Brescia*, 1746, *in-8° maj. vél.*

2020. Lettere di Francesco Redi. *In Firenze*, 1779, 2 *vol. in-4°, mout.*

HISTOIRE.

Traités généraux sur l'Histoire.

2021. Joannis Bodini methodus ad facilem Historiarum cognitionem. *Amstel.* 1650, *in-12, m. bl.*

2022. Deux Discours, le premier du peu de certitude qu'il y a dans l'Histoire; le second de la connoissance de soi-même, par la Mothe Le Vayer. *Paris,* 1668, *in-12, m. r.*

GÉOGRAPHIE.

Géographes anciens.

2023. Strabonis de Situ orbis libri septemdecim, latinè. *Amstel.* 1652, 2 *vol. in-12, m. r.*

2024. La Geographia di Strabone, tradotta da Alfonso Buonaccivoli. *In Venet.* 1562, *in-4°, vél.*

2825. Dionysii Alexandrini & Pomponii Melæ orbis Descriptio, Æthici Cosmographia, Caii Julii Solini Polyhistor, cum notis. *Parisiis, Henr. Stephanus,* 1577, *in-4°, v. f. d. s. t.*

2026. Pomponius Mela de Situ orbis, & C. Julii Solini Polyhistor. *Lugd. Bat.* 1646, *in-12, m. r.*

2027. C. Ptolemæi Geographia, correcta à Marco Beneventano. *Romæ,* 1508, *in-fol. v. f. fig.*

2028. La Geografia di Claudio Tolomeo tradotta di greco, da Girolamo Ruscelli. *In Venetia,* 1561, *in-4°, cart.*

2029. Geographia cioe descrittione universale della terra di Claudio Tolomeo, corretta da

Gio. Ant. Magini, e tradotta da Lionardo Cernoti. *In Venezia*, 1598, *2 vol. in-fol. vél.*

2030. Geografia di Claudio Tolomeo tradotta da Girolamo Ruscelli, & ampliata da Gioseffo Rosaccio. *In Venetia*, 1599, *in-4°, vél.*

2031. Æthici Cosmographia, Antonii Augusti Itinerarium Provinciarum, Rutilii Itinerarium. *Basileæ*, 1575, *in-18, m. cit.*

2032. Pausaniæ Græciæ Descriptio, latinè. *Lugd. apud hæredes Jacobi Juntæ*, 1558, 2 *vol. in-18, v. f. d. s. t.*

2033. Pausaniæ Græciæ Descriptio, græcè & latinè. *Francofurti, Wechel*, 1583, *in-fol. v. f.*

2034. Descrittione della Grecia di Pausania, tradotta dal Signor Alfonso Bonacciuoli. *In Mantoua.* 1593, *in-4°, vél.*

Géographes modernes, Elémens & Cartes de Géographie.

2035. Cosmographiæ introductio, insuper quattuor Americi Vespucii navigationes. *Parisiis*, 1507, *in-4°, v. b.*

2036. Philippi Cluverii in universam Geographiam introductio, cum tabulis æneis & P. Bertii Breviario. *Amstel. Elz.* 1661, *in-12, m. r.*

2037. Philippi Cluverii introductio in omnem Geographiam, accessit Petri Bertii Breviarium orbis. *Amstel.* 1672, *in-12, vél.*

2038. Philippi Cluverii introductio in universam Geographiam. *Amstel. Elz.* 1677, *in-24, m. r.*

2039. Pauli Merulæ Cosmographia generalis, & Geographia particularis. *Amstel.* 1636, 4 *vol. in-12, vél.*

2040.

2040. Abrahami Golnitz compendium Geographicum. *Amstel. Elz.* 1643, *in-12, m. r.*
2041. Bernh. Varenii Geographia generalis. *Amst. Elz.* 1664, *in-12, m. r. fig.*
2042. La Division du monde, avec la description de la Quarte Gallicane. *Paris, Alain Lottrian,* 1545, *in-18, m. r.*
2043. Epitome de la Bibliotheca oriental i occidental Nautica i Geographica, por Antonio de Leon. *En Madrid,* 1629, *in-4°, parch.*
2044. Quatorze Cartes coloriées & sur vélin, par Jean Martinez de Messine, Géographe du Roi d'Espagne. *Naples,* 1591, *in-fol. m. r.*
2045. Atlas historique, par Gueudeville. *Amst.* 1713, 7 *vol. in-fol. G. P. v. b. fig.*
2046. Atlas élémentaire d'Allemagne, par l'abbé Courtalon. *Paris,* 1774, *in-4°, v. éc. d. s. t.*
2047. Etrennes Géographiques, par L. A. Ducaille. *Paris,* 1761, *in-12, m. r.*

Topographie ou Descriptions des Pays & des Villes.

2048. Theatrum Terræ sanctæ, cum tabulis Geographicis auct. Christiano Adrichomio. *Coloniæ-Agrippinæ,* 1590, *in-fol. v. b.*
2049. Philippi Cluverii Italia antiqua, ejusd. Sicilia & Sardinia. *Lugd. Bat.* 1624, 2 *vol. in-fol. v. f.*
2050. Philippi Cluverii Germaniæ antiquæ libri tres. *Lug. Bat. Elz.* 1616, *in-fol. m. r.*
2051. Collectio vulgò dicta Rerumpublicarum, sive Descriptiones diversorum orbis statuum. *Lugd. Bat. apud Elzevirios, variis annis,* 61 *vol. in-24, vél.*
2052. L'Image du monde avec les Pays, Pro-

vinces, Citez, & les merveilleuses Créatures qui sont dedans. *Lyon, Olivier Arnoullet.* — Les Mots & Sentences dorées de Caton en françois & latin. *ibid.* — Le Cathalogue des Villes & Citez assises ès trois Gaules, avec un Traité des fleuves & fontaines. *Paris*, 1539, *fig.* — La Prophétie & Révélation du Prophète Esdre. — Les Jours heureux & périlleux de l'année, révélez au bon saint Job. *in*-12, *v. b. goth.*

2053. La Galerie agréable du Monde, où l'on voit en un grand nombre de cartes & figures, les Empires, Royaumes, Républiques, Villes, &c. *Leide, Vander Aa*, 21 *vol. in-fol. fig. de Luyken, Mulder & Stopendaal.*

2054. L'isole piu famose del Mondo descritte da Thomaso Porcacchi e intagliate da Girolamo Porro. *In Venetia*, 1572, *in*-4°, *cart.*

2055. Il Regno di Napoli in Prospettiva dall' abate Pacichelli. *In Napoli*, 1703, 3 *vol. in*-4°, *v. f. fig.*

2056. La Sicilia in Prospettiva. *In Palermo*, 1709, 2 *vol. in*-4°, *v. f.*

2057. Jo. Fr. Abelæ Descriptio Melitæ, ex italico in latinum versa a Jo. Ant. Seinero; accedunt Jo. Henr. Maii duo specimina linguæ Punicæ. *Lugd. Bat. Vander Aa, in-fol. dem. rel.*

2058. Topographia Galliæ. *Francofurti, apud Gasp. Merianum*, 1655, 4 *vol. in-fol. v. b. cum cartis & figuris coloratis.*

2059. Petit Tableau ou Cartes géographiques & Description de la France, par Bonne. *Paris*, 1764, *in*-18, *m. r.*

2060. Dictionnaire géographique, historique, &c. des Gaules & de la France, par l'abbé

Expilly. *Paris*, 1762, 6 *vol. in -fol. v. m.*
2061. Belgicæ Defcriptio generalis auct. Ludov. Guicciardino. *Amft.* 1635, *in*-12, *v. f. fig.*
2062. Totius Belgii Defcriptio auct. Lud. Guicciardino. *Amftel.* 1652, 2 *vol. in*-12, *m. r. fig.*
2063. Les Délices de la Hollande. *Amfterd.* 1678, *in*-12, *v. b. fig.*
2064. Guill. Camdeni Magnæ Britanniæ Defcriptio. *Amft.* 1639, *in*-12, *m. r.*
2065. Rutgeri Hermannidæ Britannia Magna. *Amft.* 1661, 2 *vol. in*-12, *m. r.*
2066. Defcription hiftorique de la Grande-Bretagne en hollandois. *Rotterdam*, 1685, 2 *vol. in*-12, *m. r. fig.*
2067. Regnorum Daniæ & Norwegiæ Defcriptio nova, cum iconibus præcipuarum civitatum. *Amftel.* 1655, *in*-12, *m. r.*
2068. Deliciæ five Amænitates Regnorum Daniæ, Norvegiæ, &c. *Lugd. Bat.* 1706, 2 *vol. in*-12, *m. r. fig.*
2069. Deliciæ five Amænitates Regnorum Sueciæ, Gothiæ, &c. *Lugd. Bat.* 1706, 2 *vol. in*-12, *m. r. fig.*
2070. Mundus alter & idem five Terra auftralis, à Mercurio Britannico, acceffit Thomæ Campanellæ civitas folis, & Nova Atlantis Franc. Baconis. *Ultrajecti*, 1643, *in*-12, *vél.*

VOYAGES.

Traités fur les Voyages.

2071. De Arte peregrinandi libri duo. *Noribergæ.* 1591, *in*-12, *v. f.*
2072. Gotofredi Zamelii ftudiofus Academicus,

five de peregrinationibus ſtudioſorum diſcurſus politicus. Ejuſdem Carmina juvenilia. *Bremæ*, 1651, *in-24, m. verd.*

2073. Georgii Hornii Ulyſſea ſive ſtudioſus peregrinans. *Lugd. Bat.* 1671, *in-12, m. r.*

Recueils de Voyages, Voyages dans les différentes parties du Monde.

2074. Delle navigationi & viaggi racolte da Gio. Batt. Ramuſio. *In Venetia*, 1613, *3 vol. in-fol. parch.*

2075. Il Genio Vagante, Biblioteca curioſa di Cento e piu viaggi, raccolta dal' Signor Aurelio degli Anzi. *In Parma*, 1691, *3 vol. in-18, vél.*

2076. Recueil des Voyages faits par les Hollandois, tant au Nord qu'en Afrique & aux Indes. *Amſt.* 1606 *&* 1609, *in-fol. v. f. fig.*

2077. Itinerarium Benjaminis, hebraicè & latinè, ex verſione & cum notis Conſtantini Lempereur. *Lugd. Bat.* 1633, *in-8°, v. b.*

2078. Idem Itinerarium Benjaminis latinè redditum a Conſt. Lempereur. *Lugd. Bat. Elz.* 1633, *in-32, m. r.*

2079. Andreæ Schotti Itinerarium Italiæ. *Veſaliæ, in-12, m. r. fig.*

2080. Mercurius Italicus, five iter per Italiam. *Auguſtæ-Vindelicorum*, 1625, *in-8°, v. f. fig.*

2081. Relazioni d'alcuni Viaggi fatte in diverſe parti della Toſcana, per oſſervare le produzioni naturali e gli antichi monumenti, dal dottor Gio. Targioni Tozzetti. *In Firenze*, 1768, *12 vol. in-8°, br.*

2082. Voyage d'Eſpagne, contenant pluſieurs

particularités de ce Royaume. *Cologne*, 1666, *in*-12, *m. r.*

2083. Abrahami Golnitzii Ulyffes Belgico-Gallicus, five itinerarium Belgico-Gallicum. *Amft. Elz.* 1655, *in*-12, *m. r.*

2084. La Relation de trois ambaffades du Comte de Carlifle en Ruffie, Suede & Dannemarck. *Amft.* 1670, *in*-12, *m. bl.*

2085. Journal d'un Voyage au Nord, par Outhier. *Paris*, 1744, *in*-4°, *v. f. d. f. t. pap. fort.*

2086. Voyage de Pallas, traduit par Gauthier de la Peyronie. *Paris*, 1788, *tome premier, in*-4°, *br.* avec un *Cahier de figures.*

2087. Le grant Voyage de Hierufalem, divifé en deux parties. *Paris, Regnault*, 1522, *in*-4°, *v. b. goth. fig.*

2088. Le Voyage itinéraire & tranfmarin de la fainte Cité de Hierufalem, fait l'an 1531 par Domp Nicol Lonpuet, religieux de l'abbaye de faint Mihiel. *mf. fur papier avec cartes, in-fol. rel. en bois, bien confervé.*

2089. Les fix Voyages de Jean-Bapt. Tavernier. *Hollande*, 1678, 2 *vol. in*-12, *m. r.*

2090. Les Voyages de M. Payen. *Amft.* 1668, *in*-12, *m. r.*

2091. Novus orbis five collectio Navigationum in Indias, tùm Orientales tùm Occidentales. *Parifiis*, 1532, *in-fol. v. f.*

2092. Hiftoire de la Navigation de Jean Hugues de Linfchot aux Indes orientales. *Amft.* 1619, *in-fol. cart. fig.*

2093. Relation curieufe de l'Ifle Madagafcar & du Bréfil. *Paris*, 1651, *in*-4°, *v. b.*

2094. Voyage dans les mers de l'Inde, par le Gentil. *Paris*, 1779, 2 *vol. in*-4°, *v. m.*

2095. Richerche iftorico-critiche circa alle fcoperte d'Americo Vefpucci. *Firenze,* 1789, *in-8°, baz.*
2096. Joan. Biffelii Argonauticon Americanorum, five Hiftoria periculorum Petri de Victoria. *Monachii,* 1647, *in-18, m. r.*
2097. Voyage dans l'Amérique Septentrionale, par Chabert. *Paris,* 1753, *in-4°, v. m.*

CHRONOLOGIE, HISTOIRE UNIVERSELLE ANCIENNE ET MODERNE.

2098. Dionyfii Petavii Rationarium temporum. *Parifiis,* 1703, 2 *vol. in-8°, v. b.*
2099. Hieronymi Vecchietti Florentini de anno primitivo ab exordio mundi ad annum Julianum accommodato, & de facrorum temporum ratione. *Florentiæ,* 1621, *in-fol. max. v. b.*
2100. Johannis Marshami Canon Ægyptiacus, Ebraicus, Græcus. *Franequeræ,* 1696, *in-4°, v. b.*
2101. Diodorus Siculus à Poggio Florentino in latinum verfus. *Parifiis, Jehan Petit, in-4°, v. f. d. f. t.*
2102. Diodori Siculi Bibliothecæ Hiftoricæ libri feptemdecim, latinè. *Lugduni, Gryphius,* 1559, *in-18, m. verd.*
2103. La Libraria hiftorica di Diodoro Siciliano, tradotta da Francefco Baldelli. *In Vinegia, Giolito,* 1574, 2 *vol. in-4°, vél.*
2104. Juftini ex Trogi Pompeii Hiftoriis externis libri 44. *Lugduni, Gryphius,* 1551, *in-18, m. r.*
2105. Juftini Hiftoriæ ex Trogo Pompeio. *Lugd. Bat. Elz.* 1640. *in-12, m. r.*

2106. Giuſtino hiſtorico, tradotto da Bartholom. Zucchi. *In Venetia*, 1590, *in-4°, vél.*
2107. Euſebii Cæſarienſis Chronicon, latinè, cum additionibus Palmeriorum. *Pariſiis, Henr. Stephanus*, 1512, *in-4°, v. f. d. ſ. t.*
2108. Chronica Boſſiana, Donati Boſſii geſtorum memorabilium ab orbis initio uſque ad ejus tempora liber. *Mediolani, per Antonium Zarotum Parmenſem*, 1482, *in-fol. vél.*
2109. Hartmanni Schedel Nurembergenſis Chronicon. *Norimbergæ*, 1495, *in-fol. cart.*
2110. Chriſtophori Beſoldi Synopſis rerum ab orbe condito geſtarum. *Ingolſtadii*, 1639, *in-12, m. r.*
2111. Georgii Hornii Arca Noe, ſive Hiſtoria Imperiorum & Regnorum. *Lugd. Bat.* 1666, *in-12, m. bl.*
2112. Annales Mundi, ſive Chronicon Univerſale ab orbe condito ad annum Chriſti 1660, ſtudio Phil. Brietii. *Pariſ.* 1662, *7 vol. in-18, m. r.*
2113. Symbola divina & humana Pontificum, Imperatorum, Regum ex Muſæo Octavii de Strada; acceſſit brevis Iſagoge Jacobi Typotii. *Arnhemiæ*, 1666, *in-12, m. bl. fig.*
2114. M. Antonii Sabellici Opera, ſive Rapſodiæ Hiſtoricæ Enneades undecim. *Baſileæ*, 1538, *2 vol. in-fol. parch.*
2115. Pauli Jovii Hiſtoriæ ſui temporis. *Lugd. Gryphius*, 1561, *3 vol. in-18, v. f. d. ſ. t.*
2116. Pauli Jovii Opera omnia. *Baſileæ, Perna*, 1578, *4 vol. in-fol. v. f.*
2117. La prima, la ſeconda parte e la terza dell'Hiſtorie del ſuo tempo di Paolo Giovio, tradotte per Lodov. Domenichi. *In Fiorenza*, 1551, *2 vol. in-4°, vél.*

2118. Summaire de Chroniques contenans les Vies & Gestes de tous les Empereurs d'Europe. *Paris*, 1529, *in-12*, *vél.*

2119. Jo. Sleidani de Statu Religionis & Imperii Carolo Quinto Cæsare Commentarii. *Basileæ, Conradus Badius*, 1559, *in 18, m. verd.*

2120. L'Oracle consulté par les Puissances de la terre sur leur Destinée, trad. de l'italien. *Stampato in Roma*, 1688, *in-12, m. r.*

2121. Recueil complet de la Gazette de France, depuis l'origine en 1631, jusques & compris 1785, *relié en* 148 *vol. in-4°. Plus*, les tables 3 *vol.* & partie des années 1786, 1787 & 1788 *en feuilles*.

2122. Mémoires pour servir à l'Histoire du dix-huitième siècle, par Lamberty. *La Haye*, 1724, 14 *vol. in-4°, G. P. m. r.*

HISTOIRE ECCLÉSIASTIQUE.

Histoire Ecclésiastique générale.

2123. Historia dell' origine di tutte le Religioni, raccolta da Paolo Morigia. *In Venetia*, 1590, *in-12, m. r.*

2124. Salutaris Lux Evangelii, sive notitia propagatorum Religionis Christianæ, à Joan. Alberto Fabricio. *Hamburgi*, 1731, *in-4°, v. m.*

2125. Sulpitii Severi Opera omnia. *Lugd. Bat. Elz.* 1635, *in-12, m. bl.*

2126. Sulpitii Severi Opera omnia. *Lugd. Bat. Elz.* 1643, *in-12, m. r.*

2127. Nicephori Callisti Ecclesiasticæ Historiæ libri octodecim, græcè & latinè, curâ Frontonis Ducæi. *Paris.* 1630, 2 *vol. in-fol. C. M. v. f.*

2128. L'Histoire Ecclésiastique, translatée de latin en françois par Claude de Seyssel. *Paris, 1572, in-18, m. bl.*
2129. Natalis Alexandri Historia Ecclesiastica, dissertationibus illustrata. *Parif. 1699, 8 tom. 7 vol. in-fol. v. b.*
2130. Abrégé de l'Histoire Ecclésiastique, par Racine. *Cologne, 1762, 13 vol. in-4°, v. m.*
2131. De rebus ad Historiam atque Antiquitates Ecclesiæ pertinentibus Fr. Ant. Zacharia Dissertationes latinæ. *Fulginiæ, 1781, 2 vol. in-4°, br.*

Histoire Ecclésiastique particuliere des États, des Provinces & des Villes.

2132. Italia sacra, sive de Episcopis Italiæ & Insularum adjacentium opus singulare auth. Ferdinando Ughello. *Romæ, 1644 & seq. 9 tom. 8 vol. in-fol.*
2133. Eadem Italia sacra, auth. Ferdinando Ughello. *Romæ, 1644, 9 vol. in-fol. vél.* — Italia sacra Ferdinandi Ughelli, restricta & aucta à Julio Ambrosio Lucentio. *Romæ, 1704, in-fol. vél.*
2134. Sardinia sacra, seu de Episcopis Sardis Historia, ab Ant. Felice Matthæjo Minorita. *Romæ, 1558, in-fol. vél.*
2135. Notizie storiche delle Chiese di Verona. *In Verona, 1749, 3 vol. in-4°, v. f.*
2136. Batavia sacra. *Bruxellis, 1714, in-fol. v. b. fig.*
2137. Anglia sacra, sive Collectio historiarum antiquitùs scriptarum de Archiepiscopis & Episcopis Angliæ, curâ Henr. Wharton. *Londini, 1691, 2 vol. in-fol. vél.*

2138. Relation de l'accroiffement de la Papauté, & du Gouvernement abfolu en Angleterre, traduit de l'anglois. *Hambourg*, 1680, *in-12, m. bl.*

2139. Bavaria fancta, defcripta à Matthæo Radero. *Monaci*, 1615, *in-fol. v. b. cum figuris Sadeleri.*

2140. Thuringia facra, five Hiftoria Monafteriorum quæ olim in Thuringia floruerunt. *Francofurti*, 1737, *in-fol. cart.*

Hiftoire des Papes, des Cardinaux, &c.

2141. B. Platinæ Vitæ Pontificum Romanorum & Dialogi. *Lugduni*, 1512, 2 *vol. in-12, m. r.*

2142. Laurentii Banck Roma triumphans feu actus inaugurationum & coronationum Pontificum Romanorum. *Franekeræ*, 1656, *in-12, m. r.*

2143. Conclavi de Pontifici Romani. *Leyde, Elz.* 1667, *in-12, m. verd.*

2144. La Vita di Cefare Borgia, defcritta da Tomafo Tomafi. *In Montechiaro*, 1671, *in-12, m. verd.*

2145. La Vie de Céfar Borgia, Duc de Valentinois, par Thomas Thomafi, trad. de l'italien. *Montechiaro*, 1671, *in-12, m. r.*

2146. Le Syndicat du Pape Alexandre VII, & fon Voyage en l'autre monde. *Hollande*, 1669, *in-12, m. bl.*

2147. Il Putanifmo Romano, overo Conclave generale delle Putana delle carte per l'Elettione del nuovo Pontifice. *In Colonia*, 1668, *in-12, m. bl.*

2148. Le Népotifme de Rome, traduit de l'italien. *Hollande*, 1669, 2 *vol. in-12, m. r.*

2149. Il Cardinalismo di Santa-Chiesa diviso in tre parti. *Leyde*, 1668, 3 *vol. in*-12, *m. r.*

Histoire des Conciles.

2150. Abrégé de l'Histoire du Concile de Trente, par Pierre Jurieu. *Amst.* 1583, 2 *vol. in*-12, *m. bl.*

Vies des Saints.

2151. Vies des Saints, par Baillet. *Paris*, 1715, 4 *vol. in-fol. v. b.*
2152. Antonii Gallonii de cruciatibus Martyrum liber. *Antuerpiæ*, 1668, *in*-12, *m. r. fig.*
2153. Fasti Mariani cum Divorum elogiis in singulos anni dies distributis, auct. Andr. Brunner. *Antuerpiæ*, 1663, 2 *vol. in*-24, *m. r.*
2154. L'Invocation & l'Imitation des Saints pour tous les jours de l'année, avec figures. *Paris*, 1721, 4 *vol. in*-18, *v. f.*
2155. Henrici Cornelii Agrippæ propositiones de Beatissimæ Annæ Monogamiâ & unico puerperio. *Basileæ*, 1534, *in*-8°, *m. r.*
2156. Vita di Maria Vergine, descritta in tre libri, da Partenio Etiro (Pietro Aretino.) *In Venetia*, 1633, *in*-24, *m. r.*
2157. Recueil de Légendes, savoir la Vie & Légende de Monseigneur St. Françoys. *Paris, Petit, édit. goth. sans date.* — La toute belle sans pair, qui est la Vierge Marie. *Paris, Jehan Petit, édit. goth. sans date*, 2 *vol. in*-8°, *m. r.*
2158. Legenda major Sancti Bonaventuræ. *Parisiis, Barbier, circà annum* 1500. — La Vie & Légende Monsieur Sainct Françoys. *Edition gothique sans date. Paris, Barbier, in*-12, *v. b.*

2159. Fratris Bartholomæi de Pifis (Albizzi), liber conformitatum Sancti Francifci ad vitam Jefu Chrifti. *Mediolani,* 1510, *in-fol. v. b. Editio primaria, rariſſima.*

2160. Fratris Bartholomæi de Pifis (Albizzi), Opus conformitatum Vitæ Beati Francifci ad Vitam Jefu Chrifti. *Mediolani,* 1513, *in-fol. m. r. Editio ſecunda, integra & rara.*

2161. Liber conformitatum Vitæ Beati Francifci ad Vitam Jefu Chrifti, auctore Fratre Bartholomæo de Pifis (Albizzi). *Bononiæ,* 1590, *in-fol. m. cit.*

Hiſtoire des Ordres Religieux.

2162. Alcoranus Francifcanorum. *Daventriæ,* 1651, *in-*12, *m. r.*

2163. L'Alcoran des Cordeliers, en latin & en françois. *Genève,* 1578, *in-*18, *v. f.*

2164. Le Rafibus ou le Procès fait à la barbe des Capucins, par un Moine défroqué. *Cologne,* 1680, *in-*12, *m. r.*

2165. Annales Camaldulenfes auctoribus Joan. Benedicto Mittarelli & Anfelmo Coſtadoni. *Venetiis,* 1755, 9 *vol. in-fol. C. M. dem. rel.*

2166. Vetera Humiliatorum monumenta annotationibus illuſtrata ab Hieron Tirabofchio. *Mediolani,* 1766, 3 *vol. in-*4°, *br.*

2167. L'Empire des Solipfes, divifé en cinq Affiftances, & fubdivifé par Provinces. *Paris,* 1764, *in-*32, *m. verd. Cartes enlum.*

2168. Le Cabinet Jéfuitique, avec un Recueil des Myfteres de l'Eglife Romaine. *Cologne,* 1682, *in-*12, *m. r.*

2169. Les véritables motifs de la Converfion de

l'abbé de la Trappe. *Cologne, 1685, in-12, m. r.*

2170. Les Plagiaires du Convent des Repenties de la ville de Bordeaux, ou Histoire de deux Rapts faicts par les dictes Nonains de deux filles appartenantes à Antoine Chardevenne, Ministre de Middelbourg, par le même. *Amst. 1653, in-12, m. bl.*

2171. Dell' Istoria della sacra Religione di S. Gio. Gierosolimitano di Jacomo Bosio. *In Roma, 1676, 3 vol. in-fol. vél.*

Histoire des Hérésies, des Schismes, &c.

2172. Recueil des Histoires du P. Maimbourg, avec les critiques de Bayle & de Jurieu. *Hollande, 1682 & suiv. 26 vol. in-12, m. bl.*

2173. Histoire abrégée de la naissance & des progrès du Kouakerisme. *Cologne, 1692, in-12, v. b.*

HISTOIRE CIVILE.

Histoire Ancienne.

Histoire des premieres Monarchies, des Juifs, des Assyriens, &c.

2174. Di Flavio Giuseppe dell' antichita de Giudei libri XX, tradotti per Francesco Baldelli. *In Vinegia, 1581, 2 vol. in-4°, vél.*

2175. Le Opere di Giuseppe Flavio, tradotte in lingua italiana d'all abate Francesco Angiolini. *In Verona, 1779, 4 vol. in-4°, vél.*

2176. Historia d'Egesippo de la ruina de Gierusaleme. *In Venetia*, 1544, *in-8°, vél.*
2177. J. Sleidani de quatuor summis imperiis libri tres, cum notis H. Meibomii & G. Hornii. *Lugd. Bat.* 1669, *in-12, m. bl.*
2178. Herodoti Halicarnassei Historiarum libri novem, græcè & latinè. *Paris. Henr. Stephan.* 1592, *in-fol. v. b.*
2179. Herodoti Historiarum libri novem, latinè, Conrado Heresbachio interprete. *Lugduni, Gryphius*, 1558, *in-18, m. r.*
2180. Histoire des neuf livres de Hérodote d'Alicarnasse, traduicts du grec par Pierre Saliat. *Paris*, 1580, *in-18, m. bl.*
2181. Herodoto, tradotto per il Conte Mattheo Maria Boiardo. *In Venetia*, 1565, *in-8°, vél.*
2182. Erodoto d'ell' imprese de' Greci e de' Barbari, tradotto da Giulio Cesare Becelli. *In Verona*, 1733, 2 *vol. in-4°, mout.*
2183. Recherches & Dissertations sur Hérodote, par le Président Bouhier. *Dijon*, 1746, *in-4°, v. m.*
2184. Berosi Chaldæi, aliorumque consimilis argumenti autorum, tomi duo. *Lugd.* 1554, 2 *vol. in-18, m. r.*
2185. Dictys Cretensis de Bello Trojano, & Dares Phrygius de excidio Trojæ. *Amst.* 1630, *in-24, m. bl.*
2186. Ditte Candiotto & Darete Frigio della Guerra Trojana, tradotti per Thom. Porcacchi. *In Vinetia, Giolito*, 1570, *in-4°, vél.*
2187. Le medesime Ditte Candiotto e Darete Frigio della Guerra Trojana, tradotti per Thom. Porcacchi. *In Verona*, 1734, *in-4°, vél.*

2188. Le Recueil des Histoires Troyennes. *Paris, Janot*, 1532, *in-4°, v. éc.*
2189. Petri Petiti de Amazonibus Dissertatio. *Amst.* 1687. *in-12, vél.*

Histoire Grecque.

2190. Xenophontis Opera, græcè & latinè, cum notis, curâ Joannis Leunclavii. *Lutetiæ*, 1625, *in-fol. v. b.*
2191. Xenophontis Opera omnia, latinè. *Lugd. Gryphius*, 1551, 2 vol. *in-18, v. f. d. s. t.*
2192. Le Opere di Senofonte, tradotte da Marc-Anton. Gandini. *In Venetia*, 1538, *in-4°, parch.*
2193. Le Opere di Senophonte Ateniese, tradotte dal greco da Marc-Antonio Gandini. *In Verona*, 1737, 3 vol. *in-4°, mout.*
2194. Le Guerre de Greci scritte da Senophonte, tradotte per Francesco di Soldo Strozzi. *In Venetia*, 1550, *in-4°, br. non rogné.*
2195. Xenophontis Cyropædia, græcè & latinè, ex recensione Hutchinsoni. *Lipsiæ*, 1774, *in-8°, cart.*
2196. Thucydidis Historiæ, græcè & latinè. *Francofurti, Wechel*, 1594, *in-fol. peau de mout.*
2197. Gli otto libri di Thucydide delle Guerre della Morea. *In Venetia*, 1545, *in-18, parch.*
2198. Thucydide delle Guerre della Morea, tradotto per Francesco di Soldo Strozzi. *In Vinegia*, 1563, *in-4°, vél.*
2199. Tucidide Istorico greco delle Guerre della Morea, tradotto per Franc. di Soldo Strozzi. *In Verona*, 1735, 2 vol. *in-4°, vél.*
2200. Nicolai Cragii de Republicâ Lacædemo-

niorum libri quatuor. *Lugd. Bat.* 1670, *in*-12, *vél.*

2201. Arriano de i fatti del Magno Aleffandro, tradotto da Pietro Lauro. *In Venetia*, 1544, *in*-8°, *vél.*

2202. Arriano de i fatti del Magno Aleffandro, tradotto per Pietro Lauro. *In Verona*, 1730, *in*-4° *maj. vél.*

2203. Quintus Curtius de rebus geftis Alexandri Magni. *Venetiis, Joan. de Tridino, aliàs Tacuinus*, 1502, *in-fol. m. r.*

2204. Quinti Curtii Rufi Hiftoriarum libri. *Lugd. Bat. Elzevier*, 1633, *in*-12, *m. r. Edit. optima.*

2205. Quinti Curtii Rufi Hiftoriarum libri. *Lugd. Bat. Elzevier*, 1633, *in*-12, *m. r.*

2206. Quinti Curtii Hiftoriarum libri. *Amftelod. Elz.* 1670, *in*-12, *m. r.*

2207. Quinto Curtio, tradotto. *In Florentia, Giunti*, 1519, *in*-12, *v. b.*

2208. Q. Curtio de fatti d'Aleffandro Magno, trodotto per Thomafo Porcacchi. *In Vinegia*, 1558, *in*-4°, *parch.*

2209. L'Hiftoire des Succeffeurs d'Alexandre le Grand, extraite de Diodore de Sicile & de Plutarque, tranflatée par Claude de Seyffel. *Paris*, 1545, *in*-18, *m. bl.*

Hiftoire Romaine jufqu'à la fin de la République.

2210. Edonis Neuhufii infantia Imperii Romani, accefferunt Manes Naffovii. *Amftelod.* 1657, *in*-12, *m. r.*

2211. Dionyfii Halicarnaffæi antiquitatum Romanarum libri decem, latinè, Sigifmundo Gelenio interprete. *Lugduni, Gryphius*, 1555, 2 *vol. in*-18, *m. verd.*

2212. Dionisio Alicarnasseo delle cose antiche della citta di Roma, tradotto per Francesco Venturi. *In Venetia*, 1545, *in-4°, v. b.*

2213. Dionisio Alicarnasseo delle cose antiche della citta di Roma, tradotto per Francesco Venturi. *In Verona*, 1738, 2 *vol. in-4°, vél.*

2214. Historiæ Romanæ scriptores minores. *Amst. Jansson*, 1625, *in-24, v. b.*

2215. Lucius Annæus Florus, Claudius Salmasius addidit Lucium Ampelium. *Lugd. Bat. Elz.* 1638, *in-12, m. r.*

2216. Lucius Annæus Florus, Cl. Salmasius addidit Lucium Ampelium. *Amst. Elz.* 1664, *in-12, m. r.*

2217. M. Velleius Paterculus, cum notis Ger. Vossii. *Lugd. Bat. Elz.* 1639, *in-12, m. r.*

2218. M. Velleius Paterculus, cum notis Gerardi Vossii. *Amst. Elz.* 1664, *in-12, v. m.*

2219. Titi Livii Historiarum libri, ex recensione Heinsianâ. *Lugd. Bat. Elz.* 1634, 3 *vol. in-12, m. r.*

2220. Titi-Livii Historiarum libri, ex recensione J. F. Gronovii. *Lugd. Bat. Elz.* 1645, 3 *vol. in-12, m. r.* — J. F. Gronovii ad Titum-Livium notæ. *ibid.* 1645, *in-12, m. r.*

2221. Titi-Livii Historiarum quod extat. *Amst. Elz.* 1678, *in-12, m. r.*

2222. Supplementorum Livianorum decas auct. J. Freinshemio. *Holmiæ*, 1649, *in-12, m. bl.*

2223. Les trois volumes des Grans Décades de Titus-Livius, translatées de latin en françois. *Paris, Regnault,* 1515, *in fol. v. f.*

2224. Les Concions & Harengues de Tite-Live, traduites en françois par J. de Amelin. *Paris, Vascosan,* 1567, *in-8°, m. r.*

2225. Le Deche di Tito-Livio Padovano delle Hiſtorie Romane, tradotte da Jacobo Nardo. *In Venetia, Giunti,* 1554, *in-fol. vél.*

2226. Deche di Tito-Livio Padovano, tradotte da Jacopo Nardi. *In Venetia, Giunti,* 1575, *in-fol. vél.*

2227. Polibio Hiſtorico Greco, tradotto per Lodovico Domenichi. *In Vinegia,* 1564, *in-4°, vél.*

2228. Polibio Storico Greco de fatti de Romani, tradotto per Lodovico Domenichi. *In Verona,* 1741, 2 *vol. in-4°, vél.*

2229. Polybii, Diodori Siculi, & aliorum excerpta ex collectaneis Conſtantini Porphyrogenetæ, græcè & latinè, cum notis Henr. Valeſii. *Paris,* 1634, *in-4°, v. f.*

2230. Dione Hiſtorico delle guerre & fatti de Romani, tradotto da Nicolo Leoniceno. *In Vinegia,* 1532, *in-4°, vél.*

2231. Dione Caſſio Niceo de fatti de Romani, &c. tradotto di greco per Franc. Baldelli. *In Venetia,* 1585, *in-4°, vél.*

2232. Ex Dione excerptæ Hiſtoriæ ab Joanne Xiphilino, græcè & latinè. *Paris, Henr. Stephanus,* 1592, *in-fol. v. f. d. ſ. t.*

2233. Epitome della Hiſtoria Romana di Dione Niceo, tradotto per Franc. Baldelli. *In Venetia,* 1585, *in-4°, vél.*

2234. C. Criſpi Salluſtii Opera. *Lugd. Gryphius,* 1545, *in-18, m. r.*

2235 Caius Salluſtius Criſpus, cum veterum Hiſtoricorum fragmentis. *Lugd. Bat. Elz.* 1634, *in-12, m. r. Édit. optima.*

2236. Caius Salluſtius Criſpus, cum veterum Hiſtoricorum fragmentis. *Amſt.* 1658, *in-12, m. r.*

(195)

2237. C. Sallustius Crispus, cum veterum Historicorum fragmentis. *Amst.* 1675, *in*-12, *m. r.*
2238. Caii Sallustii Crispi quæ extant. *Londini, Brindley,* 1744, *in*-18, *m. r.*
2239. Caii Crispi Sallustii Opera. *Londini, Payne,* 1789, *in*-8°, *m. verd.*
2240. Salustio Historico, tradotto per Agostino Ortica della Porta. *In Vinegia* 1545, *in*-8°, *vel.*
2241. L'Historia di C. Crispo Sallustio nuovamente per Lelio Carani tradotta. *In Fiorenza,* 1550, *in*-12, *vel.*
2242. C. Julii Cæsaris Commentarii. *Lugd. apud Steph. Doletum, in*-8°, *v. f. d. f. t.*
2243. Caii Julii Cæsaris rerum ab se gestarum Commentarii. *Lugd. Gryphius,* 1546, *in*-18, *m. r.*
2244. Caii Julii Cæsaris quæ extant ex emendatione Jos. Scaligeri. *Lugduni - Bat. Elz.* 1635, *in*-12, *m. r. Editio optima.*
2245. C. Julii Cæsaris quæ extant, cum italica versione, & notis Hermolai Albritii. *Venetiis,* 1737, *in*-4°, *mout.*
2246. Caii Julii Cæsaris quæ extant. *Londini, Brindley,* 1744, 2 *vol. in*-18, *m. r.*
2247. Les Commentaires de Jules Cesar, translatez par Estienne de Laigue dit Beauvoys. *Paris,* 1545, *in*-18, *m. r.*
2248. Commentarii di C. Julio Cesare, tradotti per Agostino Ortica della Porta. *Venetiis,* 1517, *in*-4°, *vel.*
2249. Commentarii di C. Julio Cesare, tradotti in volgare per Agostino Ortica. *In Venetia,* 1528, *in*-8°, *v. b.*
2250. I Commentarii di Giulio Cesare con le

figure in rame fatte da Andrea Palladio. *In Venetia*, 1575, *in-4°, m. bl.*

2251. Appiani Alexandrini Romanarum Historiarum libri duodecim, latinè. *Lugd. Gryphius*, 1576, *2 vol. in-18, m. bl.*

2252. Appian Alexandrin, Historien Grec, des guerres des Rommeins, traduict par Claude de Seyssel. *Lyon*, 1557, *2 vol. in-18, m. bl.*

2253. Historia delle Guerre esterne e civili de Romani di Appiano Alessandrino, tradotta da Alessandro Braccio. *In Verona*, 1730, *2 vol. in-4°, vél.*

Histoire Romaine sous les Empereurs, jusqu'à la prise de Constantinople.

2254. Historiæ Augustæ Scriptores Latini minores. *Lugd. Bat.* 1632, *5 vol. in-18, v. f.*

2255. Caii Suetonii Tranquilli duodecim Cæsares. *Lugduni, Gryphius*, 1548, *in-18, m. r.*

2256. Caius Suetonius Tranquillus *Parisiis, è Typographiâ Regiâ*, 1644, *in-12, m. r.*

2257. Caii Suetonii Tranquilli quæ extant, cum notis Marci Zuerii Boxhornii. *Lugd. Bat.* 1645, *in-12, m. bl.*

2258. Idem Caius Suetonius Tranquillus, cum annotationibus diversorum. *Amstel. Elzevier*, 1650, *in-24, m. r.*

2259. Commentationes Philippi Beroaldi in Suetonium. *Bononiæ*, 1506, *in-fol. vél.*

2260. Le Vite de Dodici Cesari di Suetonio, tradotte da Paolo del Rosso, con le vere Effigie de Cesari. *In Venezia*, 1738, *in-4° maj. imprimé sur papier bleu.*

2261. C. Cornelii Taciti Annalium libri sexdecim. *Lugduni, Gryphius, in-18, m. r.*

2262. C. Cornelii Taciti Annalium & Historiarum libri qui extant, cum notis Justi Lipsii. *Lugduni, Gryphius*, 1576. 2 *vol. in*-18, *m. r.*
2263. Caius Cornelius Tacitus, ex J. Lipsii editione. *Lugd. Bat. Elzevier,* 1634, *in*-12, *m. r.*
2264. Caii Cornelii Taciti Historiæ & Annales. *Lugd. Bat. Elz.* 1640, 2 *vol. in*-12, *m. r.*
2265. Henrici Savilii in Tacitum Notæ. *Amstel. Elz.* 1649, *in*-12, *m. r.*
2266. Caii Cornelii Taciti Opera omnia. *Londini, Brindley,* 1760, 4 *vol. in*-18, *m. r.*
2267. Christophori Forstneri Notæ politicæ ad Tacitum. *Francofurti,* 1662, 2 *vol. in*-18, *m. r.*
2268. Le Historie Auguste di Cornelio Tacito, fatte italiane. *In Vinegia*, 1544, *in*-8°, *parch.*
2269. Gli Annali di Cornelio Tacito, tradotti da Giorg. Dati. *In Venetia, Giunti,* 1582, *in*-4°, *parch.*
2270. Opere di Cornelio Tacito con notabilissimi Aporismi di Baltassar Alamo Varienti, transportati d'alla lingua Castigliana nella Toscana, da Girol. Canini d'Anghiari. *In Venetia, Giunti,* 1620, *in*-4°, *vél.*
2271. Herodiani Historiæ, græcè. *Basileæ. Valderus, absque anno, in*-24, *m. bl.*
2272. Herodiani Historiæ, latinè. *Antuerpiæ, Plantin,* 1566, *in*-18, *m. bl.*
2273. Herodiani Historiarum libri octo, græcè & latinè. *Parif. Henr. Stephanus,* 1581, *in-fol. v. f. d. f. t.*
2274. L'Histoire de Hérodian, des Empereurs Romains depuis Marcus, tournée en françoys par Jean Collin. *Lyon,* 1546, *in*-12, *m. bl.*
2275. Historia d'Herodiano, tradotta in lingua Toscana. *In Venetia, Giunti,* 1522, *in*-12, *vél.*

2276. Herodiano delle Vite Imperiali tradotte di greco per Lelio Carani. *In Venezia*, 1551, *in-12, vél.*

2277. Ammiani Marcellini rerum gestarum libri decem & octo. *Lugduni, Gryphius, in-18, v. f. d. s. t.*

2278. Ammiano Marcellino delle guerre de Romani, tradotto per Remigio Fiorentino. *In Vinegia,* 1550, *in-8°, parch.*

2279. Procopius de Bello Persico, latinè conversus per Raphaelem Volaterranum. *Romæ,* 1509, *in-4°, vél.*

2280. Constantini Manassis Annales, græcè & latinè, cum notis Jo. Meursii. *Lugd. Bat.* 1616, *in-4°, vél.*

2281. Historia de gli Imperatori greci descritta da Niceta Coniate, tradotta da Lodov. Dolce. *In Vinetia,* 1568, *in-4°, vél.*

2282. Notitia dignitatum Imperii Romani, ex recensione Philippi Labbe. *Parisiis,* 1651, *in-12, m. cit.*

HISTOIRE MODERNE.

Histoire des États & des Villes d'Italie.

2283. Annali d'Italia compilati da Lodov. Ant. Muratori. *In Milano,* 1744 *& seq.* 12 *vol. in-4°, v. f.*

2284. Delle Rivoluzioni d'Italia libri 24, di Carlo Denina. *Torino,* 1769, 3 *vol. in-4°, br.*

2285. Historia della Citta' e Regno di Napoli, da Gio Antonio Summonte. *In Napoli,* 1748, 6 *vol. in-4°, v. f.*

2286. Istoria delle Leggi e Magistrati del Regno

di Napoli, da Gregorio Grimaldi. *In Napoli*, 1749, 4 *vol. in*-4°. *v. f.*

2287. Prima e fecunda parte dell' Hiftoria Siciliana, per Giofeppe Buonfiglio Coftanzo. *In Meffina*, 1738, 2 *vol. in*-4°. *v. f.*

2288. De Hiftoria Terracinenfi libri quinque, auctore Domin. Ant. Cótatore. *Romæ*, 1706, *in*-4°. *v. f.*

2289. Le Courier defvalifé par Ginifacio Spironcini, & autres Pièces Satyriques contre la Cour de Rome. *Villefranche*, 1644, *in*-12, *m. bl.*

2290. Iftoria della Chiefa e Citta di Velletri da Aleffandro Borgia. *In Nocera*, 1723, *in*-4°, *v. f.*

2291. Memorie iftoriche della Citta di Benevento da Stefano Borgia. *In Roma*, 1763 & *feq.* 3 *vol. in*-4°, *vél.*

2292. Thomæ Dempfteri de Etruriâ Regali libri feptem. *Florentiæ*, 1723, 3 *vol. in-fol. dem. rel.*

2293. Joannis Bapt. Pafferii in Thomæ Dempfteri libros de Etruriâ Regali Paralipomena. *Lucæ*, 1767, *in-fol. dem. rel.*

2294. Storia di Volfeno antica Metropoli della Tofcana d'all' abate Andrea Adami. *In Roma*, 1737, 2 *vol. in*-4°. *v. f.*

2295. Nicolai Machiavelli Hiftoriæ Florentinæ libri octo. *Hagæ-Comitis*, 1658, *in*-12, *m. verd.*

2296. Joan. Michaelis Bruti Florentinæ Hiftoriæ libri octo. *Lugd. apud Juntas*, 1562, *in*-4°, *m. bl.*

2297. Iftoria Fiorentina di Dino Compagni dall' anno 1280, fino al 1312. *In Firenze*, 1728, *in*-4°, *vél.*

2298. Iftoria Fiorentina di Ricordano Malefpini

coll' aggiunta di Giachetto Malefpini e la cronica di Gio. Morelli. *In Firenze*, 1718, *in-4°, v. f.*

2299. Magni Cofmi Medicei vita autore Angelo Fabronio. *Pifis*, 1789, 2 vol. *in-4°, c. m. br.*

2300. Laurentii Medicis Magnifici vita, auct. Ang. Fabronio. *Pifis*, 1784, 2 vol. *in-4°, tirés fur format in-fol. br.*

2301. Diario Sanefe Opera di Girolamo Gigli. *In Lucca*, 1723, 2 vol. *in-4°, v. f.*

2302. Gli hiftorici delle Cofe Veneziane. *In Venezia*, 1718 & *feq.* 11 vol. *in-4°, vél.*

2303. Marci Antonii Sabellici rerum Venetarum Hiftoria. *Venetiis*, 1718, 2 vol. *in-4°, v. f.*

2304. Della Hiftoria Vinitiana di Pietro Bembo, libri dodici. *In Vinegia*, 1552, *in-4°, vél.*

2305. Principi di Storia civile della Republica di Venezia, fcritti da Vettor Sandi. *In Venezia*, 1755 & *feq.* 9 vol. *in-4°, br.*

2306. Gli medefimi Principi di Storia civile della Republica di Venezia da Vettor Sandi. *In Venezia*, 1755, 6 vol. *in-4°, v. f.*

2307. Hiftoria della Republica Veneta di Battifta Nani. *In Bologna*, 1680, 2 vol. *in-4°, v. f.*

2308. Hiftoria della Republica Veneta di Michele Fofcarini. *In Venetia*, 1699, *in-4°, v. f.*

2309. Joannis Gratiani Hiftoriarum Venetarum libri 32. *Patavii*, 1728, 2 vol. *in-4°, v. m.*

2310. Storia della Republica di Venezia di Giacomo Diedo. *In Venezia*, 1751, 4 vol. *in-4°, v. f.*

2311. Iftoria della Republica di Venezia in tempo della facra Lega, di Pietro Garzoni. *In Venezia*, 1707, 2 vol. *in-4°, v. f.*

2312. Hiftoire des Conqueftes des Vénitiens, depuis 1684. *Bruxelles*, 1688, *in-12, m. r.*

2313. Histoire du Gouvernement de Venise, par Amelot de la Houssaye. *Hollande*, 1677, *in-12, m. r.*

2314. Istoria della Citta di Verona di Girol. dalla Corte. *In Venezia*, 1744, *3 vol. in-4°, v. f.*

2315. Cronica della Citta di Verona descritta da Pier Zagata, e supplita da Giambatt. Biancolini. *In Verona*, 1745, *3 vol. in-4°, v. f.*

2316. Verona illustrata. *In Verona*, 1732, *in-fol. v. f.*

2317. Memorie historico-critiche intorno all' antico stato di Cenomani, dal abate Antonio Sambuca. *In Brescia*, 1750, *in-fol. v. f.*

2318. Le Memorie Bresciane di Ottavio Rossi. *In Brescia*, 1616, *in-4°, v. f.*

2319. Istoria della Citta di Brescia, di Elia Cauriolo. *In Venezia*, 1744, *in-4°. v. f.*

2320. Istoria di Brescia di Giammaria Biemmi. *In Brescia*, 1749, *2 vol. in-4°, cart.*

2321. Istoria delle origini e condizioni de' Luoghi principali del Polesine di Rovigo, da Gian Girolamo Bronziero. *In Venezia*, 1748, *in-4°, v. f.*

HISTOIRE DE FRANCE.

Histoire générale de France.

2322. Recueil des Historiens des Gaules & de la France, par Dom Bouquet. *Paris*, 1738 & *suiv. 12 vol. in-fol. v. m.*

2323. Les Illustrations de Gaule & Singularitez de Troye, avec les deux Epitres de l'Amant vert, &c. par Jehan le Maire de Belges. *Paris, Regnault, sans date, in-4°, v. f. goth.*

C c

2324. Les très-élégantes & copieuses Annales des très-preux modérateurs des belliqueuses Gaules, par Nicoles Gilles. *Paris*, 1533, in-fol. v. b. goth.

2325. Le troisième livre des Cronicques de France. Manuscrit sur vélin, du 15ᵉ siècle, in-fol. m. r. avec des lettres initiales en or, sans miniatures.

2326. Inventaire général de l'Histoire de France, par Jean de Serre. *Paris*, 1622, 10 vol. in-24, m. verd.

2327. Histoire de France, par Mezeray. *Paris, Guillemot*, 1643, 3 vol. in-fol. v. f. d. f. t.

2328. Nouvel abrégé chronologique de l'Histoire de France, par le P. Henault. *Paris*, 1768, 2 vol. in-4°, br.

Histoire de France sous les regnes particuliers, jusqu'à Charles IX.

2329. Histoire de S. Louis, par Jean Sire de Joinville avec les notes de Charles Dufresne du Cange. *Paris*, 1668, in-fol. v. b.

2330. Histoire de S. Louis, par Jehan Sire de Joinville, & les Annales de son regne, par Guillaume de Nangis. *Paris*, 1761, in-fol. v. m.

2331. Les Chroniques d'Enguerrand de Monstrelet. *Paris, L'Huillier*, 1572, 2 vol. in fol. v. m.

2332. Histoire & Chronique de Jehan Froissart, revue par Denis Sauvage. *Lyon, de Tournes*, 1559, 2 vol. in-fol. v. m.

2333. Histoire de Charles VI, Roy de France, par Jean Juvenal des Ursins, revue par Denys Godefroy. *Paris*, 1653, in-fol. v. b.

2334. Histoire de Charles VII, Roy de France,

par Jean Chartier & autres, revue par Denys Godefroy. *Paris, 1661, in-fol. v. b.*
2335. Aurelianensis Puellæ Historia, auth. Jo. Hordal. *Pontimussi, 1612, in-4°, parch.*
2336. Chronique & Histoire faicte & composée par Phelippe de Comines. *Paris, Galliot Dupré, 1524, pet. in-fol. goth. v. m.*
2337. Chronique & Histoire du Roy Loys Unzième, par Phelippe de Comines. *Paris, 1525, pet. in-fol. m. cit. goth.*
2338. Histoire de Charles VIII, Roy de France, par Guill. de Jaligny & autres, recueillie par Godefroy. *Paris, 1684, in-fol. v. b.*
2339. Mémoires de Martin du Bellay Langey. *Paris, 1572, in-fol. L. R. m. r.*

Histoire de France depuis Charles IX, jusqu'à nos jours.

2340. Mémoires de l'Estat de France sous Charles IX. *Middelbourg, 1578, 3 vol. in-8°, v. b.*
2341. Historia delle Guerre civili di Francia, di Henr. Caterino Davila. *In Venezia, 1733, 2 vol. in-fol. maj. v. f.*
2342. Recueil de Pièces communément appellé Mémoires de Condé. *1565 & suiv., 3 vol. in-8° & 2 vol. in-18, m. r.*
2343. Discours entier de la persécution & cruauté exercée en la ville de Vaissy. *1563, in-8°, m. r.*
2344. Déclaration faicte par le Prince de Condé, Interrogatoire de Poltrot & autres pièces. *1564, in-8°, m. cit.*
2345. Arrest du Parlement contre Gaspart de Coligny qui fut Admiral de France, mis en huict langues. *Paris, 1569, in-8°, m. r.*

2346. La fatalité de S. Cloud, près Paris. 1672, *in*-12, *m. r.*

2347. La première face du Janus françois, par Jean Aimés de Chavigny. *Lyon,* 1594, *in*-4°, *v. m. d. f. t. L. R.*

2348. Satyre Ménippée de la vertu du Catholicon d'Espagne, avec le supplément. 1593, *in*-12, *m. r. fig.*

2349. Moyens d'abus, entreprises & nullitez de la Bulle de Sixte V, contre Henri de Bourbon, Roy de Navarre. 1586, *in*-8°, *m. r.*

2350. Mémoires de la Reine Marguerite. *Paris, Barbin,* 1661, *in*-12, *m. r.*

2351. Le Mercure françois, avec la Chronologie septenaire & la novennaire. *Paris,* 1623, 29 vol. *in*-8°, *v. b.*

2352. Les Triomphes de Louis-le-Juste, par Jean Valdor. *Paris,* 1649, *in-fol. v. f. fig.*

2353. Mémoires de Montrésor, avec la Relation de Fontrailles, &c. *Cologne, Sambix,* 1663, *in*-12, *m. r.*

2354. Mémoires de Montrésor, diverses Pièces durant le ministère du Cardinal de Richelieu. *Cologne, Sambix,* 1664, 2 vol. *in*-12, *m. r.*

2355. Mémoires du Duc de Bouillon. *Amsterdam,* 1693, *in*-12, *m. r.*

2356. Les Mémoires du Duc de Rohan. *Leyde, Elz.* 1644, *in*-18, *m. cit.*

2357. Mémoires du Duc de Rohan. *Amst. Elz.* 1646, *in*-12, *m. r.*

2358. La vie de François de Lorraine, Duc de Guise. *Leyde,* 1681, *in*-12, *m. r.*

2359. Recueil de diverses Pièces curieuses pour servir à l'Histoire. *Cologne,* 1644, *in*-12, *m. r.*

2360. Recueil historique, contenant diverses

Pièces curieuses du tems. *Cologne*, 1666, *in*-12, *m. r.*

2361. Le dénouement des Intrigues du tems, par la réponse au livret intitulé : Lettres & Pièces curieuses. *Liége*, 1672, *in*-12, *m. r.*

2362. Les pourtraits de la Cour, pour le présent. *Cologne*, 1667, *in*-12, *m. bl.*

2363. Mémoires de M. de Lyonne au Roy, & autres Pièces. 1668, *in*-12, *m. r.*

2364. Relation des violences exercées par les François au Palatinat, en 1673 & 1674. *Cologne*, 1674, *in*-18, *m. r.*

2365. Mémoires de M. L. D. M. *Cologne, Pierre Marteau*, 1675, *in*-18, *m. r.*

2366. Mémoires du Chevalier de Terlon. *Leyde*, 1692, *in*-12, *m. bl.*

2367. La France sans bornes, comment arrivée à ce pouvoir & par la faute de qui. *Cologne*, 1684, *in*-12, *m. r.*

2368. La Cour de France turbanisée, & les trahisons démasquées. *Cologne*, 1686, *in*-12, *m. r.*

2369. Histoire de la Décadence de la France, prouvée par sa conduite. *Cologne*, 1687, *in*-12, *m. r.*

2370. La peste du Genre humain ou la Vie de Julien l'Apostat, mise en parallèle avec celle de Louis XIV. *Cologne*, 1696, *in*-12, *m. r.*

2371. Caractères de la Famille Royale, des Ministres & des principales personnes de la Cour de France. 1704, *in*-12, *v. éc.*

Histoire des Provinces & des Villes de France.

2372. Historiæ Normannorum Scriptores antiqui, edente Andreâ Duchesne. *Lutetiæ*, 1619, *in-fol. v. f.*

2373. Les Annales d'Aquitaine, par J. Bouchet, *Paris*, 1536, *in-fol. goth. m. r.*
2374. Histoire & Recherches des Antiquités de Paris, par Henri Sauval. *Paris*, 1724, *3 vol. in-fol. v. b.*
2375. Discours historial de l'Antique & illustre cité de Nismes, par Jean Poldo d'Albenas. *Lyon.* 1560, *in-fol. v. f. fig.*

Mélanges d'Histoire de France.

2376. Etat de la France, par le Comte de Boulainvilliers. *Londres*, 1727, *3 vol. in-fol. v. b.*
2377. Les Œuvres d'Estienne Pasquier. *Amst.* 1723, *2 vol. in-fol. v. b.*
2378. Les anciennes & modernes Généalogies des Roys de France, avec leurs Epitaphes. *Paris, Galliot Dupré*, 1536, *in-18, m. bl.*
2379. Monumens érigés à la gloire de Louis XV, par Patte. *Paris*, 1767, *in-fol. br. fig.*
2380. Aurei venerandæque Antiquitatis libelli Legem Salicam continentes. *Parisiis*, 1573, *in-18, m. bl.*
2381. La Grant Monarchie de France, par Claude Seyssel. *Paris*, 1519, *in-4°, v. f.*
2382. La Grand Monarchie de France, composée par Claude de Seyssel, la Loi Salique, premiere Loi des Françoys. *Paris, Galliot Dupré*, 1540, *in-8°, v. f. d. s. t.*
2383. La Loy Salique, livret de la premiere humaine vérité, par Guill. Postel. *Paris*, 1552, *in-18, m. r.*

Histoire d'Espagne.

2384. La Disgratia del Conte d'Olivarez, 1643, *in-12, m. r.*

2385. L'Histoire du Ministere du Comte Duc, avec des Réflexions politiques. *Cologne*, 1673, *in-12, m. r.*

2386. Hispanicæ Dominationis arcana. *Lugd. Bat.* 1653, *in-12, m. bl.*

2387. Mémoires curieux envoyés de Madrid. *Paris*, 1670, *in-12, m. r.*

Histoire de la Grande-Bretagne.

2388. Matthæi Paris Monachi Albanensis Historia major, edente Will. Wats. *Londini*, 1684, *in-fol. v. m.*

2389. Metamorphosis Anglorum, sive mutationes variæ Regum, Regni, rerumque Angliæ. *Amst.* 1653, *in-12, m. r.*

2390. Histoire des Guerres civiles d'Angleterre, sous le regne d'Edouard II, par Rosemond. *Amst.* 1690, *in-12, m. r.*

2391. Mémoires d'Angleterre, contenant l'Histoire des deux roses, ou des différends des Maisons d'Yorck & de Lancastre. *Amsterd.* 1726, *in-12, m. r.*

2392. Rerum Anglicarum & Hibernicarum Annales, regnante Elizabetha, auct. Guil. Camdeno. *Lugd. Bat.* 1639, 2 *vol. in-8°. m. r.*

2393. Histoire & Martyre de la Royne d'Ecosse. *Paris*, 1589, *in-18, baz.*

2394. Les Conspirations d'Angleterre, depuis 1600 jusques à l'an 1679. *Cologne*, 1680, *in-12, m. bl.*

2395. Abbrégé des derniers mouvemens d'Angleterre. *Anvers*, 1651, *in-12, m. r.*
2396. Histoire entiere & véritable du procès de Charles Stuard, Roi d'Angleterre. *Sur l'imprimé. A Londres*, 1650, *in-12, m. bl.*
2397. Eikon Basilike, vel imago Regis Caroli I. *Hagæ-Comitis*, 1649, *in-12, m. r.*
2398. Le Portrait du Roi de la Grande-Bretagne, durant sa solitude & ses souffrances, traduit par Porrée. *Rouen*, 1649, *in-18, m. r.*
2399. Portrait Royal du Roi de la Grande-Bretagne, dans ses souffrances & solitudes, ses méditations, ses prieres, derniers propos, &c. *La Haye*, 1649, *in-12, m. r.*
2400. Tragicum Theatrum Actorum & Casuum Tragicorum Londini celebratorum. *Amstel.* 1649, *in-8°, m. bl.*
2401. Regii Sanguinis Clamor ad Cœlum adversùs Parricidas Anglos. *Hagæ-Comitum*, 1652, *in-12, parch.*
2402. Joannis Miltoni pro populo Anglicano, defensio contra Salmasii defensionem Regiam. *Londini*, 1651, *in-18, m. bl.*
2403. Carolus Primus Britanniarum Rex, à securi & calamo Miltoni vindicatus. *Dublini*, 1652, *in-12, m. r.*
2404. Caspari Ziegleri circà Regicidium Anglorum exercitationes. *Lugd. Bat.* 1653, *in-12, m. r.*
2405. La Tyrannie heureuse ou Cromwel politique, par le sieur de Galardi. *Leyde*, 1671, *in-12, m. r.*
2406. Histoire secrette des Regnes de Charles II & de Jacques II, trad. de l'Anglois. *Cologne*, 1690, *in-12, m. r.*

2407. Histoire des Evénemens tragiques d'Angleterre, & des derniers troubles d'Ecosse, sous Charles II & Jacques II. *Cologne*, 1686, *in*-12, *v. éc.*

2408. Relation fidele de la procédure faite contre Robert Charnok, Edouart King & Thomas Key. *La Haye*, 1690, *in*-12, *m. r.*

2409. Rerum Scoticarum Historia auct. Georg. Buchanano. *Amstelod. Elz.* 1643, *in*-8°, *m. r.*

Histoire des Provinces Belgiques.

2410. Auberti Miræi Opera Diplomatica & Historica. *Bruxellis*, 1723, 2 *vol. in-fol. v. b.*

2411. Les trois volumes des Illustrations de la Gaule Belgique, Antiquitez du pays de Haynnau, &c. extraits des livres de Maistre Jacques de Guise. *Paris, Galliot Dupré*, 1531, *in-fol. v. f.*

2412. Historia rerum gestarum à Brabantiæ Ducibus aut. And. Barlando. *Bruxellæ*, 1665, *in*-18, *m. verd.*

2413. Hugonis Grotii Annales & Historiæ de rebus Belgicis. *Amstel.* 1658, *in*-12, *m. bl.*

2414. Historia Belgicorum tumultuum continens Hispanorum Regum sanguinaria diplomata & inquisitionis arcana, accedit Historia tragica de furoribus Gallicis & cæde admiralii. *Amstel.* 1641, *in*-12, *m. bl.*

2415. Famiani Stradæ de Bello Belgico Decades duæ. *Antuerpiæ*, 1648, 2 *vol. in*-12, *vel. cum iconibus.*

2416. Gasparis Scioppii infamia Famiani; ejusdem de stilo Historiæ & Historici officio. *Amst.* 1663, *in*-18, *m. r.*

Dd

2417. Mémoires pour servir à l'Histoire de Hollande, par Louis Aubery du Maurier. *Amstel.* 1680, *in-*12, *m. bl.*
2418. La Vie & les Actions mémorables de Michel Ruyter. *Amst.* 1677, *in-*12, *v. f.*

Histoire d'Allemagne & des Etats du Nord.

2419. Querimonia Friderici secundi Imperatoris contra Romanum Pontificem & Cardinales, aut. Petro de Vineis. *Hagenoæ*, 1529, *in-*8°, *m. r.*
2420. L'Ombre du Duc Charles de Lorraine, consultée sur l'état des affaires de l'Europe. *Cologne*, 1693, *in-*12, *m. r.*
2421. Mémoires pour servir à l'Histoire de la Maison de Brandebourg, avec une vie manuscrite du Roi Frédéric Guillaume second. *Berlin*, 1751, *in-*4°, *G. P. m. r.*
2422. Caroli Ludovici Tolneri Historia Palatina. *Francofurti ad Mœnum*, 1700, *in-fol. v. b.*
2423. Monumenta Paderbornensia. *Amst.* 1672, *in-*4° *maj. v. b. fig.*
2424. La Vie de Bernard van Galen, Evêque de Munster. *Leyde, Elz.* 1679, *in-*12, *m. bl.*
2425. Rerum Transylvaniæ libri quatuor, continentes res gestas Principum ejusdem. *Amstel.* 1664, *in-*12, *m. r.*
2426. Mémoire de la Guerre de Transilvanie & de Hongrie. *Amstel. Elz.* 1680, *in-*12, *m. r.*
2427. Olai Magni Gentium Septentrionalium Historiæ Breviarium. *Lugd. Bat.* 1645, *in-*12, *m. bl.*
2428. Mémoires de ce qui s'est passé en Suede & aux Provinces voisines, depuis 1645 jusqu'en 1655, tirez des dépêches de M. Chanut, par

Linage de Vauciennes. *Cologne*, 1677, *3 vol. in*-12, *m. r.*

Histoire des Peuples de l'Asie.

2429. Des Histoires orientales, & principalement des Turkes ou Turchikes & Schitiques ou Tartaresques, par Guill. Postel. *Paris*, 1575, *in*-18, *v. porph.*

2430. Histoire de l'Empire Ottoman, trad. de l'Anglois de Ricault, par Briot. *Amst.* 1714, *in*-12, *m. r. fig.*

2431. Historia della Guerra sacra di Gierusalemme da Guglielmo, Arcivescovo di Tiro, tradotta da Gioseppe Horologgi. *In Venetia*, 1610, *in*-4°, *vél.*

2432. La Vie du Roi Almansor, par Ali-Abencufian, & trad. en françois, par d'Obeilh. *Amst. Elz.* 1671, *in*-12, *m. r.*

2433. Istoria di Faccardino, Grand Emir dei Drusi. *Livorno*, 1787, *in*-8°, *br.*

2434. Mosis Chorenensis Historiæ Armeniacæ libri tres, armenicè & latinè, curantibus Guill. & Georgio Guill. Whiston. *Londini*, 1736, *in*-4°, *v. b.*

2435. L'Asia di Giov. di Barros de fatti de' Portoghesi nell' oriente, tradotta da Alfonso Ulloa. *In Venetia*, 1561, *2 vol. in*-4°, *vel.*

2436. Jo. Petri Maffei de rebus Indicis Historiæ & Epistolæ. *Bergomi*, 1746, *2 vol. in*-4°, C. M. *vel.*

2437. Le Historie delle Indie orientali di Pietro Maffei. *In Firenza*, 1589, *in*-4°, *vél.*

2438. Description de l'Empire de la Chine, par le P. J. B. du Halde. *Paris*, 1735, 4 *vol. in-fol.* G. P. *v. f. fig.*

2439. De Bello Tartarico Historia auct. Martino Martinio. *Antuerpiæ*, 1654, *in-24*, *m. bl. fig.*

2440. Regni Sinensis à Tartaris devastati enarratio auth. Martino Martinii. *Amstel.* 1661, *in-12*, *m. r. fig.*

2441. Lettres au P. Parenin, contenant plusieurs questions sur la Chine, par Dortous de Mairan. *Paris*, 1770, *in-8°*, *v. m.*

2442. Histoire du Japon, trad. de l'Allemand d'Engelb. Kæmpfer, par Jacq. Scheuczer. *La Haye*, 1729, 2 *vol. in-fol. v. b.*

Histoire de l'Amérique.

2443. Joannis de Laet notæ ad dissertationem Hugonis Grotii de origine Gentium Americanarum. *Amst. Elz.* 1643, *in-8°*, *m. r.*

2444. Histoire du Nouveau Monde, ou Description des Indes occidentales, par Jean de Laet. *Leyde*, *Elz.* 1640, *in fol. v. m.*

ANTIQUITÉS.

Recueils d'Antiquités, Traités généraux & particuliers sur les Antiquités des différens Peuples.

2445. Joannis Annii Viterbiensis variarum Antiquitatum Collectio. *Parisiis*, 1512, *in-fol. v. f.*

2446. Antiquitatum variarum autores. *Lugduni*, *Gryphius*, 1560, *in-18*, *v. f. d. f. t.*

2447. Hadriani Relandi Palæstina ex monumentis veteribus illustrata. *Trajecti-Batavorum*, 1714, 2 *vol. in-4°*, *v. b. fig.*

2448. Augusti Pfeifferi Antiquitates Hebraicæ selectæ. *Lipsiæ*, 1687, *in-12*, *m. r.*

2449. Antonii Bynæi de Calceis Hebræorum libri duo. *Dordraci*, 1682, *in*-12, *m. r. fig.*
2450. Rodolphi Hofpiniani de Feftis Judæorum & Ethnicorum libri tres. *Genevæ*, 1664, *in-folio*, *v. b.*
2451. Vetus Græcia illuftrata ftudio Ubbonis Emmii Frifii. *Lugd. Bat.* 1626, 3 *vol. in*-8°, *m. r.*
2452. Joan. Meurfii Fortuna Attica, five de Athenarum origine, &c. *Lugd. Bat.* 1662, *in*-4°, *m. r.*
2453. Joh. Fafoldi Differtatio de plurimis Græcorum Gentilium antiquitatibus, ritibus facris, &c. *Jenæ*, 1676, *in*-12, *m. r.*
2454. Antonii Vandale Differtationes novem de antiquitatibus Græcis & Romanis. *Amftelod.* 1702, *in*-4°, *v. b.*
2455. Vetus Latium profanum & facrum, auct. Petro Marcellino Corradino. *Romæ*, 1705, 2 *vol. in*-4°, *v. b.*
2456. Antiquitates Romanæ urbis, ftudio Hieron. Franzini. *Romæ*, 1599, 2 *vol. in* - 18, *m. cit. fig.*
2457. Antiquitates Romanæ, in compendium redactæ ftudio Friderici Hildebrandi. *Trajecti ad Rhenum*, 1731, *in*-12, *m. bl.*
2458. Roma illuftrata, five antiquitatum Romanarum Breviarium. *Lugd. Bat.* 1645, *in*-12, *m. r.*
2459. Le veftigia e rarita di Roma antica da Franc. de' Ficoroni. *In Roma*, 1744, *in*-4°, *v. f. fig.*
2460. Sacrificiorum Gentilium accurata defcriptio, à Joan. Guill. Stuckio. *Tiguri*, 1598, *in-fol. v. m.*
2461. Ignotorum atque obfcurorum quorum-

dam Deorum Aræ ſtudio Jacobi Sponii. *Lug.* 1676, *in*-12, *m. r.*

2462. De veteri ritu Nuptiarum & jure Connubiorum Barnabas Briſſonius & Ant. Franc. Hotmanus. *Lugd. Bat.* 1641, *in*-12, *m. bl.*

2463. Johannis Nicolai Tractatus de Græcorum luctu lugentiumque ritibus variis. *Thielæ,* 1697, *in*-12, *m. r.*

2464. Jo. Gul. Stuckii antiquitatum convivalium libri tres. *Tiguri,* 1597, *in-fol. v. f. d. ſ. t.*

2465. Petrus Ciacconius de Triclinio, ſive de modo convivandi apud Romanos. *Amſt.*, 1664, *in*-12, *m. bl.*

2466. Joannis Alſtorphii Diſſertatio philologica, de lectis veterum. *Amſtel.* 1704, *in*-12, *m. bl. fig.*

2467. Jacobi Philippi Tomaſini de Teſſeris hoſpitalitatis, liber ſingularis. *Amſtel.* 1670, *in*-12, *m. bl.*

2468. Lazari Bayfii libri, de re Navali, de re Veſtiariâ, & de Vaſculis, item Anton. Thyleſii liber de Coloribus. *Baſileæ, Froben,* 1537, *in*-4°, *v. m.*

2469. Noctes Granzovianæ, de antiquis triumphorum ſpectaculis, lucubratæ à Martino de Guichardo. *Amſtel.* 1661, *in*-12, *m. verd.*

2470. Romanorum Triumphus quo ceremoniæ, veſtitus, currus, aliaque quæ ad hunc honorem requirebantur, illuſtrantur, ſtudio Joh. Nicolai. *Francofurti ad Mœnum,* 1696, *in*-12, *m. r.*

2471. Barnabæ Briſſonii Commentarius de Spectaculis & de Feriis. *Lugd. Bat. in*-12, *m. r.*

2472. Joannis Meurſii de Ludis Græcorum liber ſingularis. *Lugd. Bat.* 1622, *in*-8°, *m. r.*

2473. Joannis Meurſii Orcheſtra, ſive de Saltationibus veterum liber ſingularis. *Lugd. Bat.* 1618, *in-4°, m. r.*

2474. Juſti Rycquii de Capitolio Romano Commentarius. *Lugd. Bat.* 1669, *in-12, m. r.*

2475. Erycii Puteani de Nundinis Romanis liber. *Lovanii,* 1646, *in-18, m. r.*

2476. Fortunii Liceti de Lucernis Antiquorum reconditis libri quatuor. *Venetiis,* 1621, *in-4°, parch.*

2477. De Cultu ac uſu Luminum antiquo, aut. H. C. L. Stochauſen. *Trajecti ad Rhenum,* 1726, *in-12, m. r.*

2478. Joh. Jacobi Claudii Diſſertatio de Salutationibus veterum, cui addita eſt Diatribe de Nutricibus & Pædagogis. *Ultrajecti,* 1702, *in-12, m. bl.*

2479. Martini Kempii Diſſertationes de Oſculis. *Regiomonti-Boruſſorum*, 1677, *in-4°, v. b.*

2480. Laurentii Pignorii de Servis Commentarius. *Amſtel.* 1674. — Titi Popmæ de operis Servorum liber. *Amſtel.* 1672, *in-12, m. bl.*

2481. Anſelmus Solerius de Pileo aliiſque capitis tegminibus. *Amſtel.* 1672, *in-12, m. bl.*

2482. Thomæ Bartholini de Armillis veterum Schedion, ejuſd. de Inauribus veterum ſyntagma. *Amſt.* 1676, *in-12, m. bl.*

2483. Joh. Kirchmanni de Annulis liber ſingularis. *Lugd. Bat.* 1672, *in-12, m. bl.*

2484. B. Balduinus de Calceo antiquo, & Jul. Nigronius de Caligâ veterum. *Amſt.* 1667, *in-12, m. bl.*

2485. Henrici Dodwelli de Parmâ equeſtri Woodvardianâ Diſſertatio. *Oxonii,* 1731, *in-8°, v. b.*

2486. Casparis Bartholini de Tibiis veterum libri tres. *Amst.* 1679, *in*-12, *m. verd.*
2487. Hieronymi Magii de Tintinnabulis liber. *Amstel.* 1664. — Ejusdem liber de Equuleo. *m. r. fig.*

Inscriptions, Pierres gravées, Médailles, Monnoyes.

2488. Inscriptionum antiquarum Sylloge, à Guill. Fleetwood. *Londini,* 1691, *in*-8°, *v. b.*
2489. Johannis Nicolai Tractatus de Siglis veterum. *Lugd. Bat.* 1706, *in*-4°, *v. b.*
2490. Gemmæ & sculpturæ antiquæ depictæ ab Leonardo Augustino, cum enarratione latinâ Jacobi Gronovii. *Franequeræ,* 1694, *in*-4°, *vél. fig.*
2491. Dialoghi di Antonio Agostini, intorno alle Medaglie, inscrittioni & altre antichita, tradotti da Dyon. Ottaviano Sada. *In Roma,* 1650, *in-fol. vél.*
2492. Dialoghi di Antonio Agostini sopra le Medaglie, &c. tradotti da Dionigi Ottaviano Sada. *In Roma,* 1736, *in-fol. br. fig.*
2493. Imperatorum Romanorum Numismata, descripta per Carolum Patinum. *Argentinæ,* 1671, *in-fol. v. b. fig.*
2494. L'Historia Augusta illustrata con la verita dell antiche Medaglie, da Francesco Angeloni. *In Roma,* 1685, *in-fol. parch. fig.*
2495. Le Cabinet de la Bibliothèque de Sainte-Geneviève, par Claude du Molinet. *Paris,* 1692, *in-fol. G. P. v. b.*
2496. Médailles de grand & moyen bronze du Cabinet de la Reine Christine, gravées par Pietro

Pietro Santes Bartolo, avec un Commentaire traduit du latin de Sig. Havercamp. *La Haye, 1742, in-fol. cart.*

2497. Médailles sur les principaux événemens du règne de Louis-le-Grand. *Paris, 1723, in-fol. m. r.*

2498. Summaire ou Epitome du Livre *de Asse*, par Guill. Budde. *Paris, Galiot Dupré, 1522, in-8°, m. r.*

2499. Extrait du livre *de Asse* de Budé. *Lyon, 1554, in-18, v. m.*

2500. Joh. Friderici Gronovii de Sestertiis libri quatuor. *Amstel. Elz. 1656, in-8°, m. r.*

HISTOIRE LITTÉRAIRE.

Histoire des Lettres & des Langues, de la Littérature des différens Pays, de l'Imprimerie & de son origine, &c.

2501. Polydori Vergilii de inventoribus rerum, libri tres. *Parisiis, 1505, in-4°, v. f. d. f. t.*

2502. Dominici Mariæ Manni de Florentinis inventis Commentarium. *Ferrariæ, 1731, in-4°, vél.*

2503. Histoire Littéraire de la France, par les Bénédictins. *Paris, 1733 & suiv.* 11 *vol. in-4°, v. m. Manque le tome premier.*

2504. Mémoires secrets de la République des Lettres, par le Marquis d'Argens. *La Haye, 1743, 6 vol. in-12, v. m.*

2505. Del Risorgimento d'Italia negli studi nelle Arte, e ne' costumi dopo il mille, dell' Abate Saverio Bettinelli. *In Bassano, 1775, 2 vol. in-8°, brochés.*

2506. Storia della Letteratura italiana, del Abate Girolamo Tiraboschi, seconda edizione. *In Modena*, 1787 & *seq.* 11 *vol. in-*4° *maj. br.*

2507. Histoire de la Littérature d'Italie, tirée de l'italien de Tiraboschi, & abrégée par Ant. Landi. *Berne*, 1784, 5 *vol. in-*8°, *br.*

2508. Storia Letteraria d'Italia. *In Venetia*, 1750 & *seq.* 17 *vol. in-*8°, *br.* — Offervazioni fopra varii punti d'Istoria Letteraria da Eusebio Eraniste. *In Venetia*, 1760, 2 *vol. in-*8°, *br.*

2509. Specimen Litteraturæ Florentinæ fæculi XV, autore Angelo Maria Bandinio. *Florentiæ*, 1747, 2 *vol. in-*8°, *br.*

2510. Saggio di Storia Letteraria Fiorentina del fecolo 17°. fcritta in varie lettere da Giov. Batt. Clemente Nelli. *In Lucca*, 1759, *in-*4°, *cart.*

2511. Della Letteratura Veneziana libri otto di Marco Folcarini, volume primo. *In Padova*, 1752, *in-fol. v. f.*

2512. Justi Fontanini Historiæ Litterariæ Aquileiensis libri quinque. *Romæ*, 1742, *in-*4°, *br.*

2513. De Brixianâ Litteraturâ renatarum Litterarum ætate. *Brixiæ*, 1739, 2 *vol. in-*4°, *br.*

2514. Discorso Accademico sull' Historia Letteraria Pisana. *Pisa*, 1787, *in-*4° *maj. vél.* — Differtazione fopra l'Historia de codici Pisani delle Pandette, dell' abate Borgo dal Borgo. *In Lucca*, 1764, *in-*4° *maj. vél.*

2515. Saggio Storico-Apologetico della Letteratura Spagnuola dall' abate Saverio Lampillas. *Genova*, 1778 & *seq.* 7 *vol. in-*8°, *br.*

2516. Theophili Spizelii de re Litterariâ Sinenfium Commentarius. *Lugd. Bat.* 1661, *in-*12, *m. r.*

2517. Jacobi Mentelii de verâ Typographi

origine Paraenesis. *Parisiis*, 1650, *in-4°, vél.*

2518. Joan. Dan. Schoepflini vindiciæ Typographicæ. *Argentorati*, 1760, *in-4°, v. m.*

2519. Annales Typographici ab artis inventæ origine ad annum 1664, operâ Michaelis Maittaire. *Amst.* 1733, 9 *vol. in-4°, v. f. cum primo tomo duplicato.* — Annalium Typographicorum supplementum, curâ Michaelis Denis. *Viennæ*, 1789, 2 *vol. in-4°, vél.*

2520. Origine e Progressi della stampa, o sia dell' arte impressoria e Notizie dell' opere stampate dall' anno 1457, all' anno 1500, da Ant. Orlandi. *In Bologna*, 1722, *in 4°, br.*

2521. Histoire de l'Imprimerie & de la Librairie, par La Caille. *Paris*, 1689, *in-4°, v. b.*

2522. Histoire de l'origine & des premiers progrès de l'Imprimerie, par Prosper Marchand. *La Haye*, 1740, *in-4°, v. m.*

2523. Origines Typographicæ Gerardo Meerman auctore. *Hagæ & Londini*, 1765, 2 *vol. in-4°, C. M. m. cit.*

2524. Angeli Mariæ Card. Quirini liber singularis de optimorum Scriptorum editionibus quæ Romæ primùm prodierunt post Typographiam in eam urbem advectam. *Lindaugiæ*, 1761, *in-4°, dem. rel.*

2525. L'origine de l'Imprimerie de Paris, par And. Chevillier. *Paris*, 1694, *in-4°, v. b.*

2526. Joh. Bernardi de Rossi de Typographiâ Hebræo-Ferrariensi Commentarius historicus. *Parmæ*, 1780, *in-8°, br.*

2527. Serie d'ell' edizioni Aldine, per ordine cronologico ed alfabetico. *In Padova*, 1790, *in-12, cart.*

2528. De Florentina Juntarum Typographiâ ejufque Cenforibus, auctore Angelo Mariâ Bandinio. *Lucæ*, 1791, 2 *vol. in-8°, br.*

Hiſtoire & Mémoires des Univerſités, des Colléges, des Académies & Corps Littéraires.

2529. Hiſtoria Univerſitatis Pariſienſis, authore Cæſare Egaſſio Bulæo. *Pariſiis*, 1665, 6. *vol. in-fol. v. b.*
2530. Hiſtoria & Antiquitates Univerſitatis Oxonienſis. *Oxonii*, 1674, *in-fol. v. b.*
2531. De Gymnaſio Romano & de ejus Profeſſoribus libri duo, auctore Joſepho Carafa. *Romæ*, 1751, 2 *vol. in-4°, br.*
2532. Faſti Gymnaſii Patavini, ſtudio Jac. Facciolati collecti. *Patavii*, 1757, *in-4°, br.*
2533. Hiſtoria Ferrariæ Gymnaſii a Ferrante Borſetti. *Ferrariæ*, 1735, 2 *vol. in-4°, br.*
2534. Gymnaſii Ticinenſis Hiſtoria, auct. Ant. Gatto. *Mediolani*, 1704, *in-8°, vél.*
2535. Hiſtoire de l'Académie Françoiſe, par Peliſſon. *La Haye*, 1688, *in-12, m. r.*
2536. Hiſtoire de l'Académie Françoiſe, par Peliſſon. *Paris*, 1729, *in-4°, v. b.*
2537. Mémoires de l'Académie des Sciences; *ſavoir*, depuis 1699 juſques & compris l'année 1784, 86 *vol. in-4°, rel. en veau & 2 brochés.* — Analyſe des infiniment Petits; Grandeur de la terre, *double*; Géométrie de l'infini, *double*; aurore Boréale, *double*; Elémens d'Aſtronomie & Tables Aſtronomiques de Caſſiny, *double*; Méridienne de Paris, Mémoires de Fontaine, 12 *vol. rel. en veau.* — Tables, tomes 6, 7 & 8, 3 *vol. v. éc.* — Tables de Rozier,

4 *vol. br.* — Machines, 6 *vol. v. m.* — Prix, 9 *vol. v. m. & v. éc.* — Savans Etrangers, 11 *vol. v. éc.* — Total, 133 *vol.*

2538. Histoire & Mémoires de l'Académie des Inscriptions & Belles-Lettres. *Paris*, 1717 & *ann. suiv.* 41 *vol. in-4°, v. m.*

2539. Gli atti dell' Academia delle Scienze di Siena, detta de Fisio-Critici, doppo l'anno 1760—1780. *In Siena*, 1761, 6 *vol. in-4°, vél.*

2540. Memorie di varia erudizione della Societa Colombaria Fiorentina. *In Firenze*, 1747 & 1752, 2 *vol. in-4°, br.*

2541. Atti e Memorie inedite dell' Accademia dell Cimento publicate da Gio. Targioni Tozzetti. *In Firenze*, 1780, & *seq.* 4 *vol. in-4°, br.*

2542. Historia Academiæ Pisanæ, auct. Angelo-Fabronio. *Pisis*, 1791, *in-4°, C. M. br.*

2543. Saggi di Dissertazioni dell' Academia Palermitana del buon gusto. *In Palermo*, 1755, *in-4°, br.*

BIBLIOGRAPHIE.

Traités des Livres & de leur Connoissance; des Bibliothéques & de leur arrangement, &c.

2544. Augustini Valerii opusculum de cautione adhibendâ in edendis libris. *Patavii*, 1719, *in-4°, br.*

2545. De Librorum circa res Theologicas approbatione disquisitio historica, auct. Jac. Boileau. *Antuerpiæ*, 1708, *in-12, m. r.*

2546. La Connoissance des bons Livres, ou Examen de plusieurs Auteurs. *Amsterd.* 1672, *in-12, vél.*

2547. Jugemens des Savans sur les principaux ouvrages des Auteurs, par Adrien Baillet. *Paris,* 1722, 8 vol. *in-*4°, *G. P. m. r.*

2548. Bibliothéque curieuse, historique & critique, par David Clément. *Gottingue,* 1750, 9 vol. *in-*4°, *v. m.*

2549. Analecta litteraria de libris rarioribus, edita a Frid. Gott. Freytag. *Lipsiæ,* 1750, *in-*12, *dem. rel.*

2550. Apparatus litterarius ubi libri partim antiqui, partim rari recensentur, collectus à Frid. Gotth. Freytag. *Lipsiæ,* 1752, *& seq.* 4 vol. *in-*8°, *dem. rel.*

2551. Bibliographie instructive, ou Traité de la connoissance des Livres rares & singuliers, par G. F. De Bure. *Paris,* 1763, *& suiv.* 7 vol. *in-*8°, *v. m.* — Table des Livres anonymes indiqués dans la Bibliographie, par Née de la Rochelle, 1782, *in-*8°, *br.* — Catalogue de Gaignat. *Paris, De Bure,* 1769, 2 vol. *in-*8°, *v. m. avec prix.*

2552. Dictionnaire Typographique historique & critique des Livres rares, par J. B. Osmont. *Paris,* 1768, 2 vol. *in-*8°, *dem. rel.*

2553. Biblioteca Italiana o sia notizia de Libri rari italiani da Nicolo Franc. Haym. *In Milano,* 1773, 2 vol. *in-*4°, *br.*

2554. Johannis Lomeieri de Bibliothecis liber singularis. *Ultrajecti,* 1680, *in-*8°, *v. f.*

2555. Danielis Maichelii introductio ad Historiam litterariam de præcipuis Bibliothecis Parisiensibus. *Cantabrigiæ,* 1721, *in-*12, *v. m.*

Ouvrages Littéraires, Périodiques, ou Journaux.

2556. Journal des Savans depuis son origine en 1665, jusques & compris l'année 1788, 121 vol. *in-4°, reliés en veau;* plus l'année 1789, & dix numéros de 1790 *brochés.*

2557. Observations sur la Littérature moderne, par l'abbé de la Porte, 9 *vol. in-12, v. m.* — Lettres sur quelques écrits du tems, par Fréron, 13 *vol. in-12, v. m.* — Opuscules du même, 3 *vol. in-12, v. m.* — L'Année Littéraire, par le même, complette depuis 1754, jusques & compris l'année 1787, 271 *vol. in-12, v. m.* — Plus 92 numéros *br.* des années 1788 & 1789.

2558. Journal Encyclopédique depuis son origine, jusques & compris l'année 1787, 215 *vol. in-12, baz. m. manque le second* n°. *de Novembre & Décembre* 1779. Plus 65 numéros *br.* des années 1788, 1789 & 1790.

2559. Acta Eruditorum Lipsiæ publicata, 1682 ad 1776, 93 *vol. in-4°, vél.* — Prima supplementa 1692 ad 1734, 10 *vol. in-4°, vél.* — Altera supplementa 1735 ad 1757, 8 *vol. in-4°, vél.* — Indices ab initio ad annum 1745, 6 *vol. in-4°, vél.*

2560. Bibliotheca antiqua publicata Jenæ, anno 1705, *in-4°, br.*

2561. Giornali de Letterati d'Italia; cioe: — Giornale di Nic. Angelo Tinassi, d'all' anno 1668 all' 1681, 4 *vol. in-4°, vél.* — Giornale Veneto d'all' an. 1670, *in-4°, br.* — Giornale di Franc. Nazari, 1675 à 1679, 2 *vol. in-4°, vél.* — Giornale detto di Ferrara, 1688, *in-4°,* vél. — Giornale di Parma, 1686 — 1693, 7 vol. in-4°, br. manque 1691. — Giornale di Modena da Bened. Bacchini, 1692, in-4°, vél. — Il gran Giornale de Letterati da Gio. Pellegrino Dandi, 1700 — 1705, in-fol. vél. — Il genio de Letterati appagato, da Giuseppe Malatesta Garuffi. In Forli, 1709, in-4°, vél. — Il grand Giornale di Europa, o sia la Bibliotheca Universale. In Venezia, 1725 & 1726, in-4°, vél. — Giornale de Letterati d'Italia. In Venezia, 1710 à 1739, 41 vol. in-12. vél. — Giornale de Litterati publicato in Firenze, 1742 à 1750, 9 vol. in-8°, vél. — Giornale de Letterati 1742 à 1759. In Roma, 15 vol. in-4°, vél. — Giornale de Letterati. In Pisa, 1771 à 1792, 87 vol. in-12, br. manque le tome 77, commençant l'année 1789. — Nuovo Giornale de Letterati d'Italia. In Modena, 1773 à 1784, 28 vol. in-12, dem. rel.

2562. La Galeria di Minerva overo Notizie universali di quanto e stato scritto da Letterati di Europa da Girolamo Albrizzi. In Venetia, 1696 & seq. 6 vol. in-fol. br.

2563. Bibliotheca volante di Gio. Cinelli Calvoli continuata da Dion. Andr. Sancassani. In Venezia, 1734, 4 vol. in-4°, br.

2564. Novelle Letterarie publicate in Firenze da Giov. Lami. Firenze, 1740 à 1769, 30 tom. 15 vol. in-4°, vél.

2565. Giornale di Siena dell' anno 1776. In Siena, 2 vol. in-8°, br.

Bibliographes généraux.

2566. Photii Bibliotheca, græcè & latinè, ex editione

editione Davidis Hoefchelii. *Genevæ*, 1612, *in-fol. v. f.*

2567. Bibliotheca Univerfalis, five Catalogus omnium Scriptorum in tribus linguis, Latinâ, Græcâ & Hebraicâ, auth. Conrado Gefnero. *Tiguri*, 1545, *in-fol. v. b.*

2568. Epitome Bibliothecæ Conradi Gefneri, per Jofiam Simlerum. *Tiguri*, 1555, *in-fol. parch.*

2569. Bibliotheca inftituta & collecta primùm à Conrado Gefnero, deindè in Epitomen redacta & aucta per Jofiam Simlerum. *Tiguri*, 1583, *in-fol. v. b.*

2570. Chriftophori Saxii Onomafticon Litterarium, five Nomenclator hiftorico-criticus omnis ætatis fcriptorum, &c. *Trajecti ad Rhenum*, 1765 & *feq.* 4 *vol. in*-8°, *v. m. d. f. t.*

2571. Bibliotheca Claffica auctore Georgio Draudio. *Francofurti ad Mœnum*, 1625, 2 *vol. in*-4°, *v. m.*

2572. Jo. Alberti Fabricii Bibliotheca Græca, five Notitia Scriptorum veterum Græcorum. *Hamburgi*, 1718 & *feq.* 14 *vol. in*-4°, *v. m.*

2573. Joan. Alberti Fabricii Bibliotheca Latina, five Notitia Auctorum veterum Latinorum. *Venetiis*, 1728, 2 *vol. in*-4°, *v. m.*

2574. Eadem Joan. Alberti Fabricii Bibliotheca Latina, aucta curis Joann. Aug. Ernefti. *Lipfiæ*, 1773, 3 *vol. in*-8°, *dem. rel.*

2575. Joan. Alberti Fabricii Bibliotheca Latina mediæ & infimæ Latinitatis, cum fupplemento Chriftiani Schoettgenii. *Patavii*, 1754, 6 *vol. in*-4°, *v. m.*

2576. Bibliotheca de gli autori antichi Greci e Latini volgarizzati da Jacobo Maria Paironi. *In Venetia*, 1774, 5 *vol. in*-4° *br.*

2577. Bibliotheca degli volgarizzatori di Filippo Argelati coll' addizioni e correzioni di Angelo Theodoro Villa. *In Milano*, 1767, 5 vol. *in-*4°, *br.*
2578. Vincentii Placcii Theatrum Anonymorum & Pseudonymorum edente Joan. Alb. Fabricio. *Hamburgi*, 1708, *in-fol. dem. rel.* — Bibliotheca Anonymorum & Pseudonymorum ad supplendum & continuandum Vincentii Placcii Theatrum, collecta à Joan. Christoph. Mylio. *Hamburgi*, 1740, 2 vol. *in-fol. dem. rel.*

Bibliographes Ecclésiastiques.

2579. Jacobi Le Long Bibliotheca sacra. *Parisiis*, 1723, 2 vol. *in-fol. v. b.*
2580. Bibliotheca Ecclesiastica in quâ continentur variorum authorum tractatus de Scriptoribus Ecclesiasticis, curante J. Alb. Fabricio. *Hamburgi*, 1718, *in-fol. vél.*
2581. Bibliothèque Ecclésiastique, par Louis Ellies Dupin. *Bruxelles*, 1690, 19 *tomes en* 9 vol. *in-*4°, *v. b.*
2582. Joannis Lami de eruditione Apostolorum liber singularis. *Florentiæ*, 1766, 2 vol. *in-*4°, *vél.*
2583. Casimiri Oudini Commentarius de Scriptoribus Ecclesiæ antiquis. *Francofurti ad Mœnum*, 1722, 3 vol. *in-fol. v. b.*
2584. De Mysticis Galliæ Scriptoribus Dissertationes, auth. Andreâ du Saussay. *Parisiis*, 1639, *in-*4°, *v. b.*
2585. Bibliotheca Casinensis, sive Scriptorum Congregationis Casinensis, auct. D. Mariano Armellini. *Assisii*, 1731, *in-fol. vél.*

2586. Bibliotheca Mellicenfis, feu Vitæ & Scripta Benedictinorum Mellicenfium, auct. Martino Kropff. *Vindobonæ*, 1747, *in-*4°, *vél.*
2587. Phœnix revivifcens, five Ordinis Ciftercienfis Scriptorum Angliæ & Hifpaniæ feries, auth. Chryfoftomo Henriquez. *Bruxellæ*, 1626, *in-*4°, *v. f.*
2588. Scriptores Ordinis Prædicatorum recenfiti curâ Jacobi Quetif & Jac. Echard. *Lutetiæ*, 1719, *2 vol. in-fol. v. b.*
2589. Bibliotheca Scriptorum Ordinis Capucinorum. *Genuæ*, 1691, *in-fol. vél.*
2590. Bibliotheca Scriptorum Societatis Jefu, auth. Ribadeneira, Alegambe & Sotvel. *Romæ*, 1676, *in-fol. v. b.*
2591. I Scrittori de' Cherici Regolari detti Teatini, d'Antonio Franc. Vezzofi. *In Roma*, 1780, *2 vol. in-*4°, *vél.*
2592. De Scriptoribus Congregationis Clericorum Matris Dei, auctore Friderico Sartefchi. *Romæ*, 1753, *in-*4°, *parch.*

Bibliographes Nationaux.

2593. Les Bibliothèques Françoifes de la Croix du Maine & de Duverdier, nouvelle édition donnée par Rigoley de Juvigny. *Paris*, 1772, *6 vol. in-*4°, *v. m.*
2594. Joannis Lamii memorabilia Italorum eruditione præftantium, quibus vertens fæculum gloriatur. *Florentiæ*, 1742, *3 vol. in-*8°, *vél.*
2595. Gli Scrittori d'Italia, cioe Notizie ftoriche e critiche intorno alle vite & agli fcritti de i letterati Italiani del conte Giammaria Mazzuchelli. *In Brefcia*, 1753 *& feq. 6 vol. in-fol. br.*

2596. Leonis Allatii Apes urbanæ, sive de viris illustribus qui ab anno 1630, per totum 1632 Romæ adfuerunt & typis aliquid evulgarunt. *Romæ*, 1633, *in-8°, vél.*

2597. Athenæum Romanum, in quo Pontificum Romanorum & Cardinalium scripta exponuntur, studio Augustini Oldoini. *Perusiæ*, 1676, *in-4°, vél.*

2598. Bibliotheca Romana, seu Romanorum Scriptorum Centuriæ, aut. Prospero Mandosio. *Romæ*, 1682, 2 *vol. in-4°, vél.*

2599. Istoria de gli Scrittori nati nel regno di Napoli scritta da Giov. Bernardo Tafuri. *In Napoli*, 1744, 7 *vol. in-12, vél.*

2600. Bibliotheca Umbriæ, sive Catalogus Scriptorum Provinciæ Umbriæ, aut. Ludov. Jacobillo. *Fulginiæ*, 1658, *in-4°, parch.*

2601. Minervalia Bononiensia, sive Bibliotheca Bononiensis, cui accessit Pictorum & Sculptorum Catalogus, ab Anton. Bumaldo. *Bononiæ*, 1641, *in-24, vél.*

2602. Notizie de Gli Scrittori Bolognesi da Franc. Pellegrino Ant. Orlandi. *In Bologna*, 1714, *in-4°, br.*

2603. Memorie de gli Scrittori Cosentini raccolte da Salvatore Spiriti. *In Napoli*, 1750, *in-4°, br.*

2604. Memorie istoriche di Letterati Ferrarese da Gian Andrea Barotti. *In Ferrara*, 1777, *in-fol. vél. fig.*

2605. Philippi Argelati Bibliotheca Scriptorum Mediolanensium. *Mediolani*, 1745, & *seq.* 4 *vol. in-fol. vél.*

2606. Cremona Litterata, auct. Francisco Arisio. *Parmæ*, 1702, *in-fol.* 2 *vol. br.*

2607. Biblioteca Modenese o Notizie della vita e delle opere de gli scrittori di stato di Modena raccolte dal' abate Girol. Tiraboschi. *In Modena*, 1781 *& seq. 7 tom. 6 vol. in-4°, vél.*

2608. Notizie istorico-critiche intorno la vita e le opere degli scrittori Viniziani da Giovanni degli Agostini. *In Venezia*, 1752, *2 vol. in-4°, v. f.*

2609. Biblioteca e Storia di quei scrittori della citta come del' territorio di Vicenza, d'all' Padre Angiol Gabriello di Santa Maria Carmelitano. *In Vicenza*, 1772 *& seq. 6 vol. in-4°, br.*

2610. Syllabus Scriptorum Pedemontii, auctore Andrea Rossotti. *Monteregali*, 1667, *in-4°, v. f.*

2611. Bibliotheca Hispana, sive Scriptorum Hispanorum notitia, auth. Nicol. Antonio. *Romæ*, 1672, *2 vol. in-fol. v. b.*

2612. Batavia illustrata, seu de Batavis scriptores varii notæ melioris, ex Musæo Petri Scriverii. *Lugd. Bat.* 1609, *in-4°, m. r.*

2613. Suffridi Petri de Scriptoribus Frisiæ decades sexdecim. *Franequeræ*, 1699, *in-12, vél.*

Bibliographes Professionaux, ou traitant des Auteurs qui appartiennent à des Classes particulières, comme de Théologie, ou Jurisprudence, &c.

2614. Bibliotheca Magna Rabbinica de Scriptoribus & scriptis Rabbinicis, auctore D. Julio Bartoloccio de Celleno. *Romæ*, 1675, *5 vol. in-fol. vél.*

2615. Bibliotheca Botanica, quâ scripta ad rem

herbariam facientia recenfentur, auct. Alberto van Haller. *Tiguri*, 1771, 2 vol. *in*-4°, *cart.*

2616. Joan. Antonidæ Vander Linden de fcriptis Medicis libri duo. *Amftel.* 1651, *in*-8°, *baz.*

2617. Bibliotheca Chimica, feu Catalogus librorum Philofophicorum Hermeticorum, auth. Petro Borellio. *Parifiis*, 1654, *in*-12, *m. bl.*

2618. Bibliographia ftorico-critica dell' architettura civile ed arti fubalterne dell' abate Angelo Comolli. *Roma*, 1788, 2 vol. *in*-4°, *br.*

2619. Simonis Starovolfcii de claris Oratoribus Sarmatiæ liber. *Florentiæ*, 1628, *in*-4°, *br.*

2620. Biblioteca dell' eloquenza Italiana. di Giufto Fontanini con le annotazioni di Apoftolo Zeno. *In Venezia*, 1753, 2 vol. *in*-4°, *br.*

2621. Hiftoria Poetarum tàm Græcorum quàm Latinorum, aut. Lylio Greg. Gyraldo. *Bafileæ*, 1545, *in*-8°, *v. f.*

2622. De Poeti Siciliani, libro primo di Giovani Vintimiglia. *In Napoli*, 1663, *in*-4°, *br.*

2623. Chriftophori Sandii animadverfiones in Ger. Jo. Voffii libros tres de Hiftoricis Latinis. *Amft.* 1677, *in*-12, *m. verd.*

2624. Differtazioni Voffiane di Apoftolo Zeno, cioe Giunte e Offervazioni intorno a gli Storici Italiani che Hanno fcritto latinamente, rammentati dal Voffio libro 3 de Hiftoricis Latinis. *In Vinegia*, 1752, 2 vol. *in*-4°, *cart. max. dem. rel.*

2625. Martini Hankii de Byzantinarum rerum Scriptoribus Græcis liber. *Lipfiæ*, 1677, *in*-4°, *v. f.*

Catalogues des Bibliothèques publiques de l'Europe, & Notices ou Extraits de Manuscrits.

2626. Diarium Italicum, five Monumentorum veterum, Bibliothecarum, Musæorum Notitiæ singulares a D. Bernardo de Montfaucon. *Parisiis*, 1702, in-4°, *v. f.*
2627. Bibliotheca Bibliothecarum manufcriptorum nova, autore D. Bern. de Montfaucon. *Paris*, 1739, 2 vol. in-fol. *baz.*
2628. Catalogue des Livres imprimés & Manufcrits de la Bibliothèque du Roy. *Paris*, 1739, 10 vol. in-fol. *G. P. v. m.*
2629. Bibliotheca orientalis Clementino-Vaticana, in quâ manufcriptos codices Orientalium Linguarum recenfuit Jofeph Simonius Affemanus. *Romæ*, 1719 & feq. 4 vol. in-fol. *br.*
2630. Index Bibliothecæ Barberinæ. *Romæ*, 1681, 2 vol. in-fol. *vél.*
2631. Bibliothecæ Mediceæ Laurentianæ & Palatinæ codicum manufcriptorum Orientalium Catalogus, digeffit Steph. Evodius Affemanus. *Florentiæ*, 1742, in-fol. maj. *br.*
2632. Catalogus codicum manufcriptorum Bibliothecæ Mediceæ Laurentianæ, Ang. Mar. Bandinius recenfuit, edidit. *Florentiæ*, 1764 & ann. feq. 8 vol. in-fol. *C. M. br.*
2633. Bibliothecæ Mediceo-Laurentianæ Catalogus ab Antonio Mariâ Bifcionio. *Florentiæ*, 1752, in-fol. *br.*
2634. Catalogus codicum manufcriptorum qui in Bibliothecâ Riccardianâ Florentiæ affervantur, Jo. Lamio auctore. *Liburni*, 1756, in-fol. *vél.*
2635. Græca D. Marci Bibliotheca codicum ma-

nuscriptorum Præside Laurentio Theupolo. *Venetiis, 1740, in-fol. vél.* — Latina & Italica D. Marci Bibliotheca codicum manuscriptorum Præside eodem. *Venetiis, 1741, in-fol. vél.*

2636. Codices manuscripti Latini Bibliothecæ Nanianæ à Jacobo Morellio relati. *Venetiis, 1776, in-4° maj. vél.*

2637. Bibliotheca codicum manuscriptorum Monasterii Sancti Michaelis Venetiarum, una cum appendice librorum impressorum sæculi XV, Opus posthumum Joannis Bened. Mittarelli. *Venetiis, 1779, in-fol. dem. rel.*

2638. Ægyptiorum codicum Reliquiæ Venetiis in Bibliothecâ Nanianâ asservatæ. *Bononiæ, 1785, 2 vol. in-4°, br.*

2639. Instrumentum Donationis, sive Catalogus librorum & aliarum rerum quas Comes Aloysius Ferd. de Marsiliis donavit civitati Bononiensi, in gratiam novæ in eâdem scientiarum institutionis. *in-fol. cart.*

2640. Catalogus codicum manuscriptorum Bibliothecæ Malatestianæ Cæsenatis, auctore Jos. Mariâ Minucciolo. *Cæsenæ, 1780, in-fol. vél.*

2641. Codices manuscripti Bibliothecæ Regii Taurinensis Athenæi per linguas digesti. *Taurini, 1749, 2 vol. in-fol. C. M. vél.*

2642. Bibliotheca Pistoriensis à Francisco Ant. Zachariâ. *Augustæ-Taurin. 1752, in-fol. cart.*

2643. Bibliotheca Arabico-Hispana Escurialensis, sive manuscriptorum Arabum Bibliothecæ Escurialensis recensio, curâ Michaelis Casiri Syro-Maronitæ. *Matriti, 1760, 2 vol. in-fol. br.*

2644. Regiæ Bibliothecæ Matritensis codices manuscripti Græci, curâ Joan. Iriarte, volumen prius. *Matriti, 1769, in-fol. br.*

2645. Catalogus librorum Bibliothecæ Tigurinæ. *Tiguri*, 1744, 4 *vol. in-*8°, *v. f.*
2646. Bibliotheca Moguntina libris sæculo primo Typographiæ Moguntiæ impreſſis inſtructa; hinc indè additâ inventæ Typographiæ Hiſtoriâ, à Steph. Alwurdtwein. *Auguſtæ-Vindelicorum* 1787, *in-*4°, *br.*
2647. Notitia hiſtorico-litteraria de Libris ab artis Typographicæ inventione uſque ad annum 1478 impreſſis, in Bibliothecâ Monaſterii ad SS. Udalricum & Afram Auguſtæ extantibus. *Auguſtæ - Vindelicorum*, 1788, *in-*4°, *br.*
2648. Chriſtophori Theophili de Murr memorabilia Bibliothecarum publicarum Norimbergenſium. *Norimbergæ*, 1786, 2 *vol. in-*8°, *vél.*
2649. Catalogus codicum manuſcriptorum Bibliothecæ Paulinæ in Academiâ Lipſienſi, concinnatus, a L. Joach. Fellero. *Lipſiæ*, 1686, *in-*12, *v. f.*
2650. Catalogus codicum manuſcriptorum Bibliothecæ Gothanæ, aut. Ern. Sal. Cypriano. *Lipſiæ*, 1714, *in-*4°, *br.*
2651. Petri Lambecii Commentarii de Bibliothecâ Cæſareâ Vindobonenſi, editio altera. *Vindobonæ*, 1766 & *ſeq.* 8 *vol. in-fol. maj. v. f.*

Catalogues de Collections particulières, de Magaſins de Librairie, de Bibliothèques d'Amateurs.

2652. Catalogue raiſonné des Variorum, 3 *vol. in-*8°, *manuſcrit, m. noir.*
2653. Catalogue raiſonné des Elzevirs, *in-*12, volume *in-*4°, *mſſ. m. noir.*
2654. Catalogus librorum qui in Bibliopolio Da-

Gg

nielis Elſevirii Venales extant. *Amſtel.* 1674, *in-*12, *m. r.*

2655. Catalogus librorum Officinæ Danielis Elzevirii. *Amſtelod.* 1681, *in-*12, *m. r.*

2656. Catalogus librorum qui in Bibliopolio Elzeviriano venales extabant. *Lugd. Bat.* 1684, *in-*4°, *dem. rel.*

2657. Catalogo della Libreria Capponi. *In Roma,* 1747, *in-*4°, *br.*

2658. Hiſtoria Bibliothecæ Fabricianæ quâ ſinguli ejus libri, eorumque contenta, editiones, epitomæ, verſiones, &c. & de iis Doctorum judicia exponuntur, auct. Joan. Fabricio. *Wolffenbutielii*, 1718, 6 *vol. in-*4°, *vél.*

2659. Catalogus Bibliothecæ Colbertinæ. *Pariſiis, Martin,* 1728, 3 *vol. in-*12, *v. b. cum pretiis.*

2660. Bibliotheca Fayana, ſeu Catalogus librorum Caroli Hieron. de Ciſternay Dufay. *Pariſ. Martin, in-*8°, *v. m. cum pretiis.*

2661. Catalogus librorum Comitis de Hoym. *Pariſiis, Martin,* 1738, *in-*8°, *v. m.*

2662. Catalogue des livres du Cabinet de M. de Boze. 1745, *in-fol. v. m. d. ſ. t.*

2663. Catalogue des livres du Cabinet de M. de Boze. *Paris, Martin,* 1753, *in-*8°, *v. m.*

2664. Bibliotheca Smithiana, ſeu Catalogus librorum Joſephi Smith Angli. *Venetiis, Paſquali,* 1755, *in-*4°, *vél.*

2665. Catalogue des livres de Millet de Montarby. *Paris, Lamy,* 1781, *in-*4°, *v. b.*

2666. Catalogue des livres du Duc de la Vallière. *Paris, De Bure,* 1783, 6 *vol. in-*8°, *pap. fort, m. noir, avec les prix imprimés.*

2667. Bibliotheca Maphœi Pinelli, à Jacobo Morellio descripta. *Veneuis*, 1787, 6 *vol. in-8°*, *brochés*.

2668. Bibliotheca Pinelliana, sive Catalogus librorum Maffei Pinelli. *Londini*, 1789, *in-8°*, *broché*.

2669. Catalogue raisonné de la Collection de livres de M. Pierre-Ant. Crevenna, Négociant à Amsterdam. 1776, 6 *tom*. 3 *vol. in-4°*, *vél*.

2670. Catalogue des livres de la Bibliothèque de M. Pierre-Antoine Bolongaro Crevenna. *Amst*. 1789, 4 *vol. in-8°*; *br*.

BIOGRAPHIE.

Vies des Hommes illustres anciens.

2671. Plutarchi Vitæ Parallelæ, latinè Guill. Xilandro interprete. *Basileæ*, 1561, *in-fol. v. b.*

2672. Plutarchi Cheronæi vitæ Virorum illustrium comparatæ, latinè. *Lugduni, Gryphius*, 1566, 3 *vol. in-18*, *m. r.*

2673. Plutarchi Apophtegmata, græcè & latinè, ex edit. Jacobi Bryani. *Londini*, 1741, *in-4°*, *v. m.*

2674. Les Vies de huit excellens Personnages Grecs & Romains, traduites du grec de Plutarque, par George de Selve, Evêque de Lavaur. *Lyon*, 1548, *in-18*, *m. r.*

2675. Opuscules de Plutarque des vertueux & illustres faitz des anciennes femmes, & autres Traités du même, traduicts par Estienne Pasquier. *Paris*, 1546, *in-18*, *m. r.*

2676. La prima & la seconda parte delle Vite di Plutarcho in volgare tradotte. *In Vinegia*, 1525, 2 *vol. in-4°*, *vél*.

2677. Vite di Plutarcho de gli Uomini illustri Greci & Romani, tradotte per Lodov. Domenichi. *In Vinegia, Giolito*, 1567, 2 vol. *in-4°, vél.*

2678. Le Vite di Plutarcho volgarizzate da Girolamo Pompei. *In Verona*, 1773, 5 vol. *in-4°, vél.*

2679. Opuscoli Morali di Plutarcho, tradotti da Marc. Antonio Gandino. *In Venetia*, 1614, 2 vol. *in-4°, parch.*

2680. Il libro de gli Huomini illustri di Caio Plinio Cecilio, ridotto in lingua volgare. *In Venetia*, 1562, *in-8°, vél.*

2681. Cornelii Nepotis Vitæ excellentium Imperatorum. *Amstelod. Janson*, 1644, *in-12, v. b.*

2682. Cornelii Nepotis excellentium Imperatorum Vitæ. *Londini, Brindley*, 1744, *in-18, m. r.*

2683. Diogenis Laertii de vitâ & moribus Philosophorum libri decem, latinè. *Lugduni, Gryphius*, *in-18*, *v. f. d. f. t.*

2684. Diogenes Laertius de Vitis, Dogmatis & Apophtegmatis Philosophorum, græcè & latinè. *Parisiis, Henr. Stephanus*, 1570, *in-8°, v. f. d. f. t.*

2685. Vitæ Philosophorum Scriptoribus Diogene Laertio, Eunapio Sardiano, Hesychio Illustrio, latinè. *Lugd. Bat.* 1596, *in-12, m. verd.*

2686. El libro de la Vita de Philosophi, & delle loro elegantissime Sententie, extracto da Diogene Laertio & da altri antiquissimi autori. *Venetiis*, 1480, *per Bernardinum Celerium Delvere*, *in-4°, cart.*

2687. Le Vite de gli illustri Filosofi di Diogene

Laertio, ridutte ne la lingua commune d'Italia. *In Vinegia*, 1545, *in-12, parch.*

2688. Le Vite de Filofofi di Diogene Laertio tradotte. *In Venetia*, 1606, *in-4°, cart.*

2689. Philoftratorum Opera, græcè. *Venetiis, apud Juntas*, 1535, *in-8°, parch.*

2690. Eunapius Sardianus de Vitis Philofophorum & Sophiftarum, græcè & latinè. *Antuerpiæ, Plantin*, 1568, *in-8°, vél.*

2691. Jo. Chryfoft. Magneni Democritus revivifcens, five Vita & Philofophia Democriti. *Lugd. Bat.* 1648, *in-12, vél.*

2692. Democritus revivifcens, five Vita & Philofophia Democriti, auct. Joan. Chryfoft. Magneno. *Hagæ-Comitis*, 1658, *in-12, m. bl.*

2693. Ariftippi Philofophi Socratici, Vita, Mores & Dogmata. *Halæ-Magdeb.* 1719. — Nic. Hieron. Gundlingii Hiftoriæ Philofophiæ Moralis pars prima. *Halæ*, 1706, *in-4°, vél.*

2694. La Vie d'Epictete & fa Philofophie, par Gilles Boileau. *Paris*, 1667, *in-12, m. r.*

2695. C. Plinii Secundi Junioris Vita, ftudio Joan. Maffon. *Amft.* 1709, *in-12, vél.*

Vies des Hommes illuftres modernes, qui se font diftingués dans tous les genres.

2696. Promptuarium iconum infigniorum hominum fubjectis eorum vitis. *Lugd.* 1581, *in-4°, v. b.*

2697. Jacobi Philippi Tomafini illuftrium virorum Elogia iconibus exornata. *Patavii*, 1630, *in-4°, vél.*

2698. Jacobi Tomafini virorum illuftrium Elogia, cum iconibus. *Patavii*, 1644, *in-4°, parch.*

2699. Vitæ Selectorum aliquot virorum, auct. Guil. Batefio. *Londini*, 1681, *in-4°, v. b.*

2700. Académie des Sciences & des Arts, contenant les vies & les éloges des Hommes illustres, avec leurs portraits, par Isaac Bulliart. *Bruxelles*, 1682, *2 vol. in fol. v. b.*

2701. Barholomæi Facii de Viris illustribus liber. *Florentiæ*, 1745, *in-4°, br.*

2702. El libro intitulato *de Mulieribus claris*, di Giovanni Boccaccio, tradotto da Vicentio Bagli. *In Venetia*, 1506, *in-4°, vél.*

2703. Le Parnasse François, par Titon du Tillet. *Paris*, 1732, *in-fol. v. f. d. s. t. fig.*

2704. Galerie Françoise ou Portraits des hommes & des femmes célébres qui ont paru en France, par Restout. *Paris*, 1771, *in-fol. v. m.*

2705. Vitarum Italorum doctrinâ excellentium, qui sæculo decimo octavo floruerunt, decades variæ, auct. Angelo Fabronio. *Romæ*, 1766 & *seq.* 14 *vol. in-8°, 6 rel. v. f. d. s. t. & 8 br.*
— Lettere inedite di Uomini illustri per servire d'appendice all' opera intitolata Vitæ Italorum doctrinâ excellentium. *In Firenze*, 1773, 2 *vol. in-8°, vél.*

2706. Elogi d'Illustri Italiani. *Pisa*, 1786 & 1789, 2 *vol. in-8°, br.*

2707. Le vite d'Uomini illustri Florentini, scritte da Filippo Villani, colle annotazioni del Conte Mazzuchelli. *Venezia*, 1747, *in-4°, vél.*

2708. Elogi de gli Uomini illustri Toscani. *In Lucca*, 1771, 3 *vol. in-8°, vél.*

2709. Georgii Viviani Marchesii Vitæ virorum illustrium Foroliviensium. *Foroliyii*, 1726, *in-4°, br.*

2710. Le Vite degli Arcadi illustri da Giovan

Mario Crescimbeni. *In Roma*, 1708, *3 vol. in-4°, vel.*

2711. Eruditorum Germanorum Vitæ, auth. Melchiore Adamo Silesio. *Francofurti ad Mœnum*, 1706, *in-fol. v. b.*

2712. Icones, Elogia ac Vitæ Professorum Lugdunensium apud Batavos. *Lugd. Bat.* 1617, *in-4°, parch.*

2713. Entretiens sur les Vies & sur les Ouvrages des plus fameux Peintres, par Félibien. *Paris*, 1685, *2 vol. in-4°, v. b.*

2714. Vite de Pittori antichi scritte da Carlo Dati. *In Firenze*, 1730, *in-4°, v. f.*

2715. Vite de Pittori, Scultori ed Architetti Napoletani da Bernardi de Dominici. *In Napoli*, 1742, *2 vol. in-4°, v. f.*

2716. Vite de Pittori, Scultori e Architetti Genovesi di Rafaello Soprani. *In Genova*, 1768, *2 vol. in-4°, baz.*

2717. Notizie de Pittori, Scultori, Incisori, e Architetti degli Stati di Modena. *In Modena*, 1786, *in-4°, br.*

2718. Theatrum in quo Maximorum orbis Christiani Pontificum Archiatros Prosper Mandosius exhibet. *Romæ*, 1784, *in-4°, br.*

2719. Degli Archiatri Pontifici volume primo e secondo nel quale sono i supplimenti e le correzione, &c. all'opera del Mandosio. *In Roma*, 1784, *2 vol. in-4°, br.*

2720. Memorie per servire alla vita di Dante Alighieri. *In Venezia*, 1759, *in-4°, br.*

2721. La Vita di Pietro Aretino, scritta dal Conte Giammaria Mazzuchelli. *In Padova*, 1741, *in-8°, br.*

2722. Vita e Lettere di Amerigo Vespucci raccolte d'all' abate Ang. Mar. Bandini. *Firenze*, 1745, *in*-4°, *br.*

2723. Desiderii Erasmi Vita, & Epistolæ selectiores. *Lugd. Bat.* 1642, *in*-18, *m. r.*

2724. Vie d'Etienne Dolet, Imprimeur à Lyon. *Paris, Née de la Rochelle*, 1779, *in*-4°, *v. f.*

2725. Historia vitæ Simonis Episcopii, scripta à Philippo à Limborch. *Amstelod.* 1701, *in*-8°, *v. f.*

2726. Vita Philippi Melanchtonis, auth. Joach. Camerario. *Hagæ-Comitum*, 1655, *in*-12, *m. bl.*

2727. Vita di Michel Agnolo Buonaroti, per Ascanio Condivi. *In Firenze*, 1746, *in-fol. vel. fig.*

2728. La Vie de Galeas Caraciol, Marquis de Vico, & la fin tragique de François Spiere, mises en françois par de Lestan. *Amst.* 1682, *in*-12, *m. r.*

2729. Histoire de Donna Olimpia Maldachini, trad. de l'Italien de l'abbé Gualdi. *Leyde*, 1666, *in*-12, *m. r.*

2730. Vida del Padre Paolo. *In Leida, Elz.* 1646, *in*-12, *m. bl.*

2731. La Vie du Pere Paul, de l'Ordre des Servites. *Leyde, Elz.* 1661, *in*-12, *m. r.*

2732. Tychonis Brahei Vita, auth. Petro Gassendo. *Parisiis*, 1654, *in*-4°, *C. M. v. b.*

2733. Thomæ Hobbes Angli Vita. *Carolopoli*, 1681, *in*-8°, *v. b.*

2734. Elogio del Dottor Giovanni Lami d'all' abate Franc. Fontanini. *Firenze*, 1789, *in*-4°, *cart. dens.*

Extraits & Dictionnaires historiques.

2735. Claudii Æliani Opera omnia, græcè & latinè,

latinè, edente Conrado Gesnero. *Tiguri*, 1556, *in-fol. v. f.*

2736. Cl. Æliani varia historia, græcè & latinè, cum notis Jac. Perizonii & aliorum, curante Abrah. Gronovio. *Lugd. Bat.* 1731, 2 *vol. in-*4°, *C. M. v. f.*

2737. Valerii Maximi Dictorum Factorumque memorabilium libri novem. *Lugd. Bat.* 1640, *in-*18, *v. f. d. f. t.*

2738. Valerii Maximi Dictorum Factorumque memorabilium libri novem. *Amst. Elz.* 1671, *in-*18, *m. r.*

2739. Valere-le-Grand des Faicts & Dicts mémorables, trad. en françois par J. le Blond. *Paris*, 1575, 2 *vol. in-*18, *m. r.*

2740. Valerio Massimo de i detti & fatti memorabili, tradotto di latino da Giorgio Dati. *In Roma*, 1539, *in-*8°, *vel.*

2741. Nicolai Leonici Thomæi de variâ historiâ libri tres. *Lugduni, Gryphius*, 1555, *in-*18, *m. verd.*

2742. De Casibus Virorum illustrium, auct. Ant. Mariâ Gratiano. *Parisiis*, 1680, *in-*4°; *v. f.*

2743. Joan. Bapt. Egnatii libri novem de exemplis Virorum illustrium urbis Venetæ & aliarum Gentium. *Parisiis*, 1554, *in-*18, *m. verd.*

2744. Speculum Tragicum Regum, Principum & Magnatum superioris sæculi celebriorum ruinas, exitusque calamitosos complectens. *Lugd. Bat.* 1603, *in-*8°, *m. r.*

2745. Speculum Tragicum Regum, Principum, Magnatumque superioris sæculi ruinas, exitusque calamitosos breviter complectens. *Leydæ*, 1617, *in-*12, *m. r.*

2746. Histoires Tragiques, extraictes de Bandel,

& mises en françois par Pierre Boaistuau & Fr. de Belleforest. *Paris*, 1580, *7 vol. in-*18, *v. f.*

2747. L'Histoire d'aucuns Favoris, par Pierre du Puy. *Amsterd. Michiels*, 1660, *in-*12, *m. bl.*

2748. Mémoires de Littérature & d'Histoire, par le P. Desmolets. *Paris*, 1749, 11 *vol. in-*12. *baz.*

2749. Lettere Sanesi del Padre Guglielmo della Valle sopra le belle arti. *In Roma*, 1785, *tomo* 2°. & 3°., 2 *vol. in-*4°, *br.*

2750. Lexicon Universale historico-geographico-chronologico-poëtico-philologicum, operâ Joh. Jac. Hofmanni. *Basileæ*, 1677, 4 *vol. in-fol. v. b.*

2751. Remarques critiques sur le Dictionnaire de Bayle, par Joly. *Paris*, 1752, *in-fol. v. m.*

2752. Nouveau Dictionnaire historique & critique, pour servir de Supplément au Dictionnaire de Bayle, par J. George Chauffepié. *Amst.* 1750, 4 *vol. in-fol. v. m.*

2753. Dictionnaire historique ou Mémoires critiques & littéraires, par Prosp. Marchand. *La Haye*, 1758, *in-fol. v. m.*

2754. Nouveau Dictionnaire historique, par une Société de Gens de Lettres. *Caen*, 1783, 8 *tomes partagés en* 24 *vol. in-*8°, *brochés en carton ; on a inséré dans cet exemplaire des feuilles de papier blanc, sur lesquelles sont des notes manuscrites, ou indications des Auteurs, auxquels on peut avoir recours pour rédiger les articles dans une nouvelle édition, & rectifier les erreurs de celle-ci.*

F I N.

TABLE DES DIVISIONS DU CATALOGUE.

THÉOLOGIE.

BIBLES.

	Pag.
Textes originaux, Versions orientales de la Bible & de ses différentes parties,	1
Versions Grecques,	2
Versions Latines,	3
Versions en langues Vulgaires,	4
Commentaires, Paraphrases, Dissertations critiques sur les livres de la bible & les choses qui y ont rapport,	6
Extraits, Histoires, Figures, Concordances & Dictionnaires de la Bible,	7
Liturgie,	8
Conciles,	10
Pères de l'Eglise,	11
Théologie Scholastique & Polémique,	13
Théologie Morale,	15
Théologie Catéchétique & Parénétique ou Catéchisme & Sermons,	ibid.
Théologie Mystique,	18

THÉOLOGIE HÉTÉRODOXE.

Traités des Auteurs séparés de l'Eglise Romaine, contre la religion Catholique & ses ministres,	22
Traités des Athées & Déistes, Traités contenant des erreurs singulières,	23

Traités sur la religion des Juifs, ibid
Traités sur la religion & les Dieux des Payens, 24
Religion Mahométane, ibid

JURISPRUDENCE.

Droit de la Nature & des Gens, Droit public, ibid
Droit Ecclésiastique, 25
Droit civil, Grec, Romain, François, &c. 26

SCIENCES ET ARTS.

Introduction ou Traités généraux, Dictionnaires des Sciences, 28

PHILOSOPHIE.

Introduction ou Traités généraux, Histoire de la Philosophie, 29
Philosophes anciens, ibid
Philosophes modernes dont les ouvrages ont été recueillis en corps, Mélanges de Philosophie, 32

MÉTAPHYSIQUE.

Traités de l'Ame & de son immortalité, de l'Esprit de l'homme & de ses Facultés, 33
Traités des Esprits, des Revenans, des Démons, de la Cabale, de la Magie & de ses opérations, des Sorciers enchanteurs, &c. 34

MORALE.

Moralistes Anciens, 36
Moralistes Modernes, Mélanges de Morale, Caractères, ouvrages critiques sur les Mœurs, Traités des Passions, des Vertus, des Vices, du Bonheur, &c. 38

POLITIQUE.

Traités généraux & particuliers de politique & de Gouvernement,	40
Traités de l'Institution & de la conduite des Princes, de leurs Droits, de ceux de leurs Sujets, &c.,	42
Traités des Charges & Fonctions publiques & de la manière de les remplir,	44

ECONOMIE.

Traités d'Economie publique & particulière, sur la manière d'acquérir & de conserver, sur l'Education des enfans, &c.	45
Traités sur les Finances, les Monnoies, les Rentes, les intérêts, le Commerce, &c.	46

PHYSIQUE.

Traités généraux & particuliers de Physique	ibid

HISTOIRE NATURELLE.

Traités généraux d'Histoire Naturelle,	48
Histoire naturelle des Elémens,	ibid
Histoire naturelle des Métaux, Minéraux, Fossiles, Pierres & Pierreries,	49
Histoire naturelle des Fleuves, Rivières, Fontaines, des Bains, Eaux Minérales, &c.	ibid
Botanique, ou histoire naturelle des Plantes, des Fleurs, &c.	50
Histoire naturelle des Arbres & Arbustes,	51
Traités sur l'Agriculture & les choses qui y ont rapport,	52
Histoire naturelle des Animaux, des Oiseaux, des Serpens, des Insectes, &c.,	53
Histoire des Choses extraordinaires, des Pro-	

diges, des Monstres ; Mélanges & cabinets d'histoire naturelle,   54

MÉDECINE.

Introduction, Histoire, Dictionnaires de Médecine,   ibid
Médecins anciens avec leurs commentateurs   55
Médecins modernes, Traités généraux,   57
Traités de Physiologie ou des divers tempéramens, parties & facultés du corps humain, de leurs usages, &c.   58
Traités Diætétiques & Hygiastiques du régime de vie, des alimens & de leur préparation, de la santé, de sa conservation, &c.,   59
Traité de Pathologie ou des affections & maladies du corps humain, de leurs causes, signes, remèdes, &c.,   ibid.
Mélanges & Secrets de Médecine, Traités pour & contre les Médecins,   60

CHIRURGIE ET ANATOMIE,   62
PHARMACIE,   63
CHIMIE,   ibid
ALCHIMIE,   64

SCIENCES, MATHÉMATIQUES.

Traités généraux & Cours de Mathématiques, Recueils d'Ouvrages des Mathématiciens anciens & modernes,   66
Traités particuliers d'Arithmétique, d'Algèbre & de Géométrie, Calculs, Logarithmes, Instrumens de Mathématiques, &c.,   67
Traités généraux & particuliers d'Astronomie,   69

ASTROLOGIE.

Traités généraux d'Astrologie judiciaire,   71

Traités des Nativités, des Songes, de l'Art
    Divinatoire, &c.,   72
Oracles, Prophéties, Prédictions,   73
Optique, Dioptrique, Catoptrique,   74
Statique, Hydrostatique, Hydraulique, Hy-
    drodynamique, Méchanique,   ibid

ARTS.
ARTS LIBÉRAUX.

Arts de l'Ecriture, de l'Imprimerie, de la
    Musique,   ibid
Arts du Dessein, de la Peinture, de la Sculp-
    ture & de la Gravure,   75
Architecture Civile, Militaire & Navale,   77
Art Militaire,   ibid
Art Pyrotechnique ou du feu, de la Verrerie,
    de la Fonderie, &c.,   78
Art Gymnastique ou Traités du maniement des
    Armes, de l'Equitation, de la Chasse, &c.   79
Arts d'Amusement, Jeux, &c.,   ibid

ARTS MÉCHANIQUES.

Traités de l'Horlogerie, Bijouterie, &c.,   ibid

BELLES-LETRES.

Traités préparatoires à l'étude des Belles-
    lettres,   80

GRAMMAIRE.

Traités préparatoires à l'étude des Langues,
    Grammaires générales, Dictionnaires po-
    lyglottes,   81
Grammaires & Dictionnaires de la langue
    Hébraïque, & des autres langues Orientales, ibid
Grammaires & Dictionnaires de la langue
    Grecque,   82

Grammaires & Dictionnaires de la Langue Latine,	83
Grammaires & Dictionnaires des Langues Modernes,	85

RHÉTORIQUE.

Traités sur la Rhétorique & l'Eloquence,	87
Orateurs Grecs,	89
Orateurs Latins, anciens & modernes,	90

POÉTIQUE.

Traité sur l'Art Poétique,	92

POÉSIE, HÉROIQUE, LYRIQUE, SATYRIQUE, ÉLÉGIAQUE.

POÉSIE GRECQUE.

Recueils de Poëtes Grecs,	93
Poëtes Grecs, Epiques, Lyriques, &c.,	94

POÉSIE LATINE.

Collections des Poëtes Latins anciens,	98
Ouvrages des Poëtes Latins anciens séparés,	99

Poëtes Latins modernes.

Collection des Poëtes Latins modernes,	106
Poëtes Latins modernes, François de nation,	108
Poëtes Latins modernes, Italiens de nation,	111
Poëtes Latins modernes, Belges de nation,	115
Poëtes Latins modernes, Anglois & Ecossois de nation,	117
Poëtes Latins modernes, Allemands, Polonois, &c.,	118
POÉSIE MACARONIQUE,	120

POÉSIE FRANÇOISE.

Poëtes François des premiers âges jusqu'à Marot,	ibid

Poëtes François, depuis Marot jusqu'au règne de Louis XIV,	122
Poëtes François, depuis le commencement du règne de Louis XIV jusqu'à nos jours,	125
Poëtes Provençaux & Languedociens,	126

POÉSIE ITALIENNE.

Traités sur la Poésie Italienne, Recueils de Poëtes Italiens,	ibid
Poëtes Italiens des premiers âges, jusqu'au commencement du seizième siècle,	127
Poëtes Italiens du seizième siècle,	130
Poëtes Italiens du dix-septième siècle,	134
Poëtes Italiens du dix-huitième siècle,	136
POETES ESPAGNOLS, HOLLANDOIS, &c.	138

POÉSIE DRAMATIQUE.

Traités sur l'art du Théâtre,	ibid
Poëtes Dramatiques Grecs,	ibid
Poëtes Dramatiques Latins, anciens & modernes,	140
Poëtes Dramatiques, François, Espagnols & Anglois,	142
Poëtes Dramatiques Italiens,	143

MYTHOLOGIE.

Traités de Mythologie anciens & modernes,	145
Fables & Apologues,	ibid

ROMANS, CONTES ET FACÉTIES.

Traités sur les Romans,	147
Romans Historiques, Moraux, Critiques, Allégoriques,	ibid
Romans d'Amour,	148
Romans de Chevalerie,	150
Contes & Nouvelles,	151
Facéties,	153

PHILOLOGIE.

Traités sur l'art Critique, Critiques anciens & modernes,	15
Satyres & Apologies, Traités Critiques & Apologétiques des deux sexes,	15
Dissertations sur des sujets singuliers,	15
Sentences, Apophtegmes, Adages, Proverbes, Pensées, Ana, &c.	16
Hieroglyphes, Emblêmes, Devises, Symboles,	16

POLYGRAPHIE.

Polygraphes anciens & modernes,	16
Mélanges & Recueils de Pièces, de Dissertations, d'Opuscules sur des sujets variés,	16
Dialogues,	17
Epistolaires Anciens & modernes,	ibi

HISTOIRE.

Traités généraux sur l'histoire,	17

GÉOGRAPHIE.

Géographes anciens,	ibi
Géographes modernes, Elémens & Cartes de Géographie,	17
Topographie ou Descriptions des Pays & des Villes,	17

VOYAGES.

Traités sur les Voyages,	17
Recueils de Voyages, Voyages particuliers dans différentes parties du monde,	18

CHRONOLOGIE, HISTOIRE UNIVERSELLE ANCIENNE ET MODERNE, 18

HISTOIRE ECCLÉSIASTIQUE.

Histoire Ecclésiastique générale,	18
Histoire Ecclésiastique particulière des Etats, des Provinces & des Villes,	18

Histoire des Papes, des Cardinaux, &c,
Histoire des Conciles,
Vies des Saints,
Histoire des Ordres Religieux,
Histoire des Hérésies, des Schismes, &c.,

HISTOIRE CIVILE.
Histoire Ancienne.

Histoire des premières Monarchies, des Juifs, des Assyriens, &c.,
Histoire Grecque,
Histoire Romaine jusqu'à la fin de la République,
Histoire Romaine sous les Empereurs, jusqu'à la prise de Constantinople,

HISTOIRE MODERNE.

Histoire des Etats & des Villes d'Italie,

HISTOIRE DE FRANCE.

Histoire générale de France,
Histoire de France sous les regnes particuliers, jusqu'à Charles IX,
Histoire de France depuis Charles IX jusqu'à nos jours,
Histoire des Provinces & des Villes de France,
Mélanges d'Histoire de France,
Histoire d'Espagne,
Histoire de la Grande Bretagne,
Histoire des Provinces Belgiques,
Histoire d'Allemagne & des Etats du Nord,
Histoire des Peuples de l'Asie,
Histoire de l'Amérique,

ANTIQUITÉS.

Recueils d'Antiquités, Traités généraux &

particuliers sur les Antiquités des différens peuples, 212
Inscriptions, Pierres gravées, Médailles, Monnoyes, 216

HISTOIRE LITTÉRAIRE.

Histoire des Lettres & des Langues, de la Littérature des différens pays, de l'Imprimerie & de son origine, &c., 217
Histoire & Mémoires des Universités, des Collèges, des Académies & Corps littéraires, 220

BIBLIOGRAPHIE.

Traités des livres & de leur connoissance; des Bibliothèques, de leur arrangement, &c., 221
Ouvrages littéraires, Périodiques, ou Journaux, 223
Bibliographes généraux, 224
Bibliographes Ecclésiastiques, 226
Bibliographes Nationaux, 227
Bibliographes Professionnaux, ou traitant des auteurs qui appartiennent à des classes particulières, comme de Théologie, ou Jurisprudence, &c., 229
Catalogues des Bibliothèques publiques de l'Europe, & notices ou extraits de Manuscrits, 231
Catalogues de Collections particulières, de Magasins de Librairie, de Cabinets d'Amateurs, 233

BIOGRAPHIE.

Vies des hommes illustres anciens, 235
Vies des hommes illustres modernes qui se sont distingués dans tous les genres, 237
Extraits, Mélanges & Dictionnaires Historiques, 240

Fin de la Table.

A Paris, de l'Imprimerie de Huzard, rue de l'Eperon, n°. 11.

FEUILLE DES VACATIONS

DE LA VENTE

des Livres du Cardinal DE BRIENNE.

Nonidi 29 Thermidor, mercredi 16 août.

Belles-Lettres. . . . 1980. . . . 2020
Histoire. . . . . . . 2021. . . . 2042
Jurisprudence. . . . 270. . . . 275
Théologie. . . . . 1. . . . 9
Sciences & Arts. . . 312. . . . 332

Primidi 1er Fructidor, vendredi 18 août.

Belles-Lettres. . . . 1939. . . . 1979
Jurisprudence. . . . 276. . . . 280
Théologie. . . . . . . 10. . . . 18
Sciences & Arts. . . 332. . . . 352
Histoire. . . . . . . 2043. . . . 2063

Duodi 2, samedi 19 août.

Belles-Lettres. . . . 1897. . . . 1938
Histoire. . . . . . . 2064. . . . 2084
Théologie. . . . . . . 19. . . . 27
Jurisprudence. . . . 281. . . . 285
Sciences & Arts. . . 353. . . . 372

Quartidi 4 lundi 21 août.

Jurisprudence....	286.	290
Théologie.......	28.	36
Sciences & Arts..	373.	392
Belles-Lettres....	1857.	1896
Histoire........	2085.	2105

Quintidi 5, mardi 22 août.

Jurisprudence....	291.	295
Théologie.......	36.	45
Sciences & Arts..	393.	412
Histoire........	2106.	2126
Belles-Lettres....	1817.	1856

Sextidi 6, mercredi 23 août.

Jurisprudence....	296.	300
Théologie.......	46.	54
Sciences & Arts..	413.	432
Histoire........	2127.	2146
Belles-Lettres....	1777.	1816

Septidi 7, jeudi 24 août.

Jurisprudence....	301.	305
Théologie.......	55.	63
Sciences & Arts..	433.	452
Histoire........	2147.	2167
Belles-Lettres....	1737.	1776

Octidi 8, *vendredi 25 août.*

Jurisprudence.... 306. . . . 311
Théologie. 64. 72
Sciences & Arts. . . 453. . . . 472
Histoire. . . . . . . 2168. . . 2188
Belles-Lettres. . . . 1697. . . 1736

Nonidi 9, *vendredi 26 août.*

Sciences & Arts. . 473. . . . 492
Théologie. 73. 81
Belles-Lettres. . . 1652. . . 1696
Histoire. . . . . . 2189. . . 2208

Primidi 11, *lundi 28 août.*

Sciences & Arts. . . 493. . . . 512
Théologie. 82. 90
Belles-Lettres. . . . 1600. . . 1651
Histoire. . . . . . . 2209. . . 2228

Duodi 12, *mardi 29 août.*

Sciences & Arts. . 513. . . . 532
Théologie. 91. 99
Belles-Lettres. . . 1550. . . 1599
Histoire. . . . . . 2229. . . 2248

Tridi 13, *mercredi* 30 août.

Théologie. . . . . . . 100. . . 108
Sciences & Arts. . 533. . . 552
Histoire. . . . . . . 2249. . . 2268
Belles-Lettres. . . . 1500. . . 1549

Quartidi 14, *jeudi* 31 août.

Théologie. . . . . . 109. . . 117
Histoire. . . . . . . 2269. . . 2288
Belles-Lettres. . . . 1450. . . 1499
Sciences & Arts. . 553. . . 572

Quintidi 15, *vendredi* 1er *septembre.*

Histoire. . . . . . . 2289. . . 2308
Belles-Lettres. . . . 1400. . . 1449
Sciences & Arts. . . 573. . . 592
Théologie. . . . . . 118. . . 126

Sextidi 16, *samedi* 2 Septembre.

Théologie. . . . . 127. . . 135
Histoire. . . . . . . 2309. . . 2328
Sciences & Arts. . . 593. . . 612
Belles-Lettres. . . . 1350. . . 1399

Octidi 18, *lundi* 4 *septembre.*

Théologie. . . . . . 136. . . 144

Histoire......	2329. .	. 2348
Belles-Lettres....	1300. .	. 1349
Sciences & Arts...	613. .	. 632

Nonidi 19, *mardi* 5 *septembre.*

Théologie.....	145. .	. 153
Histoire.......	2349. .	. 2368
Sciences & Arts..	633. .	. 652
Belles-Lettres...	1250. .	. 1299

Primidi 21, *jeudi* 7 *septembre.*

Théologie.....	154. .	. 162
Histoire.......	2369. .	. 2388
Sciences & Arts..	653. .	. 672
Belles-Lettres....	1200. .	. 1249

Tridi 23; *samedi* 9 *septembre.*

Théologie.....	163. .	. 170
Sciences & Arts..	673. .	. 692
Histoire.......	2389. .	. 2408
Belles-Lettres....	1150. .	. 1199

Quintidi 25, *lundi* 11 *septembre.*

Théologie.....	171. .	. 179
Sciences & Arts..	693. .	. 712
Histoire.......	2409. .	. 2428
Belles-Lettres....	1100. .	. 1149

Sextidi 26, *mardi* 12 *septembre.*

Théologie. . . . . 180. . . . 189
Sciences & Arts. . 713. . . . 732
Belles-Lettres. . . . 1000. . . 1049
Histoire. . . . . . . 2429. . . 2448

Septidi 27, *mercredi* 13 *septembre.*

Théologie. . . . . 190. . . . 197
Belles-Lettres. . . . 1000. . . 1049
Histoire. . . . . . . 2449. . . 2468
Sciences & Arts. . 733. . . . 752

Octodi 28., *jeudi* 14 *septembre.*

Théologie. . . . . 197. . . . 205
Belles-Lettres. . . . 950. . . 999
Histoire. . . . . . . 2489. . . 2508
Sciences & Arts. . 753. . . . 772

Nonidi 29, *vendredi* 15 *septembre.*

Théologie. . . . . 205. . . . 214
Belles-Lettres. . . . 900. . . 949
Histoire. . . . . . . 2509. . . 2528
Sciences & Arts. . 773. . . . 792

Lundi 18, *septembre* 2e. *jour Complémentaire.*

Théologie. . . . . 214. . . . 223
Belles-Lettres. . . . 873. . . 900
Histoire. . . . . . . 2529. . . 2560
Sciences & Arts. . 793. . . . 812

Mardi 19 septembre, 3ᵉ. jour Complémentaire.

Théologie. . . . . . 223. . . . 240
Sciences & Arts. . 813. . . 832
Histoire. . . . . . . 2560. . . 2700

Mercredi 20 septembre 4ᵉ. jour Complémentaire.

Sciences & Arts. . 833. . . 872
Histoire. . . . . . . 2701. . . 2754

Nota. Il sera vendu, à la tête de toutes les Vacations, beaucoup de bons Livres qui n'ont pu être détaillés dans le Catalogue, & parmi lesquels sur-tout, il se trouve beaucoup d'Ouvrages de Littérature Italienne.

De l'Imprimerie de HUZARD, rue de l'Éperon, n°. 11.

www.ingramcontent.com/pod-product-compliance
Lightning Source LLC
Chambersburg PA
CBHW050650170426
43200CB00008B/1229